轨道交通系统机电标准化
施工研究

赵 程 燕 玲 景 亮 ◎著

吉林科学技术出版社

图书在版编目（CIP）数据

轨道交通系统机电标准化施工研究 / 赵程，燕玲，景亮著. -- 长春：吉林科学技术出版社，2022.4
ISBN 978-7-5578-9467-2

Ⅰ．①轨… Ⅱ．①赵… ②燕… ③景… Ⅲ．①轨道交通—机电工程—工程施工—标准化管理—研究 Ⅳ.
①U2

中国版本图书馆 CIP 数据核字(2022)第 115992 号

轨道交通系统机电标准化施工研究

著	赵 程 燕 玲 景 亮
出 版 人	宛 霞
责任编辑	杨雪梅
封面设计	金熙腾达
制 版	金熙腾达
幅面尺寸	185mm×260mm
开 本	16
字 数	333 千字
印 张	14.5
印 数	1-1500 册
版 次	2023年1月第1版
印 次	2023年1月第1次印刷

出 版	吉林科学技术出版社
发 行	吉林科学技术出版社
地 址	长春市南关区福祉大路5788号出版大厦A座
邮 编	130118
发行部电话/传真	0431-81629529　81629530　81629531
	81629532　81629533　81629534
储运部电话	0431-86059116
编辑部电话	0431-81629510
印 刷	廊坊市印艺阁数字科技有限公司

书 号	ISBN 978-7-5578-9467-2
定 价	58.00 元

前　言

　　随着国内一些大城市的轨道交通网络化建设进程快速推进，不同类型的轨道交通线路并行发展，新线路、新技术、新设备的密集投入使用，大大改变了原有的运营组织、管理和维护保障模式，呈现出线网结构和规模日趋复杂、不同轨道交通线路制式和功能多元化，列车运行方式多样化，客流需求时空分布特点多重性等特征。城市轨道交通是一个集土木建筑、轨道工程、车辆、供电、通信信号、运营管理等于一体的复杂综合系统。

　　轨道交通的建设及运营能促进工业、运输、房地产等相关产业的发展，刺激就业，促进沿线土地升值，拓展城市发展空间，具有明显的外部经济性，且随着社会发展、人口增加、路网扩大以及服务水平的提高，城市轨道交通将吸引更多的客流，其附属的经营性资产具有巨大的升值潜力。同时，城市轨道交通网络具有规模经济圈的属性，辐射影响范围覆盖网内大部分区域和周边区域。当城市轨道交通形成网络化运营后，作为综合性的网络平台可将其他各种网络都载于其间。轨道交通网络强大的聚集和释放效应使网内的客流、物流、资金流、信息流等资源和服务在城市各区域乃至城市间快速流通，改变了社会的消费、生活和生产方式，对城市经济运行产生深远影响。城市轨道交通由于自身所具备的社会属性和经济属性，使之成为城市交通发展战略的重点，同时也被视为城市交通体系的骨干力量。在城市轨道交通的发展过程中，涌现了很多创新技术及先进施工、管理方法，有效地解决了城市轨道交通规划建设、运营和管理中的实际问题，也促进了我国城市轨道交通政策、法规和标准体系的建立。

　　本书主要从总体角度介绍了轨道交通结构、信号系统、机电设备及自动控制系统，以及各子系统之间的相互关系，旨在使学习城市轨道交通基础理论和专业知识的学生或从事相关工作的人士能初步了解城市轨道交通的线路工程、运营安全、事故预防与处理等方面的基本知识，为以后进一步的专业课程学习打下基础。

目　录

第一章　城市轨道概述

第一节　城市轨道交通基础知识

一、城市轨道交通的概念

（一）城市轨道交通的定义

城市轨道交通通常是指具有固定线路，铺设固定轨道，配备运输车辆及服务设施等的公共交通设施。城市轨道交通定义为通常以电能为动力，采取轮轨运转方式的快速大运量公共交通的总称，但城市轨道交通是一个包含范围较大的概念，在国际上没有统一的定义。

一般而言，广义的城市轨道交通是指以轨道运输方式为主要技术特征的城市公共客运交通系统中具有中等以上运量的轨道交通系统（有别于道路交通），主要为城市内（有别于城际铁路，但可涵盖郊区及城市圈范围）公共客运服务，是一种在城市公共客运交通中起骨干作用的现代化立体交通系统。城市轨道交通具有运量大、速度快、安全、准点、保护环境、节约能源和用地等特点。

（二）城市轨道交通在城市公共交通中的地位与作用

第一，城市轨道交通是城市公共交通的主干线、客流运送的大动脉，是城市的生命线工程。建成运营后，将直接关系到城市居民的出行、工作、购物和生活。

第二，城市轨道交通是世界公认的低能耗、少污染的绿色交通，是解决"城市病"的一把"金钥匙"，对实现城市的可持续发展具有非常重要的意义。

第三，城市轨道交通是城市建设史上最大的公益性基础设施，对城市的全局和发展模式将产生深远的影响。城市轨道交通的建设可以缓解城市中心人口密集、住房紧张、绿化面积小、空气污染严重等城市通病。

第四，城市轨道交通的建设与发展有利于提高市民出行的效率，节省时间，改善生活质量。

二、城市轨道交通的类型

城市轨道交通种类繁多，技术指标差异较大，世界各国评价标准不一，并无严格的分类。城市轨道交通在世界范围内发展较快，由于国家、城市、地区的不同，服务对象的不同等，使城市轨道交通发展成为多种类型，尚无十分统一的分类标准。不同的分类方法可以分出不同的结果：①若按容量（运送能力）分类，可分为高容量、大容量、中容量和小容量；②若按导向方式分类，可分为轮轨导向和导向轨导向；③若按线路架设方式分类，可分为地下、高架和地面；④若按线路隔离程度分类，可分为全隔离、半隔离和不隔离；⑤若按轨道材料分类，可分为钢轮钢轨系统和橡胶轮混凝土轨道梁系统；⑥若按牵引方式不同，可分为旋转式直流、交流电机牵引和直线电机牵引；⑦若按运营组织不同，可分为传统城市轨道交通、区域快速轨道交通和城市（市郊）铁路。

城市轨道交通按运能范围、车辆类型及主要技术特征可分为有轨电车、地下铁道、轻轨交通、市郊铁路、单轨道交通、新交通系统、磁悬浮交通七类，现分述如下。

（一）有轨电车

有轨电车是采用电力驱动并在轨道上行驶的轻型小编组轨道交通车辆，是使用电车牵引、轻轨导向、1～3辆编组运行在城市路面线路上的低运量轨道交通系统。

有轨电车是最早发展的城市轨道交通之一，一般设在城市中心街道上运行，具有上下车方便的特点。

改造后的现代有轨电车与性能较差的轻轨交通已很接近，只是车辆尺寸稍小一些，行驶速度接近 20km/h，单向运能可达 2 万人次 /h。

优点：①对中型城市来说，路面电车是适宜的选择。1km 路面电车线所需的投资只是 1km 地下铁道的 1/3；②无需在地下挖掘隧道；③相较于其他路面交通工具，路面电车能更有效地减少交通意外的发生；④路面电车以电力推动，车辆不会排放废气，是一种无污染的环保交通工具。

缺点：①成本不及公共汽车低，对小型城市来说财政负担颇重；②效率比地下铁道低；③路面电车的速度一般较地下铁路慢，除非路面电车行驶的大部分路段是专用的（主要行驶专用路段的路面电车一般称为轻便铁路）；④路面电车每小时可载客约 7000 人，地下铁道每小时载客可达 12000 人；⑤路面电车路轨占用路面，路面交通要为路面电车改道，并让出行车线；⑥需要设置架空电缆。

（二）地下铁道

地下铁道简称地铁，是由电力牵引、轮轨导向、轴重相对较重、具有一定规模运量、按运行图行车、车辆编组运行在地下隧道内，或根据城市的具体条件，运行在地面或高架线路上的快速轨道交通系统。

地铁是城市快速轨道交通的先驱。地铁的运能单向在 3 万人次 /h，最高可达 6 万～8

万人次 /h。最高速度可达 160km/h，平均速度可达 40km/h 以上，可 4~10 辆编组，车辆运行最小间隔可低于 1.5min，驱动方式有直流电机、交流电机、直线电机等。地铁系统与国家干线铁路一样，主要由线网、轨道、车站、车辆、通信信号等设备构成。

优点：①运量大、速度快。地铁的运输能力要比地面公共汽车大 7 ~ 10 倍，行驶的速度可超过 100km/h。地铁适用于出行距离较长、客运量需求大的城市中心区域。一般认为，人口超过百万的大城市就应该考虑修建地铁；②可以节省地面空间，令地面地皮可以做其他用途；③可以减少地面的噪声；④行车受到的交通干扰较少，可节省大量通勤时间；⑤节约能源，减少污染。

缺点：①建造成本高。由于要钻挖地底，地下建造成本比建于地面高，每公里投资在 3 亿 ~ 6 亿元人民币；②前期时间长。建设地铁的前期时间较长，由于需要规划和政府审批，甚至还需要试验。从开始酝酿到付诸行动破土动工需要非常长的时间；③地下铁道由于大部分线路在地下或高架通行，因此技术水平要求较高，可靠性和安全性要求也高。

（三）轻轨交通

轻轨（LRT），原来的定义是指采用轻型轨道的城市交通系统。在《城市轨道交通工程项目建设标准》中，把每小时单向客流量为 0.6 万 ~ 3 万人次的轨道交通定义为中运量轨道交通，即轻轨。轻轨是在有轨电车的基础上改造发展起来的城市轨道交通系统。

轻轨一般采用地面和高架相结合的方法建设，路线可以从市区通往近郊。列车编组采用 3 ~ 6 辆铰接式车体。由于轻轨采用了线路隔离、自动化信号、调度指挥系统和高新技术车辆等措施，最高速度可达 80km/h，克服了有轨电车运能低、噪声大等问题。

优点：轻轨具有投资少、建设周期短、运能高、灵活等优点。

轻轨已形成三种主要类型：钢轮钢轨系统、线性电机牵引系统和橡胶轮轻轨系统。

常见的轨道交通有传统铁路（国家铁路、城际铁路和市域铁路）、地铁、轻轨和有轨电车，新型轨道交通有磁悬浮轨道系统、单轨系统（跨座式轨道系统和悬挂式轨道系统）和旅客自动捷运系统等。根据服务范围差异，轨道交通一般分成国家铁路系统、城际轨道交通和城市轨道交通三大类。轨道交通普遍具有运量大、速度快、班次密、安全舒适、准点率高、全天候、运费低和节能环保等优点，但同时常伴随着较高的前期投资、技术要求和维护成本，并且占用的空间往往较大。

（四）市郊铁路

所谓市郊铁路，指的是建在城市内部或内外结合部，线路设施与干线铁路基本相同，服务对象以城市公共交通客流即短途、通勤旅客为主的铁路。

市郊铁路一般和干线铁路设有联络线，设备与干线铁路相同，线路大多建在地面，部分建在地下或高架。其运行特点接近于干线铁路，只是服务对象不同。

市郊铁路是伴随着城市规模的扩大、卫星城的建设而发展起来的，通常使用电力牵引和内燃牵引，列车编组多在 4 ~ 10 辆，最高速度可达 100 ~ 120km/h。市郊铁路运能与地铁相同，但由于站距较地铁长，平均速度超过地铁，可达 80km/h 以上。

优点：与地铁相比具有站距长、旅速高、运能大，以及投资省、造价低等优点，列车编组多、车体大，大部分线路可铺设在地上（高架或地面方式），设站相对减少，车站结构较简单，建设费用较低；与干线铁路技术标准相兼容，可实现两者的功能衔接与设备共享。

（五）单轨交通

单轨也称作独轨，是指通过单一轨道梁支撑车厢并提供导引作用而运行的轨道交通系统，其最大特点是车体比承载轨道要宽。

根据支撑方式的不同，单轨通常分为跨座式和悬挂式两种。跨座式是车辆跨座在轨道梁上行驶；悬挂式是车辆悬挂在轨道梁下方行驶。

跨座式轨道由预应力混凝土制作，车辆运行时走行轮在轨道上平面滚动，导向轮在轨道侧面滚动导向。

悬挂式轨道大多由箱形断面钢梁制作，车辆运行时走形轮沿轨道走形面滚动，导向轮沿轨道导向面滚动导向。

单轨的车辆采用橡胶轮，电气牵引，最高速度可达 80km/h，平均速度 30 ~ 35km/h，列车可 4 ~ 6 辆编组，单向运送能力为 1 万 ~ 2.5 万人次 /h。

中国首条跨座式单轨线路是在有"山城"之称的重庆修建的。跨座式单轨交通十分适合重庆市道路坡陡、弯急、路窄的地形特点，同时由于结构轻巧、简洁、易融于山城景色取得了较好的景观效果。

优点：①所占空间小。不单是所占的地面面积小，垂直空间亦较小。单轨铁路所需的宽度主要由车辆的宽度决定，与轨距无关。且单轨铁路多数以高架兴建，地面上只需很小的空间建造承托路轨的桥墩；②相比其他高架铁路，单轨所占的空间较小，亦不影响视线，能有效利用道路中央隔离带，适于建筑物密度大的狭窄街区；③单轨使用橡胶轮胎在混凝土或者在钢轨上走行，噪声污染小；④单轨铁路的爬坡能力强，拐弯半径小，一般正线最大坡度 60‰，最小曲线半径 100m，适合复杂地形。

缺点：①跨座式单轨的道岔结构复杂，因而限制了列车的最短运行间隔；②存在橡胶轮与轨道梁摩擦产生橡胶粉尘的现象，对环境有轻度污染，且能源消耗较大；③如果出现紧急情况，单轨铁路上的乘客没有逃生的地方。车的两旁没有可站立的路轨，而且离地面很高。头尾两端的路轨亦很窄。因此有些单轨铁路在路轨的两旁建有可供人行的紧急通道；④单轨的速度及载客量通常及不上其他系统。不过，大型跨座式单轨通过加编组、缩短间隔等方式，客运量可以与地铁不相上下。

（六）新交通系统（AGT）

新交通系统（简称 AGT）是一个模糊的概念，广义上的定义为，AGT 是所有现代化新型公共交通方式的总称。狭义上的定义为，AGT 是由电气牵引，具有特殊导向、操作和转向方式胶轮车辆，单车或数辆编组运行在专用轨道梁上的中小运量轨道运输系统。

在新交通系统中，车辆在线路上可无人驾驶自动运行，车站无人管理，完全由中央控制室的计算机集中控制，自动化水平高。新交通系统与单轨道交通有许多相同之处，最大的区别在于该系统除有走行轨外，还设有导向轨，故新交通系统也称为自动导轨交通。

新交通系统的导向系统可分为中央导向方式和侧面导向方式，每种方式又可分为单用型和两用型。所谓单用型是指车辆只能在导轨上运行，两用型则指车辆既可在导轨上运行，又可以在一般道路上行驶。

优点：高速、准点、舒适和污染小、自动化水平高，能克服现有交通方式在环境和经营上的缺陷，满足现有运输方式难以满足的运输需求。

旅客捷运系统（简称 APM），是一种无人自动驾驶、立体交叉的大众运输系统。这个铁路名词通常只形容在范围狭小的地区所运行的低载量铁路运输，例如机场、城市商业区或主题公园的铁路运输，但有时此名词亦能应用于自动运行但复杂的铁路运输。

旅客捷运系统并不是一种独立及特殊的铁路运输技术，它通常会应用到多种铁路运输技术，例如单轨铁路、轻轨运输或磁悬浮列车等。驱动系统方面可以采用传统的电动机、线型电动机或缆索拉动。有些复杂的旅客捷运系统采用多辆小型列车运行于多个下线站台上，为乘客提供全时间运作的服务。这种像出租车般的系统一般被称为个人捷运系统。其他复杂的旅客捷运系统则有着大型运输系统的特征，这类旅客捷运系统在定义上与自动化的大型运输系统并无明确分别。

（七）磁悬浮交通

磁悬浮交通（简称 MLT），是一种非轮轨黏着传动、悬浮于地面的交通运输系统。磁悬浮列车是利用常导磁铁或超导磁铁产生的吸力或斥力使车辆浮起，用以上的复合技术产生导向力，用直线电机产生牵引动力。

优点：具有高速、低噪声、环保、经济和舒适等特点，是目前最快速的地面交通工具。

缺点：由于磁悬浮系统是凭借电磁力来进行悬浮、导向和驱动的，一旦断电，磁悬浮列车将发生严重的安全事故，目前，断电后磁悬浮的安全保障措施仍然没有得到完全解决。

三、城市轨道交通的技术特性

（一）城市轨道交通有较大的运输能力

城市轨道交通由于高密度运转，列车行车时间间隔短，行车速度高，列车编组辆数多而具有较大的运输能力。单向高峰每小时的运输能力最大可达到 6 万～8 万人次（市郊铁道）；地铁达到 3 万～6 万人次，甚至达到 8 万人次；轻轨 1 万～3 万人次；有轨电车能达到 1 万人次；城市轨道交通的运输能力远远超过公共汽车。

（二）城市轨道交通具有较高的准时性

城市轨道交通由于在专用行车道上运行，不受其他交通工具干扰，不产生线路堵塞现象，并且不受气候影响，是全天候的交通工具，列车能按运行图运行，具有可信赖的准时性。

（三）城市轨道交通具有较高的速达性

与常规公共交通相比，城市轨道交通由于运行在专用行车道上，不受其他交通工具干扰，车辆有较高的运行速度，有较高的启、制动加速度，多数采用高站台，列车停站时间短，上下车迅速方便，且换乘方便，从而可以使乘客较快地到达目的地，缩短出行时间。

（四）城市轨道交通具有较高的舒适性

与常规公共交通相比，城市轨道交通由于运行在不受其他交通工具干扰的线路上，城市轨道车辆具有较好的运行特性，车辆、车站等装有空调、引导装置、自动售票系统等直接为乘客服务的设备，城市轨道交通具有较好的乘车条件，其舒适性优于公共电车、公共汽车。

（五）城市轨道交通具有较高的安全性

城市轨道交通由于运行在专用轨道上，没有平交道口，不受其他交通工具干扰，并且有先进的通信信号设备，极少发生交通事故。

（六）城市轨道交通能充分利用地下和地上空间

城市轨道交通由于充分利用了地下和地上空间的开发，不占用地面街道，能有效缓解由于汽车大量发展而造成的道路拥挤、堵塞，有利于城市空间合理利用，特别有利于缓解大城市中心区过于拥挤的状态，提高了土地利用价值，并能改善城市景观。

（七）城市轨道交通的系统运营费用较低

城市轨道交通由于主要采用电气牵引，而且轮轨摩擦阻力较小，与公共电车、公共汽车相比节省能源，运营费用较低。

（八）城市轨道交通对环境污染小

城市轨道交通由于采用电气牵引，与公共汽车相比不产生废气污染。城市轨道交通的发展，还能减少公共汽车的数量，进一步减少汽车的废气污染。同时，由于在线路和车辆上采用了各种降噪措施，一般不会对城市环境产生严重的噪声污染。

第二节　城市轨道交通的新技术

目前，我国城市轨道交通工程建设中研发出多项关键技术成果，这些成果来自建设一线，经过了实践的验证。新技术涵盖城市轨道交通系统各个组成部分的基础知识，并涉及多个与城市轨道交通相关的技术领域，内容包括线路及轨道结构、车站、载运工具、供电、通信信号及列车控制、系统设备、智能化系统以及规划设计、运营组织管理等各个方面。

自动可视系统使用高速摄像机来捕捉轨道图像，再利用软件分析采集信息；锁定轨温检测装置是由一个传感器元件和输出元件组成的，前者安装在轨腰上利用磁性检测锁定轨温，每隔一定时间采集钢轨应变和温度数据，并将其储存起来，输出元件由小型的接收器/全球卫星定位系统传感器组成，并同笔记本电脑相连，可从最大200英尺（ft）的距离接收来自传感器的数据信息；GPS RTK定位技术是以载波相位观测值为根据的实时动态定位技术，它将GPS与数据传输技术相结合，实时坐标进行数据传输，能够实时提供流动站在指定坐标系中的三维定位结果，并达到厘米级精度；真空管井复合降水技术是在井管和填料及地层中形成一定的真空度，使含水层和井管及填料之间形成更大的压力差，一方面提高重力水流速，另一方面削弱毛细管作用力使更多毛细水被抽出，达到增加出水量和增大降深的目的。这些新技术的应用让城市轨道交通线路建设更能适应多种实际的地形条件。

盖挖法是由地面向下开挖至一定深度后，将顶部封闭，其余的下部工程在封闭的顶盖下进行施工，其主体结构可以顺做，也可以逆做；集中供冷技术是相对每个车站设置制冷机房而言，是通过集中设置制冷机房，供应几个车站的冷冻水来实现空调的效果；集成闭式通风空调系统是利用传统系统中常规的通风空调设备，并采用成熟的风机变频技术以及在传统设备基础上改进而成的可自动开启表冷器，对传统闭式通风空调系统的各个子系统进行系统合并、集成，并重新组织系统布局；背散射技术是基于X射线技术的另一个应用发展，采用能量整形与"飞点"等技术。这些新技术的应用让城市轨道交通车站的运营管理更科学。

中压网络是通过中压电缆，纵向把上级主变电所和下级牵引变电所、降压变电所连接起来，横向把全线的各个牵引变电所、降压变电所等联系起来，起分配和传输电能作用的网络；电力监控系统SCADA，被称作远动监控行业数据采集系统，其作用主要是对远方运行的电力设备进行监测与控制，从而保证电力运行的安全。这些新技术的应用让城市轨道交通供电技术更通用合理。

城市轨道交通通信系统是指挥列车运行、公务联络和传递各种信息的重要手段，是直接为轨道交通运营管理服务的，是保证列车及乘客安全、快速、高效运行的一种不可缺少的信息化、自动化、智能化的综合通信系统；列车控制系统中的CBTC是迄今为止使用效率比较高的车地通信方式，这种通信方式可以根据列车的状态确定列车之间的间隔距离，同时这种通信方式所需要的设备装置可以在一定程度上减少维修的投资，也可以及时地运行相关的信息，在很大程度上提高了列车控制系统的管理能力以及故障的诊断能力；基于移动闭塞方式的ATC系统主要是依靠漏缆、交叉感应电缆、扩频电台、裂缝波导管等方式传输数据。这些新技术的应用让城市轨道交通通信信号传输更即时稳定。

城市轨道交通车辆车门系统是与硬件部分关系密切的嵌入式系统软件；岩石棉具有绝热性能好、不可燃、优良的隔声与吸声性能和良好的防潮性能等优点，在城市轨道交通车辆设计中具有较好的应用前景。这些新技术的应用提高了城市轨道交通列车运行的安全性。

城市轨道交通列车自动超速防护系统是采用目标距离速度控制方式构成的列控系统，是保证地铁列车运行安全，提高行车效率的重要设备；清分中心系统是一套建立在轨道交通各线路AFC中央计算机系统基础之上的适用于本城市轨道交通线网特点的、高效可靠灵活的、体现公平性原则的收益清分模型；地铁站的环境监控系统，利用分布式微机监控系统，对地铁车站及区间隧道内的空调通风、给排水、照明、电梯、自动扶梯、导向标志等机电设备进行全面的运行管理与控制；乘客信息系统是电力载波通信技术在地铁中的应用，主要由传输网络、媒体播放的软硬件系统及信息显示终端几部分组成，有一个中央控制系统及若干车站中继控制系统，信息发布范围包括下设的车站和正线行驶的所有载客列车两大部分。这些新技术的应用让城市轨道交通系统设备更能安全有效地运行。

综合监控系统以设备监控系统为主体，集成了火灾自动报警系统和电力监控系统，形成了统一的监控管理平台，做到了信息共享；城市轨道交通设备维修管理系统是针对城市轨道交通系统的组成、运行和维修特点，基于设备状态、维修过程建模和优化技术对城市轨道交通系统中的维修工作进行不断优化；软交换技术是一种针对与传统电话业务和新型多媒体业务相关的网络和业务问题的解决方案，它能够减少资本和运营支出，提高收入；

计算机联锁系统，负责处理进路内的道岔、信号机、轨道电路之间安全联锁关系，接受 ATS 或者操作员的控制指令，向 ATP、ATS 输出联锁信息。这些新技术的应用提高了城市轨道交通系统的自动化水平和维修的效率。

轨道交通引导城市结构发展是通过大幅度提高交通供给，引导周边土地高效利用；概念规划是把以时间期限为主导的规划模式转为以规模为主导，淡化规划期限。CARD/1 软件功能强大，包括线路平纵横设计、互通立交设计、土石方调配、安全性评价等功能，新版本还增加了排水、挡墙、防护、边沟 / 排水沟工程量统计、加宽 / 超高段统计、路面加宽工程量统计、分离式路基处理和全面的断链解决方案。这些新技术的应用让城市轨道交通线路的总体规划设计更加科学合理。

城市轨道交通一体化运营组织是在协调各级管理部门、基础设施、管理措施、票价制定及土地利用等因素的基础上，以满足客流的高效、快捷、可持续出行需求为出发点，加强轨道交通线路间的无缝化衔接，发挥城市轨道交通线网的整体功能和规模效应，同时提高轨道交通运营企业经济效益的运输组织方法和经营行为；网络化运营的运营管理理念创新是逐级上升且持续改进的，理念可以适度超前，特别是网络层面运营理念的适度超前；运营安全管理是以总体和预防、预警及应急处置三个技术体系为对象全面开展运营安全性和可靠性关键技术研究及实施工作。这些新技术的应用让城市轨道交通运营组织管理理念有了新的发展和突破。

第三节　城市轨道交通的发展趋势

一、我国城市轨道交通的发展现状

（一）项目建设进展顺利，施工水平不断提高

由于施工技术水平不断提高，市场竞争比较充分，建设中采取规范的招投标程序，轨道交通工程造价水平基本得到控制。

（二）采用先进技术，多种制式和系统并存

根据轨道交通技术发展趋势和不同的运能需求，从已建和规划建设项目的情况看，我国将形成类型众多的轨道交通系统来满足城市交通需求；并引入现代控制、现代通信和现代网络等技术，使轨道交通在城市交通中发挥更大的作用，安全更有保证，服务水平不断

提高。我国轨道交通已拥有大运量的地铁系统、城市高架轨道交通系统、高架跨座式单轨系统和中低运量的地面轻轨系统，另外还有高速磁悬浮系统、快速市郊铁路系统等。

（三）探索各种投融资方式，资金瓶颈有所突破

当前我国轨道交通建设的投融资主要是一种政府行为，政府起着主导的作用。正因为有城市政府的财政信用，国内银行对轨道交通项目贷款的积极性较高，对项目建设中所需的资金，国内银行积极予以支持。

银行主要对城市政府财政增长和土地收益进行考察，由于城市轨道项目本身建设资本金比例也较高，银行投资城市轨道交通项目的风险相对工业项目要小，因此放贷积极性较高。特别是财力状况比较好的上海、广州、深圳、杭州等城市，多家银行都积极争取给这些地铁项目贷款。正是由于各地政府的大力支持和国内银行的积极投入，推动了轨道交通的快速发展。同时各城市在积极探索新的投融资方式，探讨采用BOT（建造-运营-移交）、PPP（公共部门与私人企业合作）等方式进行轨道交通建设的可行性。

二、我国城市轨道交通的主要特点

（一）政府主导型为主

当前主要由政府负责规划建设城市轨道交通，资金的筹措、工程的实施和建成后的运营也是由政府组织负责的。但也逐渐在向"政府主导、市区共建、多元化运作、多渠道筹资"方向发展。城市轨道交通作为最主要的城市基础设施之一，具有部分公共产品和私人产品的特性，属于准公共产品。轨道交通的技术经济特征决定其具有明显的规模经济效应，而且会带来巨大的外部效应。经济学理论认为，准公共产品、外部效应和规模经济是导致市场失灵的最主要因素，必须在政府的有效干预下才有可能实现有效的配置。城市轨道交通产品可以由政府直接提供，也可以由私人部门通过市场提供，还可以在政府给予补助的条件下，由私人部门通过市场提供。但是政府主导作用的充分发挥，是解决地铁投融资问题的基本前提保证。

（二）单线路方式占主要

近年来新建的地铁、轻轨、市郊铁路、有轨电车以及磁悬浮列车等多种类型的城市轨道交通已成为中国大中城市的交通主动脉。根据未来区域和城市交通发展趋势，对城市交通和对外交通进行综合交通运输规划，需要重点将城市轨道交通与对外快速轨道交通及对外交通枢纽有机地衔接起来，实现轨道交通（内、外）的集约化、交通枢纽及场站布局的合理化、旅客运输高效化。

（三）建设资金来自政府财政的多

需要健全轨道交通建设的投融资评价体系，进一步完善轨道交通项目建设的经济政策、优惠条件、扶持政策等，对轨道交通项目的引进外资，应制定专项引资政策。投融资模式的市场化是当前地铁投融资改革的主要方向，市场化运作能使地铁投资人的投资管理职能真正就位，真正站在投资人的立场上，从项目盈亏角度考虑地铁的建设运营全过程管理事宜，而不是以政府代言人身份代理国有资本运作。投融资模式改革的实质就是还原轨道交通工程真实盈利机制，将政策性亏损与商业性盈亏明确分离，有效吸引社会资本投入，政府通过建立有效的调控手段来保障投资人获得应得的政策亏损补贴，并监督其建设运营符合法规规定，保证地铁发挥规划确定的骨干交通功能。

三、城市轨道交通的发展趋势

以提供顺畅、便捷的人性化交通运输服务为核心，加强统筹规划，发展交通系统信息化和智能化技术，安全高速的交通运输技术，提高运网能力和运输效率，实现交通信息共享和各种交通方式的有效衔接，提升交通运营管理的技术水平，发展综合交通运输。未来的城市轨道交通将向智能化、集成化、网络化、多元化、标准化、可持续化发展。

（一）城市轨道交通智能化趋势

城市轨道交通的智能化趋势可以在广佛地铁的应用为例。广佛地铁是内地首条城际地铁线路，也是广州亚运会的重要配套线路。其车站机电安装包括综合布线系统、通风空调、给水排水消防设施、智能建筑系统、屏蔽门、电梯等。地铁采用全新的智能化综合消防安全系统，其中包括防排烟、消防用水、安全导向、防灾通信、防灾报警、综合监控等多个系统。

一般地铁的综合布线系统应归属于通信传输系统部分。综合布线作为传输的信息通道是智能建筑的核心基础设施，因此传输系统是通信系统中最重要的子系统，其功能是为通信系统的各子系统以及其他机电系统提供控制中心至车站（车辆段／停车场）、车站至车站（车辆段／停车场）的信息传送平台，其重要性及安全可靠性要求高。

地铁安防系统主要有视频监控、门禁和报警三大部分。其中视频监控具体包括：行车监控（车辆进／出站、站台等）、营运环境监控（机电设备、供配电房、售票亭／柜等处）、公安治安监控（站内、外公共部位）、管理监控（内部监管）等。另外，用于监控列车运行状况的隧道轨道监控系统、车载监控系统随着诸多技术难题的解决，也在慢慢地进入实际应用。

（二）城市轨道交通集成化趋势

城市轨道交通的集成化趋势主要体现在集成化管理城市快速轨道交通系统。城市轨道交通集成化管理城市快速轨道交通系统（地下铁道、轻轨等）是属于集多工种、多专业于一身的复杂系统，只有采用快速轨道交通系统作为公共交通的骨干网络，才能有效地解决城市交通问题。

从单一的线路布置，发展到采用先进技术组成的复杂而通畅的轨道交通网络，为城市交通建设引入了立体布局的概念，给城市的可持续发展提供了条件。城市轨道交通提供了资源集约利用、环保舒适、安全快捷的大容量运输服务方式，它与城市其他交通工具互不干扰，具有强大的运输能力、较高的服务水平、显著的资源环境效益，是解决特大型城市交通问题和可持续发展的根本出路。城市轨道交通工程管理的特点就是必须考虑全寿命周期集成化管理，应该面向项目涉及的各种管理单元（要素），包括项目资源、组织、技术等，按照一定的集成模式进行整合，考虑项目的全过程、全方位、全系统管理，提高项目的整体功能和管理效应。

（三）城市轨道交通网络化趋势

城市轨道交通的网络化趋势可以在北京轨道交通网络化运营管理模式为例。北京轨道交通网络化运营管理方通过在建设过程中，对运营业务深入研究，提出适合北京轨道交通网络化运营管理的业务模式。在工程设计阶段，通过多次设计联络会议，以轨道交通运营业务需求为主导，充分考虑系统的兼容性、可扩展性、资源共享性，统一与创建北京轨道交通网络化运营管理模式相关的技术标准、业务规则、服务规范，使不同制式和技术水平的专业系统得到充分衔接和整合，提高了运营管理的规范性及网络系统整体运行效率。

目前，我国轨道交通网络化建设的研究和实践还处于起步阶段，北京轨道交通网络化运营管理模式的创新与实践，将推动我国轨道交通等领域加快实现"四个转变"，即：①运营管理体系由单线运营管理向网络化运营管理的转变；②建设模式由传统分散建设向集约化、系统化建设的转变；③监管方式由粗放型向数字化、精细化管理的转变；④数据管理由信息孤岛向集中共享的转变。从而对加快基础设施"政府科学监管、适度竞争机制、投融资方式多元化"的格局形成，实现轨道交通路网"安全、高效、均衡"的运输提供了组织保障，奠定了技术基础。

（四）城市轨道交通多元化趋势

科学技术的进步，使不同类型的轨道交通进入了并行发展时期，呈现多元化发展态势，并开始注重轨道交通与城市环境的协调发展。不同运量等级的线路，有不同形式的交通系统适应，在同一等级线路上，有多种可供选择的交通形式以满足不同地区交通的发展。

城市轨道交通建设主要着眼于解决大城市交通拥堵问题和环境污染问题。因此，有的城市规划在次繁忙客运通道上，以及在居民住宅小区与主客运通道或客运枢纽间，建设轻轨系统，以形成合理的轨道交通网；有的城市正在探索建设直线电机轨道交通系统；还有的城市在旅游观光地区拟建磁悬浮试验线；上海、广州、北京建设近郊和远郊的市郊铁路，以促进城市规模效应、城市边缘和卫星城镇的发展。城市轨道交通的服务领域也将从单一走向多元，"服务就是软实力，服务就是生产力"。优质的服务是城市轨道交通相关企业塑造软实力的关键，在打造一流服务过程中，企业的品牌、文化、创新能力、团队意识等也都同步得到了加强和提高。这些都表明我国不同种类的轨道交通进入了多元化发展时期。

（五）城市轨道交通标准化趋势

标准化是一项综合的技术基础工作，是组织现代化大生产、提高生产效率的重要手段，是科学管理的重要组成部分，是实现资源共享、执行国家技术政策的基本措施。通过标准设计的编制和组织实施，可以有效地保证和提高产品质量、工程质量和服务质量，提高经济效益和社会效益。

工程建设标准设计，是指不针对特定工程项目，而是按通用性条件编制的、供建设中大量重复使用的设计图纸。它是工程建设标准化的重要组成部分，对贯彻国家主要技术政策、保证和提高工程质量、加快建设进度、节约建设材料、降低工程造价、推广先进技术和提高劳动生产率等，都具有重要的作用。同时，它也是科技成果和先进技术转化为生产力的桥梁和纽带；是加快勘测设计的可靠手段；是完成工程建设的有效保证；是推行设计标准化、构件厂制化、施工机械化的主要设计文件。

1. 城市轨道交通推行标准设计的必要性

①我国城市轨道交通快速发展的需要；②避免反复设计和重复研发；③有利于装备制造业的标准化和模块化；④有利于网络化管理。

2. 国内城市轨道交通标准设计现状

目前，我国城市轨道交通的标准化工作有序开展，逐步建立和正在完善行业技术规范和标准体系，在促进城市轨道交通行业规范化发展、实现行业技术标准的协调统一等方面发挥了重要作用。

由于城市轨道交通的建设管理和运营管理是以城市为单元进行，尚未开展行业层面的行业标准图设计工作。但是，为贯彻国家的技术政策和管理者意图，提高建设效率，方便运营维护，尤其是近期适应实现网络化管理的需要，标准设计工作正逐步展开，标准化分为以下 3 个层次：

第 1 层次是各城市轨道交通建设单位正在积极组织本城市的标准设计，以统一不同设计单位的设计技术标准，满足建设工程的实际需要。

第 2 层次是各设计单位将积累的设计、项目管理经验汇总进行标准化设计，编制了部分院内通用图，并已经应用于国内外的多个工程中。

第 3 层次是每个城市在轨道交通项目建设过程中，各条线路设计由总体总包设计单位牵头，编制工程内部的技术规定和通用标准设计图纸，以统一各分包单位的技术标准，提高工效。

第二章　城市轨道交通的轨道结构

第一节　轨道结构概述

轨道结构作为主要的线路设备，是城市轨道交通系统的重要组成部分。轨道结构是列车行驶的基础，列车必须沿着轨道行驶，轨道给行驶的列车提供了导向作用和承载作用。目前城市轨道交通使用较多的轨道结构有传统的有砟道床和无砟的新型轨道。各种轨道在使用性能（包括减振降噪特性）、适用环境、养护维修、造价和运行费用等方面，各有不同的特点和优势。

城市轨道交通可采取地面、地下和高架等不同的线路形式，因此，轨道结构也必然采取与之相适应的形式。此外，随着列车牵引形式和轮轨形式的变化，还出现了一些特殊的、新型的轨道结构，如磁悬浮结构、橡胶轮轨结构和单轨结构等。

轨道结构部件的受力条件差异极大，因而各种部件的材质要求也差异很大。工人通过科学而可靠的方式把它们制造出来，组合成为完整的结构体系，用以驱动、导向列车的运行，承受高速行驶轨道交通车辆的荷载，并把荷载传递给支撑轨道结构的基础。为保证列车运行的安全，轨道结构应具有足够的强度和稳定性、耐久性、绝缘性和弹性，且便于养护维修，以确保列车安全运行和乘客舒适。地铁轨道作为车辆的走行路轨，是以安全和平稳地输送旅客为其主要目的的。轨道支承并引导车辆运行，直接承受由车轮传来的荷载，并把它传给路基。轨道结构必须兼顾稳定，并具有正确的几何形态，以确保机车车辆的安全、平稳、不间断运行。

轨道主要由钢轨、连接零件、道床、道岔等组成。

第二节　钢轮钢轨轨道结构

一、钢轨与连接零件

钢轨是轨道的重要组成部分，主要由轨头、轨腰和轨底组成。它与车轮直接接触，并提供运行阻力最小的接触面，引导列车按规定的方向运行。钢轨的工况十分复杂。它承受来自车轮的垂直、横向水平和纵向水平等力系的作用，此外还要受到温度变化及其他因素的影响。因此，当车辆在钢轨上运行时，在钢轨中产生了拉应力、压应力、扭应力、冲击应力和局部应力等复杂的应力状况，并产生相应的压缩、伸长、弯曲、扭转、压溃、磨耗等变形。为保证列车的安全运行，钢轨就要有足够的强度和韧性来承受复杂的应力作用；要有足够的刚度来抵御弯曲和扭转等变形；要有足够的硬度来抵抗磨耗。此外，为了减轻车辆对钢轨的动力冲击作用，防止轨道交通车辆走行部分及钢轨的折损，还要求钢轨具有必要的弹性。尽管硬度与韧性、刚度与弹性是矛盾力学性能，但在轨道交通的运行工况下，必须辩证地处理好这些钢轨的力学特性。钢轨还必须为车轮提供连续、平顺和阻力最小的滚动表面，以引导轨道交通车辆前进。对车辆来说，要求钢轨有一个光滑的滚动表面，以获得较小的滚动阻力，但对动车来说，又要求钢轨顶面适当粗糙，使车轮与钢轨之间产生足够的摩擦力来牵引列车前进。

在电气化的线路上，钢轨还要兼做供电接触网的回流线路及运行管理信号的轨道电路载体。因此，必须保证整个轨道的钢轨具有良好的导电性，成为供电回路和通信线路的良好导体。

钢轨根据不同的条件有很多种分类方法，我国主要有以下几种：按每米大致的重量分类有 75kg/m、60kg/m、50kg/m 及 43kg/m，我国的钢轨断面如图 2-1 所示，钢轨断面的形状符合钢轨受力的力学要求；轨头表面要对应车轮踏面形状，以改善轮轨的接触条件，还要考虑连接两根钢轨时安装接头。

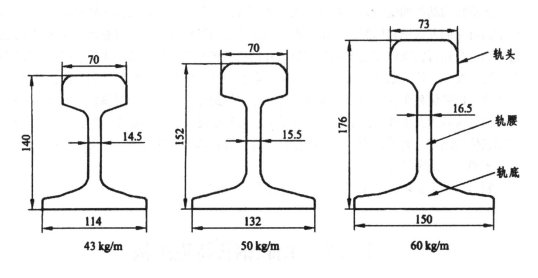

图 2-1　钢轨断面图

在地铁车辆段线路除了试车线是 60kg/m 外，其余都是 50kg/m，正线都是 60kg/m。地铁直线轨距标准规定为 1435mm，并焊成无缝线路。无缝钢轨运行阻力小，噪声低，可显著提高列车运行的平稳性和舒适性，并降低轨道维修工程量。

（一）钢轨接头类型

钢轨接头是线路三大薄弱环节之一。接头处轨面不连续，增加车行阻力达25%之多，造成多种接头病害，加大了线路维修费用的投资。

在城市轨道交通的轨道结构中，已大量采用无缝线路结构，将多根标准轨依次焊接在一起，钢轨接头数量大大减少，但是在无缝线路的缓冲区、轨道电路的绝缘区、有道岔的线路区段中，钢轨接头还是不能少的。

钢轨接头的分类有以下几种：

第一，按接头连接形式相对轨枕的位置划分，可分为悬空式和承垫式两种。线路上采用的大部分是悬空式的接头，承垫式只是在绝缘接头处使用。

第二，钢轨接头的连接形式按其相对轨枕位置，可分为悬空式和承垫式两种。按两股钢轨接头相互位置来分，可分为相对式和相错式两种。我国一般采用相对悬空式，即两股钢轨接头左右对齐，同时位于两接头轨枕间。

第三，按接头连接的用途及工作性能划分可分为普通接头、异形接头、导电接头、绝缘接头、冻结接头和尖轨接头等。

普通接头用于前后同类型钢轨的正常连接，是线路上用得最多的接头。

异形接头，用于不同类型钢轨的连接。在异形钢轨的接头处，应使用异形夹板，它的一半应与一端同型钢轨断面相吻合，另一半则与另一端端钢轨断面相吻合。连接时应使两轨工作面轨距线与轨顶最高点水平线都相吻合。

导电接头，用于自动闭塞区段及电力牵引地段的钢轨接头处，用来传导信号电流或作为牵引电流回路。两根钢轨间传导连接装置用左右两根5mm的镀锌铁丝组成。铁丝两端插入截头锥形的镀铅插销锥中，插销则插入轨腰上的圆孔中。

绝缘接头，设置于自动闭塞区段闭塞分区两端的钢轨接头处，用来保证轨道电流不能从这一闭塞分区传到另一分区。在夹板与螺栓间、钢轨螺栓孔四周及两轨缝处，均用绝缘材料阻隔电流。

尖轨接头，又称为温度调节器，用于连接轨端伸缩量很大的普通轨道或温度跨度大于100m的明桥面活动端轨道的钢轨接头。尖轨接头按构造平面形式的不同，可分为斜线型、折线型及曲线型三种。目前使用的主要为曲线型温度调节器，设计的最大伸缩量为1000mm。

冻结接头，这种接头是以提高摩擦阻力的方法实现的。其特点是：它不改变现行接头的结构，不使用胶黏剂，也不使用附加机械零件，接头阻力高，足以在大多数地区的铁路轨道上冻结钢轨接头。

焊接接头，是指用电阻焊、小型气压焊或铝热焊的方法将钢轨焊接形成的接头，多用于无缝线路。

为适应钢轨热胀冷缩的需要，在钢轨接头处要预留轨缝。预留轨缝应满足以下条件：

第一，当轨温达到当地最高轨温时，轨缝应不小于零，使轨端不受挤压力，以防温度压力太大而胀轨跑道。

第二，当轨温达到当地最低轨温时，轨缝应不大于构造轨缝，使接头螺栓不受剪力，以防止接头螺栓被拉弯或拉断。构造轨缝是指受钢轨、接头夹板及螺栓尺寸限制，在构造上能实现的轨端最大缝隙值。

（二）钢轨接头的位置要求

l. 钢轨接头相错

线路两股钢轨接头，一般应采用相对式。曲线地段外股应使用标准长度钢轨，内股应使用厂制缩短轨调整钢轨接头位置。剩余少量相错量，应利用钢轨长度误差量在曲线内（有困难时可在直线上）调整。直线地段应按钢轨误差量配对使用。在每节轨上相差量一般应不大于 3mm，并应前后、左右抵消。在两股钢轨上，累计相差量最大不得大于 15mm。

铺设非标准长度钢轨或再用轨，无厂制缩短轨时，钢轨接头可采用相错式，其相错量不得小于 3m。采用相错式接头的两曲线之间直线长度短于 300m 时，该直线段亦可采用相错式。采用相错式时个别插入的短轨，宜铺设在曲线两端的直线上，在困难条件下可铺设在曲线内股。

2. 线路上插入个别短轨

线路上个别插入短轨，在正线上不得短于 6m，在站线上不得短于 4.5m，并不得连续插入两根及以上。个别插入短轨线路的允许速度不得大于 160km/h。

以下地方不得有钢轨接头的位置：明桥面小桥的全桥范围内；钢梁端部，拱桥温度伸缩缝和拱顶等处前后各 2m 范围内；设有温度调节器的钢梁的温度跨度范围内；钢梁的横梁顶上；平交道口铺面范围内。

钢轨接头若恰在上列位置并铺设 25m 长度标准轨时，可插入一根 12.5m 长度的标准轨，以调整接头位置；铺设 12.5m 长度的标准轨时，可更换成一根 25m 长度的标准轨以调整接头位置，也可挤严轨缝后将接头用高强度螺栓拧紧冻结或焊接。困难时，才准予插入个别短轨来调整接头位置。

（三）钢轨接头的连接零件

接头连接零件包括夹板、螺栓、螺母、垫圈等。它的主要作用是保持两根钢轨的连续性，使钢轨接头前后与完整的钢轨一样，并传递和承受钢轨的挠曲力、横向力，同时满足钢轨热胀冷缩的要求。

l. 夹板

夹板的作用是夹紧钢轨，使钢轨轨端不能横向及上下单独移动。每个钢轨接头有左、右两块夹板，通过拧紧螺栓夹紧两端钢轨，因此要求它有足够的强度和抗冲击能力，并便于拆装和维修。

2. 螺栓

夹板与钢轨用螺栓来夹紧。遵照国际标准按抗拉强度划分为 10.9 级和 8.8 级两种。10.9 级有纹部分直径为 24mm，8.8 级有纹部分直径为 24mm 和 22mm 两种。螺母采用 10 级高强度螺母。

钢轨接头阻止钢轨端部自由伸缩的阻力称为接头阻力。接头阻力是由钢轨与夹板之间的摩擦力产生的。摩擦力越大，接头阻力越大。摩擦力取决于夹板的螺栓孔数、螺栓直径、强度及拧紧程度。一副六孔夹板，使用普通螺栓的接头阻力可达 235 ~ 265kN，使用高强度螺栓时可达 292 ~ 588kN。

（四）钢轨的伤损

钢轨在使用过程中常常因发生裂纹、折断和磨耗等伤损而不到其使用期限就需更换，因此，钢轨的伤损是轨道交通线路上的一个突出问题，严重影响行车的安全。

l. 接头磨耗低塌

钢轨在运营中要被磨损、碾宽，磨耗最大的部位通常在接头处。

普通线路的两根钢轨轨端连接处，因存在接头轨缝间隙，车轮通过时发生撞击，增加了轮轨间的磨耗，当轨端淬火层的硬度不够高时，容易形成低接头。同时轮轨间的撞击也易造成轨端踏面的变形下塌，久而久之就形成了低塌接头。

无缝线路的焊接接头虽消除了轨缝间隙，但焊接时的热作用和填充的焊缝金属与钢轨的成分不同，使焊缝和接头热影响区的硬度低于钢轨基体，因此在车轮的碾压下，焊接接头的踏面也易被磨耗而形成低塌接头。目前，我国焊接长钢轨所用方法有接触焊、气压焊和铝热焊三种，采用焊接方法不同，焊接接头磨耗形成的低塌形状也稍有不同。

2. 擦伤

擦伤是机车在启动或制动时，机车动轮空转打滑或沿轨面滑行所造成的钢轨踏面损伤。擦伤大都发生在进站信号机前、出站信号机内及区间长大坡道处经常停车和启动的地段。钢轨一经擦伤，常是左、右股钢轨对称出现一连几个伤疤，由于这些地段停车、启动非常频繁，因此钢轨踏面上常是伤痕累累，使线路质量大大下降。

擦伤的实质是机车启动时，动轮打滑造成在原地空转，轮、轨间发生剧烈的摩擦，伴随产生大量的摩擦热，这一热量的大小与机车的轴重、轮轨间的相对运动速度及作用时间有关。摩擦热将使与车轮接触的轨面局部金属迅速加热到很高的温度，超过钢轨金属的相变温度，个别严重擦伤的轨面甚至被加热到近于熔融状态。随后这部分受热金属又向周围冷的钢轨基体金属和车轮传导热而迅速冷却。由于钢轨材质有很大的淬硬性，使轨面这一局部小块金属如同经受了一次加热后迅速冷却的淬火热处理，在轨面形成一薄层的小块高碳淬火组织。因此在列车车轮的碾压和撞击下迅速开裂，首先垂直透过淬硬薄层，随后裂纹逐渐向钢轨基体深入。另一方面，淬硬薄层在出现大量裂纹后也因碎裂成小块而逐渐剥落，形成擦伤剥落凹坑。深入钢轨基体的裂纹，随钢轨上通过运量的增加继续向纵深发展，一般深入轨面下 4 ~ 6mm。一些擦伤较久未修的伤疤中，裂纹有的深至余逾 10mm，以致最终发展形成横向裂纹而使钢轨折断。

3.轨端淬火层的剥落

列车通过钢轨连接处，轨端踏面就要受到车轮的多次撞击，当接头缝隙过大或钢轨接头不平时撞击力将会增大，在无数次的强烈撞击下，轨端淬火层与钢轨基体的过渡交界处，性能差别较大的地方会出现疲劳裂纹，随后不断扩展，会造成轨端淬火层的破碎和局部剥落掉块。

二、轨枕

轨枕承受来自钢轨的各向压力，并弹性地传布于道床，同时能有效地保持钢轨方向、轨距和位置等。轨枕应具有必要的坚固性、弹性和耐久性，并能便于固定钢轨，有抵抗纵向和投向位移的能力。

轨枕依其构造及铺设方法可分为横向轨枕、纵向轨枕及短枕等。横向轨枕是一种最常用的轨枕。纵向轨枕一般仅用于有特殊需要的地段。分开铺设的轨枕，常用于混凝土整体道床。

轨枕按其使用目的分为用于一般区间的普通轨枕、用于道岔上的岔枕、用于无砟桥梁上的桥枕。

轨枕按其材质分主要有木枕、混凝土轨枕和钢枕等。

（一）木枕

木枕是指由木材制成的轨枕，又称枕木。木枕是铁路最早采用而且到目前为止依然被采用的一种轨枕。

木枕主要优点是弹性好，可缓和列车的动力冲击作用，易加工、运输、铺设、养护维修方便；与钢轨连接比较简单；木枕与碎石道砟之间有较大的摩擦系数，能保证轨道的稳定；有较好的绝缘性能等。但木枕要消耗大量优质木材，由于资源有限，无论是数量还是质量都不能满足使用要求。木枕的主要缺点是易腐朽、磨损，使用寿命短，这有来自生产工艺水平的原因；其次是由于木材种类和部位的不同，其强度、弹性不完全一致，在机车车辆作用下会形成轨道不平顺，增大轮轨动力作用。

延长木枕使用寿命的最有效措施是对木枕进行防腐处理。木枕常用的防腐剂有水溶性防腐剂和油类防腐剂两类，其中以油类防腐剂为主要类型。木枕防腐处理按规定的工艺流程，在一个密封蒸制罐中进行。

木枕除进行防腐处理外，还应采取措施，防止机械磨损及开裂的出现。为防止木枕开裂，必须严格控制木枕的含水量，并改善其干燥工艺。一旦出现裂缝，应根据裂缝大小分别采取补救措施，或用防腐浆膏掺以麻筋填塞，或加钉 C 形钉、S 形钉、组钉板及用铁丝捆扎，使裂缝愈合。为了减少机械磨损，木枕上必须铺设垫板，并预钻道钉孔。

（二）混凝土轨枕

混凝土轨枕的主要优点是纵、横向阻力较大，线路稳定性好，适合铁路的高速大运量要求；铺设高弹性垫层可以保证轨道弹性均匀；使用寿命长，可以降低轨道的养修费用；特别是铺设混凝土轨枕可以节约大量优质木材，对铁路运输事业的发展具有重要意义，用混凝土轨枕代替木枕已成为轨枕发展的主要方向。

混凝土轨枕的特点是自重大、刚度大，与木枕线路相比其轨底挠度较平顺，故轨道动力坡度小。与木枕相比，混凝土轨枕的弹性差。在同样荷载作用下所受到的冲击力大。同时也存在列车通过不平顺的混凝土轨枕线路时，轨道附加动力增大的问题。故对轨下部件的弹性提出了更高的要求，以提高线路减振性能。

混凝土轨枕按配筋方式分为普通钢筋混凝土轨枕和预应力钢筋混凝土轨枕两大类。按照施工方法不同分为先张法和后张法预应力钢筋混凝土轨枕两类，配筋材料为钢丝或钢筋。

混凝土轨枕按结构形式可分为整体式、组合式和短枕式。整体式轨枕整体性强，稳定性好，制作简便，是目前广泛使用的一种类型。组合式轨枕由两个钢筋混凝土块使用一根钢杆连接而成，其整体性不如前者，但钢杆承受正负弯矩的能力比较强。

三、扣件

钢轨与轨枕的连接是通过中间连接零件实现的。中间连接零件又称为扣件，其作用是将钢轨固定在轨枕上，即具有一定的扣压力，以保持轨距和阻止钢轨相对轨枕的纵、横向移动。在钢筋混凝土轨枕轨道和混凝土整体道床中，弹性远小于木枕轨道，扣件还必须提供足够的弹性。为此，扣件必须具有足够的强度、耐久性和良好的弹性，有效地保持钢轨与轨枕之间的可靠连接；结构力求简单，便于安装及拆卸；应具有良好的绝缘性能，以减少迷流。

（一）木枕扣件

木枕扣件主要有分开式和混合式两种。

分开式扣件是将钢轨和垫板、垫板和木枕分别连接起来。分开式扣件扣压力大，可有效防止钢轨爬行。其缺点是零件多，用钢量大，更换钢轨程序烦琐，分开式扣件多用在桥上线路。

混合式扣件的零件有道钉和五孔双肩铁垫板。混合式扣件是我国铁路木枕轨道上使用最广泛的一种扣紧方式。它除用道钉将钢轨、垫板和木枕一起扣紧外，还另用道钉将垫板与木枕单独扣紧。这种扣紧方式可减轻垫板的振动，且零件少，安装方便，其缺点是钢轨受荷载后向上挠曲时，易将道钉拔起，降低扣着力。

（二）混凝土轨枕扣件

我国混凝土轨枕扣件，在初期主要使用扣板式和拱形弹片式两种。拱形弹片式扣件由于拱形弹片强度低，扣压力小，易引起变形甚至折断，在主要干线上已被淘汰。因此，我国混凝土轨枕主要采用不分开式弹性扣件。现场的多年使用实践也证明采用弹性扣件可提高轨道强度，并显著减少现场的养护维修工作量。

下面介绍我国常用的几种混凝土轨枕扣件类型。

1. 弹条 I 型扣件

弹条 I 型扣件主要由 M 形弹条、螺纹道钉、轨距挡板、挡板座及弹性橡胶垫板等组成。

弹条由直径为 13mm 的 60Si2Mn 或 55Si2Mn 热轧弹簧钢制成。弹条有 A、B 两种型号。其中 A 型弹条较长。对 50kg/m 钢轨除 14 号接头轨距挡板安装 B 型弹条外，其余均安装 A 型弹条。60kg/m 钢轨则一律安装 B 型弹条。

弹条 I 型扣件弹性好、扣压力损失较小，能较好地保持轨道几何形位，使用效果好，主要技术性能均优于扣板式扣件。目前已成为我国混凝土轨枕线路主型扣件。适用于标准轨距铁路直线及半径 R ≥ 300m 的曲线地段，与 50kg/m、60kg/m 钢轨相连接。

随着高速、重载铁路运输的发展，对重型和特重型轨道，弹条 I 型扣件已显能力不足，因此，规定在最高行车速度 ≤ 120km/h 的重型及以下轨道使用弹条 I 型扣件。

2. 弹条 II 型扣件

弹条 II 型扣件是在弹条 I 型扣件的基础上开发的，除弹条外，其余部件与弹条 I 型扣件相同，仍为带挡肩、有螺栓扣件。在原来使用弹条 I 型扣件地段，可用弹条 II 型扣件弹条更换原 I 型扣件弹条。

设计参数：单个弹条扣压力不小于 10kN，弹程（即弹性变形量）不小于 10mm，分别比 I 型扣件提高约 30%；组装扣件承受横向疲劳荷载 7t，在荷载循环 200 万次后，各部件不得损坏。

弹条 II 型扣件具有扣压力大、强度安全储备大、残余变形小等优点。适用于 II 或 III 型混凝土轨枕的 60kg/m 钢轨线路。

轨距的调整仍用轨距挡板和挡板座的不同号码相互调配。

3. 弹条 III 型扣件

弹条 III 型扣件是无螺栓无挡肩扣件。无螺栓无挡肩扣件是世界各国轨枕扣件发展的趋势，特别适用于重载大运量、高密度的运输条件。

弹条 III 型扣件是由弹条、预埋铁座、绝缘轨距块和橡胶垫板组成。弹条 III 型扣件适用于标准轨距铁路直线或半径 R > 350m 的曲线上，铺设 60kg/m 钢轨和 III 型无挡肩混凝土轨枕的无缝线路轨道。

弹条 III 型扣件具有扣压力大、弹性好等优点，特别是取消了混凝土轨枕挡肩，从而消除了轨底在横向力作用下发生横移导致轨距扩大的可能性，因此保持轨距的能力很强，又由于取消了螺栓连接的方式，大大减小了扣件养护工作量。

（三）DT 系列扣件

DT 为地铁的意思。该系列的扣件有 DT- Ⅰ、DT- Ⅱ、DT- Ⅲ、DT- Ⅲ -2 及 DT- Ⅶ等形式，这些扣件，都在北京、上海、广州、深圳、南京、武汉等地的轨道设计中得到采用，并一直受到专业人员的广泛关注。DT- Ⅰ扣件是我国最早期的城轨线路扣件，该扣件为全弹性分开式，性能较好，扣压件为弹性扣件；DT- Ⅲ适用于 60kg/m 钢轨，为有挡肩弹性分开式扣件，该扣件在上海地铁 1、2 号线上使用。

轨距挡板用来调整轨距和传递钢轨承受的横向水平力。挡板座用来支撑轨距挡板保持和调整轨距并传递轨距挡板的横向水平力至轨枕的挡肩上。它应具有足够的强度。此外，还应具有一定的绝缘性能防止漏电。将左右两股钢轨内外两侧不同编号的挡板和挡板座相互配合，可以调整一定量的轨距，对 60kg/m 钢轨，可调整轨距 -12 ~ +8mm。

（四）弹簧扣件

弹簧扣件包括单趾弹簧扣件和双趾弹簧扣件。单趾弹簧扣件不设置 T 型螺栓，而设计特殊的弹条，通过敲击法直接将弹条打入，值得推广。由于人们拧紧螺栓时仅凭感觉操作，扭力矩是不可能完全相同的，尽管规范对扭力矩有严格的要求，也通过扭矩计进行抽查检测。但是，行为上的差距还是客观存在的。这样，螺栓对弹条的压力不等，同时，钢轨各处所受到弹条的压力也不均衡，一方面钢轨内应力的均匀受到影响；另一方面，弹条的疲劳程度不一。单趾弹簧式扣件，将弹条直接打入，构件几何尺寸的控制，使所有弹条均发生相等的压缩变形，可以认为，所有弹条的受力基本一致，从而对钢轨的反作用力也达到一致。

双趾弹簧扣件和单趾弹簧扣件构造相似。弹条设计为对称结构形式，在外力作用下，弹条两趾各承担一半的作用力。

（五）扣件受力分析

轨枕扣件的工作特性可用扣压力、扣件的竖向弹性和横向弹性来说明，而目前我国设计的扣件中主要考虑扣件扣压力和竖向弹性。

1. 扣压力

扣件的扣压力由扣件的弹性扣压件提供。扣压力的大小必须使钢轨经常处于被压紧在轨枕上的状态，使钢轨不会在轨枕上产生纵向爬行，而且要求由扣件所提供的爬行阻力必须大于轨枕底面与道床之间的道床阻力。

在目前的运营条件下，用于无缝线路的每组钢轨扣件的扣压力应为 P_c =8.8 ~ 9.8kN。这个数值约为半根轨枕道床纵向阻力 8.7kN/m 的 1.59 ~ 1.78 倍，因而是足够的。

2. 竖向弹性

扣件的竖向弹性是由扣压件和弹性垫层（橡胶垫板）共同提供的。扣件在车轮作用下的受力状态如图 2-2 所示。P_c 为一组扣压件作用在钢轨上的扣压力，P_w 为在车轮下作用在每组扣件上的钢轨压力，P_p 为弹性垫层对轨底的反力。K_c 为一组扣压件的垂直刚度，K_p 为弹性垫层的垂直刚度，由于扣压件和弹性垫层在荷载作用下的变形量相等，因而可以把两者视为两个并联弹簧，由此得出扣件的总刚度 K 为

$$K = K_c + K_p$$

扣件的总刚度必须满足垂直弹性的要求，除此以外，还必须考虑 K_p 与 K_c 的对应关系，即两者的比值。一般来说，扣压件的刚度小，弹性垫层刚度大。两者的比值应有一个合理的范围，以免出现荷载作用下钢轨、扣件与垫层不密贴的现象或扣压力变化太大，影响扣件工作可靠性，从而加速各部分的损坏。研究结果表明，K_p / K_c 的比值应不小于 2 或 2.75，并应尽可能接近于 11 或 7，相应的初始扣压力的损失值 ΔP_c 为 4.9kN 或 7.35kN。

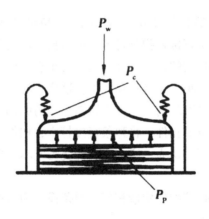

图 2-2　扣件在车轮作用下的受力状态

四、道砟道床

在轨道交通发展的初期即采用了石砟铺筑而成的道床作为轨排的基础，巴黎、纽约等城市早期修建的地铁，无论在隧道中还是高架上均采用了这种道砟道床轨道。从造价、轨道弹性、阻尼、易于维修恢复轨道线形等方面比较，有砟轨道均优于无砟轨道形式。但有砟轨道存在自重大、不易保持轨道几何形态、维修工作量大、易脏污等缺陷，在新建的高架、地下轨道交通线路中已不采用，目前只在轨道交通的地面线、站场线中使用。

用作道床的材料，应满足质地坚韧，吸水度低，排水性能好，耐冻性强，不易风化，不易压碎、捣碎和磨碎，不易被风吹动和被水冲走的要求。

可以用作道床材料的有碎石、熔炉矿渣，筛选卵石，有 50% 以上卵石含量的天然砂卵石以及粗砂和中砂等。一般来说，应以就地取材为原则。在我国首选的道床材料是碎石。我国的道床多采用双层道床，上面是面砟层，下面是底砟。

我国道床厚度（枕底以下算起）为 25 ~ 50cm，此值指的是双层道床厚度。

五、无砟轨道

自从地下铁道问世 100 多年以来，它的构造形式就是有砟轨道的结构。如巴黎、伦敦等城市的轨道交通。但在应用中，人们逐渐发现有砟轨道并不适合于城市轨道交通的特点与要求。一般新建轨道交通的地下及高架线路、车站部分均采用了无砟轨道结构形式。

采用最普遍的无砟轨道是整体道床。整体道床是无砟轨道的一种结构形式，它没有传统的道砟层，是用混凝土或钢筋混凝土浇灌于坚实的基础之上形成整体的道床。

（一）整体道床的主要优缺点

整体道床的主要优缺点如下：

第一，轨道稳定性好，养护维修工作量极少。

第二，构造简单。整体道床用 C30 混凝土或钢筋混凝土就地灌筑而成，每延米混凝土用量为 $1m^3$ 左右、钢筋约 40kg（单线铁路），不需要厂制混凝土构件（支承块可在工地预制），不需要起重设备和其他大型机械，在一般线路上都可进行施工，也不需要其他特殊材料。与其他类型的轨下基础相比，结构比较简单，造价也相应较低廉，只比碎石道床约高 30%。施工进度一般 8 小时可达数十米，如采用大型连续辅筑机，每小时可辅筑整体道床 40 ~ 50m。轨道的方向和水平是在道床的施工过程中调整固定下来的。根据大量的施工和运营经验，整体道床的施工精度是能够满足铺轨要求的。

第三，外表整洁美观。

第四，由于整体道床厚度比碎石道床厚度要小，因此隧道净空的高度可以相应减小。

第五，整体道床混凝土为现场灌筑，避免了厂制构件的运输。

第六，整体道床发生病害时，修复较为困难，因此要求设计考虑周全，施工要重视质量。

第七，施工精度要求较高。整体道床混凝土一经灌筑硬结后，轨道几何尺寸的变动完全取决于钢轨连接扣件的调整能力，而扣件的可调量总是有限的，因此要求整体道床竣工后的轨道质量（工后轨道质量）应符合有关规定，这个要求在一般的施工中是可以达到的。

第八，道床弹性较差，扣件的形式较复杂。为了使整体道床轨道具有与碎石道床轨道相接近的轨道弹性，确保轨道各组成部件处于正常的受力状态，整体道床应采用弹性扣件，同时，为了满足整体道床轨道几何尺寸和曲线轨道超高变化的调整，要求扣件还应具有一定的调高和调轨距的能力。

（二）无砟轨道的结构形式

无砟轨道与基床的连接形式主要有轨枕式、支承块式和整体灌筑式 3 种，支承块式又分为支承块中心水沟式、支承块侧沟式和支承块中心暗沟式三种。

1. 轨枕式

轨枕式是把预制好的混凝土轨枕或短木枕与混凝土道床浇筑成一整体。早在 20 世纪 50 年代，苏联铁路隧道整体道床就采用了这种形式，新加坡的轻轨交通和上海地铁也采用了这种形式。其最大优点是可采用轨排施工，施工进度快，施工精度也容易保证。

2. 支承块式

支承块式是把定制的钢筋混凝土支承块或短木枕与混凝土道床浇筑成一体。这是世界上许多国家铁路整体道床大量采用的形式。莫斯科地铁曾使用短木枕作为支承块，我国北京和天津地铁也均采用混凝土的支承块。这种形式整体性及减振性能较差，施工较整体灌筑式简单而比轨枕式复杂，成本较低，施工精度较整体灌筑式易保证。

3. 整体灌筑式

整体灌筑式（或称为无枕式）是就地连续灌筑混凝土基床或纵向承轨台。国外一些国家修建铁路隧道时常采用这种形式，香港的地铁和新建的轻轨（有轨电车）也采用了这种形式，简称为 PACT 型轨道。这种形式结构简单，建筑高度较小，但施工时需采用刚度较大的模架，施工较为复杂。

弹性支承块式整体轨道结构是一种低振动（LVT）轨道结构，可用于有一般减振要求的 I 类地区，如居民区、商业区域。该轨道结构使轮轨动力在钢轨上经过分配后传到轨下胶垫得到第一次减振，再经过支承块传到块下胶垫进行第二次减振，这样，振动的高频成分及其幅值在得到了相当的衰减后传递给基础。

（三）板式轨道

板式轨道的结构是在类似混凝土高架桥、岩石隧道等坚硬基础上，铺设工厂预制的钢筋混凝土或预应力钢筋混凝土板，因而得名。板与混凝土基床之间填充沥青水泥浆。板式轨道主要在日本铁路和轨道交通线路中使用，我国铁路也引进了这项技术。

板式轨道的整体性肯定优于有砟轨道，轨道结构的强度也能得到保证。由于采用工厂预制，构件的精度可以得到保证，施工的进度也能加快，但需要较大型的施工机械和起重设备。

当下部结构沉降或变形过大，超出扣件可调范围时，由于轨枕板与结构或基床混凝土之间填充沥青水泥砂浆，可在此处进行调节，从这个意义上说它也优于整体道床的轨道结构。

（四）浮置板轨道

城市轨道交通快速发展在解决人口密集城区交通拥挤问题的同时，也对轨道周边环境造成了振动影响。自 1965 年科隆地铁首次采用浮置板式轨道结构以来，德国、英国、美国、日本、韩国和新加坡等国家的大多数城市轨道都采用了这一轨道结构，其减振、降噪的效果得到普遍的认同。

在华盛顿地铁轨道的重整过程中，即采用了两种预制的浮置板。一种是具有特殊宽度以支撑特殊形式的轨道；另一种是常规宽度的浮置板用于支撑标准轨道，而对浮置板进行支撑的是聚酰亚胺隔声垫。在浮置板结构改进方面，日本浮置板应用螺旋弹簧降低了轨道的基础以及结构产生的噪声和振动。在这一系统中，混凝土板由弹簧支撑。

第三节　道岔

在铁路线路中，使机车车辆由一条线路转向另一条线路的轨道连接设备称为道岔。道岔是铁路轨道的一个重要组成部分。它由引导机车车辆的轮对沿原线行进或转入另一条线路运行的转辙部分、使轮对能顺利地通过两条线路钢轨的连接点而形成的辙叉部分、转辙和辙叉的连接部分以及岔枕和连接零件等组成。由于线路上的道岔多、构造复杂、寿命短、限制列车速度、行车安全性低、养护维修投入大等特点，与曲线、接头并称为轨道的三大薄弱环节。道岔的构造和平顺连续的轨道不同，在轨道工程中，如何使道岔具有良好形状，确保列车能在规定的速度下安全、可靠地通过道岔和延长道岔的使用寿命，是一个历来广受关注的课题，在铁路实行提速和高速运行之后，尤其如此。

道岔有多种类型，在我国习惯上把和道岔有关的交叉设备归属在道岔中。因此，在我国铁路上铺设和使用的标准形式的道岔有：普通单开道岔、单式对称道岔、三开道岔、交叉渡线（由四组单开道岔和一个菱形交叉组成）和交分道岔。

一、转辙部分

单开道岔的转辙器由两根基本轨、两根尖轨、各种连接零件和道岔转辙机构组成。

最常用的道岔转换设备的种类包括机械式和电动式两种。道岔转换设备必须具备转换（改变道岔开向）、锁闭（锁闭道岔，在转辙杆中心处尖轨与基本轨之间，不允许有 4mm 以上的间隙）和显示（显示道岔的正位或反位）等三种功能。

二、辙叉及护轨

辙叉是使车轮从一股钢轨越过另一股钢轨的设备，它设置于道岔侧线钢轨与道岔主线钢轨相交处。辙叉由心轨、翼轨、护轨和连接零件组成。按平面形式划分，辙叉有直线辙叉和曲线辙叉两类；按构造划分，辙叉又有固定式辙叉和可动式辙叉两类。在单开道岔上以直线式固定辙叉最为常用。

整铸辙叉是用高锰钢浇铸的整体辙叉，具有较高的强度和良好的冲击韧性，经热处理后，在冲击荷载作用下，会很快产生硬化，使表面具有良好的耐磨性。这种辙叉还具有使用寿命长，养护维修方便的优点。

辙叉心轨两个工作边的延长线的交点称为辙叉理论中心（理论尖端）。由于制造工艺的原因，实际上的叉心尖端有 6 ~ 10mm 的宽度，此处称为心轨的实际尖端。

翼轨与心轨形成必要的轮缘槽，使车轮轮缘能顺利通过。两翼轨工作边相距最近处称为辙叉咽喉，从辙叉咽喉至心轨实际尖端之间的距离称为有害空间。道岔号数越大，辙叉角越小，这个有害空间就越大。车轮通过有害空间时，叉心容易受到撞击，为保证车轮安全通过有害空间，在辙叉两侧相对位置的基本轨内侧设置了护轨，借以引导车轮的行驶方向。

三、连接部分

连接转辙器和辙叉的轨道为道岔的连接部分，它包括直股连接线和曲股连接线，如图 2-3 所示。直股连接线与区间直线线路的构造基本相同，曲股连接线又称导曲线，导曲线的平面形式可以是圆曲线、缓和曲线或变曲率曲线。我国目前线路上铺设的道岔导曲线均为圆曲线，当尖轨为曲线型时，尖轨本身就是导曲线的一部分。导曲线由于长度及界限的限制，一般不设超高和轨底坡，但在构造及条件容许的情况下可设置少量超高。我国在钢筋混凝土岔枕上铺设的导曲线设置了 6mm 的超高，两端用逐渐减厚度的胶垫进行顺坡。

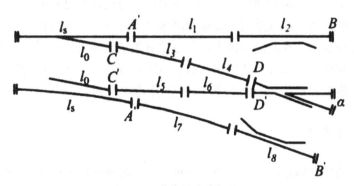

图 2-3　道岔的连接部分

为防止导曲线钢轨在动荷载作用下的外倾和轨距扩张，可设置一定数量的轨撑或轨距拉杆，也可以在导曲线范围内设置一定数量的防爬器及防爬木撑，以减小钢轨的爬行。

第四节　无缝线路

无缝线路是标准长度的钢轨焊连而成的长钢轨线路，又称焊接长钢轨线路。它是当今轨道结构的一项重要技术，是与重载、高速铁路相适应的新型轨道结构。无缝线路在世界各国得到迅速的发展，逐渐取代普通有缝线路，目前已累计铺设了逾 30 万 km。

一、概述

钢轨接头是轨道结构中薄弱的环节。列车通过钢轨接头时会产生很大的冲击力，对轨道结构产生很大的破坏作用，机车车辆的振动加剧，导致使用寿命缩短，修理费用增大。

（一）温度应力式无缝线路

温度应力式普通无缝线路是由一根焊接长钢轨及其两端 2 ~ 4 根缓冲轨或伸缩调节器组成，包括固定区、伸缩区和缓冲区。

长钢轨中间部分称为固定区，其长度根据线路及施工条件确定，最短不得短于 50m。

长钢轨两端能随轨温变化，进行一定程度的伸缩，其伸缩量可以控制在构造轨经允许范围内，称为伸缩区，伸缩区长度根据计算确定，一般为 50 ~ 100m。

2 ~ 4 根标准轨或厂制缩短轨地段，作为与下一根长钢轨或道岔等连接的过渡段，称为缓冲区。

无缝线路锁定后，由于轨温的变化，焊接长钢轨受到钢轨接头阻力、扣件和轨枕纵向阻力的抵抗，两端自由伸缩受到一定限制，中间部分完全不能伸缩，因而在长钢轨内部产生很大的温度力，其值与轨温变化幅度和钢轨截面积成正比关系。随着无缝线路技术的发展，钢轨接头被最大限度地减少，延长了长轨条的长度，发展了跨区间无缝线路。温度应力式无缝线路结构较简单，铺设维修方便，因而得到广泛应用，但由于钢轨要承受强大的温度力，钢轨的强度和稳定性必须满足设计要求。对直线轨道 50kg/m 和 60kg/m 的钢轨，每 km 铺设 1840 根混凝土轨枕，铺设温度应力式无缝线路允许轨温差分别为 100 ℃和 108 ℃。

（二）放散温度应力式无缝线路

放散温度应力式无缝线路，又分为自动放散式和定期放散式两种，适用于年轨温差较大的地区。

自动放散式是为了消除和减少钢轨内部的温度力，允许长轨条自由伸缩，在长轨两端设钢轨伸缩接头。

定期放散温度应力式无缝线路结构形式和温度应力式基本相同。根据当地轨温条件，把轨内部的温度应力每年调整放散 1 ~ 2 次。放散时，松开焊接长钢轨的全部扣件，使其能够自由伸缩，放散内部温度应力应采用更换缓冲区不同长度调节轨的办法，保持一定的轨缝。定期放散温度应力式无缝线路在苏联和我国年温差较大的地区使用过，目前已很少使用。

现今世界各国主要采用温度应力式无缝线路。根据无缝线路铺设位置、设计要求不同，可分为路基上无缝线路、桥上无缝线路、岔区无缝线路等；根据无缝线路的轨条长度和是否跨越车站，可分为普通无缝线路和跨区间无缝线路；根据长钢轨接头的连接形式，可分为焊接无缝线路和冻结无缝线路；根据结构连接方式，又可分为缓冲轨连接和钢轨伸缩调节器连接。

二、温度应力

无缝线路的特点是轨条长，当轨温变化时，钢轨要发生伸缩，但由于有约束作用，不能自由伸缩，在钢轨内部要产生很大的轴向温度力。

当钢轨因温度变化 Δt ℃而自由伸缩时，其伸缩量为：

$$\Delta l = \alpha l \Delta t \qquad （2-1）$$

式中 α ——钢轨的线膨胀系数，取 $11.8 \ \mu\varepsilon$ /℃（或 11.8×10^{-6}g/℃）；

l ——钢轨长度，m；

Δt ——轨温变化幅度（或称轨温差）℃。

如果钢轨因受阻力不能随轨温变化而自由伸缩时，则将在钢轨内部产生温度应力。由胡克定律可得温度应力为：

$$\sigma_t = E\varepsilon_t = E \frac{\Delta l}{l} = \frac{Ea\Delta tl}{l} = E\alpha\Delta t \qquad （2-2）$$

式中 E ——钢轨的弹性模量，$E = 2.1 \times 105$MPa；

ε_t ——钢轨的温度应变。

将 E、α 的值代入式（2-2），则

$$\sigma_t = 2.1 \times 10^5 \times 11.8 \times 10^6 \times \Delta t = 2.48\Delta t$$

一根钢轨中的温度力为：

$$P_t = \varepsilon_t F = 248\Delta tF$$

式中 F ——钢轨的断面积，cm²。

三、锁定轨温及轨温变化幅度

轨温与气温有所不同，影响轨温的因素比较复杂，有气候变化、风力大小、日照强度、线路走向和所取部位等。在无缝线路计算过程中，要涉及最高轨温 T_{max}，最低轨温 T_{min}，中间轨温 T 和锁定轨温 T_{sf}。根据多年的实际观测，最高轨温通常取当地最高气温加 20℃，最低轨温等于最低气温，中间轨温是最高轨温和最低轨温的平均值。其中，最高气温与最低气温根据当地有史以来的气象资料确定。

锁定轨温，又称零应力状态的轨温和实际锁定轨温。设计、施工、运营情况不同，运用锁定轨温的概念不同。设计确定的锁定轨温称为设计锁定轨温，施工确定的锁定轨温称为施工锁定轨温，无缝线路运行过程中处于温度力为零状态时的轨温称为实际锁定轨温。这三个概念不能混淆，否则会产生误解。锁定轨温是决定钢轨温度力水平的基准，因此根据强度、稳定条件确定锁定轨温是无缝线路设计员主要的工作内容。锁定轨温确定后，与最高轨温之差称为最大升温幅值；与最低轨温之差称为最大降温幅值。

四、强度与稳定性

为防止钢轨断裂，无缝线路的焊接长钢轨应有足够的强度。无缝线路强度计算的要求是，在轨道交通车辆的动力作用下，焊接长钢轨所受的动弯应力、温度拉（压）力及制动力的总和，不超过钢轨钢材的允许应力。在向架线路上还应考虑由于梁的伸缩及挠曲而引起的附加伸缩力和挠曲力。应根据具体情况进行必要的验算。

无缝线路除满足强度要求外，更重要的是还必须满足稳定性的要求。

实践和理论表明，无缝线路在垂直面上丧失稳定（膨曲）的可能性是很小的。无缝线路的失稳往往在水平面上发生，无缝线路的膨曲首先在轨道的原始弯曲处开始。轨道的原始弯曲分弹性弯曲和塑性弯曲（死弯）两种。弹性弯曲是在温度力和车辆横向力的作用下产生的，因而能在作用力消失后恢复原状。塑性弯曲是在钢轨轧制、运输、焊接和铺设过程中形成的，也是无法恢复的。当轨温不高，温度压力不大时，轨道的膨曲变形极小。随着轨温及温度压力的继续增大，轨道变形将随之逐渐增加，但不会引起突然破坏，但当钢轨内部的温度压力升高到某一临界值 P_c 时，如温度压力稍有增加或受外力干扰，轨道变形就会突然增大，终而导致完全破坏，一般称这种现象为无缝线路丧失稳定性，称轨道膨曲的渐变阶段为"胀轨"，突变阶段为"跑道"。无缝线路丧失稳定性后，将导致列车脱轨，其后果将是十分严重的。

第五节　单轨系统轨道结构

单轨交通按结构形式一般分为悬挂式和跨座式两种。相对来讲，采用跨座式较多，轨道梁、转辙机和转向架是单轨系统的关键技术。

由于单轨系统的走行轮、定向轮都采用橡胶轮胎，因此车体结构必须轻量化，轨道梁和支座材料的耐温、耐潮湿和耐酸性要求也较高。我国重庆市轨道交通采用的就是这种制式。重庆市单轨轨道梁为宽 0.85m、高 1.5m 的工字形结构，中间为供电轨，梁跨 20 ~ 24m，车辆骑跨于梁上行驶。

单轨系统的轨道不同于一般轨道交通方式中的钢轨，一般多采用标准断面的预应力混凝土简支梁（简称 PC 轨道梁）。由于 PC 轨道梁既要承受车辆载荷，又是列车的运行轨道，被称为单轨交通的生命线。PC轨道梁建造技术是单轨交通系统三大关键技术之一。

单轨道岔的结构部分由道岔梁、指形接手组、十字形铰、尾轴装置等部件组成。道岔梁是耐候钢焊接而成的箱形梁，梁顶面为车辆运行的走行面，梁侧面布设有车辆运行的导向面和稳定面。关节型道岔的导向面、稳定面固定在梁上，道岔移动后形成折线，结构较为简单；关节可挠型道岔的导向面、稳定面与箱梁之间为可动连接，道岔移动时，通过箱内的鼓形凸轮机构产生弯曲形成圆滑曲线。

第六节　磁悬浮交通系统轨道结构

磁悬浮交通是一种新型的交通运输系统，是交通运输方式的一种革命性质变。它不同于传统铁路，后者是在车轮与钢轨接触的情况下，依靠轮轨之间的黏着关系实现支承、导向、牵引和制动三大功能。而磁悬浮列车是在车辆与导轨无接触的情况下，利用电磁系统产生的吸引力或排斥力使车辆悬浮。利用电磁力进行导向，使车辆不偏离运行轨迹。同时依靠直线电动机驱动，推动列车前进。

轨道是中低速磁悬浮列车的关键技术之一。中低速磁悬浮列车的轨道与普通铁轨不一样，它采用F型导轨，其轨排加工、安装精度和轨道线型直接影响列车运行平稳性。由于轨道是由一段段轨排连接起来的，轨排太短，安装时难以达到轨道设计要求；太长，则加工需要大型的数控机床，加工难度大。

高速磁悬浮轨道线路系统上部结构为精密焊接的钢结构或钢筋混凝土结构的轨道梁，下部结构为钢筋混凝土支墩和基础。

磁悬浮线路道岔结构庞大而复杂，轮轨铁路通过钢轨道岔实现列车的转辙。磁悬浮列车的轨道由钢梁或混凝土梁构成，道岔只能移动整梁，实践中采用钢结构多跨连续梁，用8台液压千斤顶，以约50t的转辙力使数百吨重的梁移动数米行程，转辙后锁定困难，可靠性不易保证。

磁悬浮列车运行原理决定了磁悬浮线路在线路出岔时，采用整根道岔钢梁强制弹性变形的方法换线。道岔钢梁首先要满足轨道梁的基本要求。道岔钢梁采用箱形断面，总长约150m；钢箱梁两侧设置平行于底板的翼缘，用来安装功能件，功能件与箱梁整体加工。

道岔弯曲时是由安装在下部结构顶端的顶推装置完成，道岔的弯曲线形受速度控制。从车辆和设备本身考虑，在道岔偏转时，必须保证必要的平整度，从受力性能和耐久性的角度考虑，钢梁应尽量减少扭转的产生。上述原因限制了车辆的最大侧向过岔速度，目前采用的最大侧向过岔速度仅为196km/h，但直线过岔速度不受此限制，最大可达500km/h。

第三章　城市轨道交通信号系统设备

第一节　继电器

继电器是 ATC 系统中常用的电器，它用于接通和断开电路，用以发布控制命令和反映设备状态，以构成自动控制和远程控制电路。城市轨道交通信号技术中广泛采用的继电器，称为信号继电器（在信号系统中，可简称继电器），它是城市轨道交通信号技术中的重要部件。继电器动作的可靠性直接影响信号系统的可靠性和安全性。

一、继电器的基本原理

继电器的种类很多，性能各不相同，结构形式也各种各样。

无极继电器由电磁系统和接点系统两大部分组成。电磁系统包括线圈、铁芯、轭铁和衔铁，是输入系统。接点系统包括动接点和静接点，是输出系统。继电器具有开关特性，可利用它的接点通、断电路，构成各种控制和表示电路。

二、继电器的作用

继电器由于具有继电特性，能以极小的电信号来控制执行电路中相当大的对象，能控制数个对象和数个回路，能控制远距离的对象。继电器的这种性能给自动控制和远程控制创造了便利的条件，所以继电器被广泛应用于城市轨道交通信号系统中。

继电器在以电子元器件和计算机构成的系统如计算机联锁系统中，作为其接口部件，将系统主机与信号机、轨道电路、转辙机等执行部件结合起来。

随着电子技术的迅速发展，电子元器件尤其是微型计算机以其速度快、体积小、容量大、功能强等技术优势，在相当大程度上逐渐取代继电器，构成自动控制和远程控制系统，使技术水准大大提高。但是，继电器与电子元器件相比，仍具有一定的优势，如开关性能好（闭合时阻抗小，断开时阻抗大）、有故障 - 安全性能（发生故障时可自动导向安全的性能）、能控制多个回路、抗雷击性能强、无噪声、不受周围温度影响等。因此，继电器仍然具有广阔的应用空间，仍将长期存在。

三、安全型继电器

（一）安全型继电器概述

安全型继电器是无须借助于其他继电器，亦无须对其接点在电路中的工作状态进行监督检查，其自身结构即能满足一切安全条件的继电器。

安全型继电器为直流 24V 系列的重弹力式直流电磁继电器，其典型结构为无极继电器，其他各类型继电器均由无极继电器派生而出，因此绝大部分零件均可通用。安全型继电器包括无极继电器、无极加强接点继电器、无极缓放继电器、无极加强接点缓放继电器、整流式继电器、有极继电器、有极加强接点继电器、偏极继电器等。它们的特性和线圈电阻值各不相同，在信号电路中有不同的作用。为了满足故障 - 安全原则，安全型继电器在结构设计中采取了一系列措施。

安全型继电器分为插入式（型号内带有字母"C"）和非插入式两种。在实际使用中，为便于维修，多采用插入式。

（二）继电器插座

制作插入式安全型继电器时需加装继电器插座，其结构示意图如图 3-1 所示。实际加装时，利用继电器下部螺栓露出部分将继电器插座插入，用螺母紧固，然后用螺母紧固件紧固。

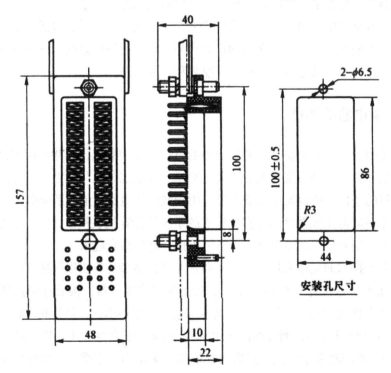

图 3-1　继电器插座结构示意图（长度单位：mm）

（三）各类安全型继电器

I. 无极继电器

无极继电器有 9 个品种，主要采用 JWXC-1700 型及 JWXC-H340 型等。

（1）线圈

线圈水平安装在铁芯上，分为前圈和后圈。之所以采用双线圈，主要是为了增强控制电路的适应性和灵活性，可根据电路需要选择单线圈控制、双线圈串联控制或双线圈并联控制。线圈绕在线圈架上，线圈架由酚醛树脂压制而成。缓放型无极继电器为了增加缓放时间，采用铜质阻尼线圈架。线圈用高强度漆包线密排绕制，抽头焊有引线片，线圈与电源片的连接如图 3-2 所示。

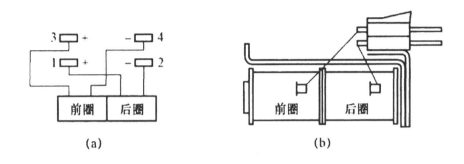

图 3-2　线圈与电源片的连接

（2）铁芯

铁芯由电工纯铁制成，其为软磁材料，具有较小的剩磁，外层镀锌防护。铁芯如图 3-3 所示，它的尺寸根据继电器规格的不同而有区别。缓放型继电器铁芯的尺寸大些，以加大缓放时间或减小工作值。极靴在铁芯头部，用冷镦法加粗。在极靴正面钻有两个圆孔，这是为了组装和检修时紧固和拆装铁芯用的。

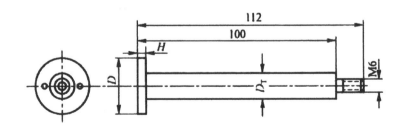

图 3-3　铁芯（长度单位：mm）

（3）轭铁

轭铁呈 L 形，由电工纯铁板冲压成型，外表镀多层铬防护。

（4）衔铁

衔铁为角形，靠蝶形钢丝卡固定在轭铁的刀刃上，动作灵活。衔铁由电工纯铁冲压成型，衔铁上铆有重锤片，以保证衔铁靠重力返回。重锤片由薄钢板制成，其片数由接点组的多少决定，使衔铁的重量基本上满足后接点压力的需要。一般8组后接点用3片，6组用2片，4组用1片，2组不用。衔铁上有止片，止片由黄铜制成，安装在衔铁与铁芯闭合处。止片有6种厚度，因继电器规格不同而异，可取下按规格更换。止片用以增大继电器在吸起状态时的磁阻，减小剩磁影响，保证继电器可靠落下。

在电磁系统中，除衔铁和铁芯间的主工作气隙 δ 外，在轭铁的刀口处尚有第二工作气隙 δ'，以减小磁路的磁势降，从而提高继电器的灵敏度。

（5）接点系统

无极继电器的接点系统如图 3-4 所示。它处于电磁系统上方，通过接点架、螺钉紧固在轭铁上，两者成为一个整体。用螺钉将下止片、电源片单元、银接点单元、动接点单元及压片按顺序组装在接点架上。在紧固螺钉前，应将拉杆、绝缘轴、动接点轴与动接点组装好。

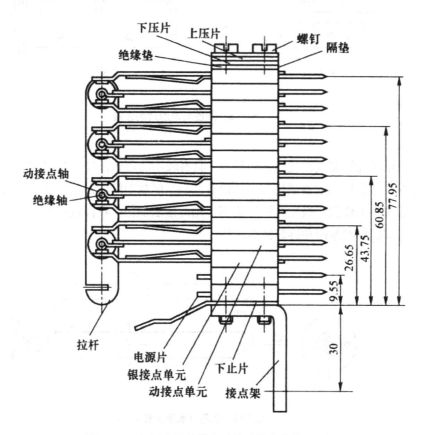

图 3-4　无极继电器的接点系统（长度单位：mm）

无极继电器的接点系统采用两排纵列式联动结构，因此，接点组数只能成偶数增减。拉杆传动中心线与接点中心线一致，以减少不必要的传动损失。为减少接点组组装时的积累公差，将接点片与托片组合压在酚醛塑料内以形成单元块。单元块之间为平面接触，易于控制公差，同时提高了接点组之间的绝缘强度。

银接点单元包括由锡磷青铜带制成的接点片与由黄铜制成的托片，两组对称地压在胶木内。在接点簧片的端部焊有银接点。

接点接触时碰撞会产生颤动，颤动将形成电弧，对接点有较大的破坏作用。为消除这种颤动，必须设置托片。在调整继电器时，可在接点片和托片间加一个初压力，以保证接点刚接触时可动部分的动能被接点片吸收，这样既可消除颤动，又可缩短接点的完全闭合时间，大大减轻了接点的烧损。

2. 无极加强接点继电器

无极加强接点继电器的电磁系统虽与无极继电器的相同，但由于其接点系统结构的改变，电磁系统的结构参数有较大变化。无极加强接点继电器的线圈与电源片的连接方式与无极继电器的相同。

无极加强接点继电器的接点系统如图3-5所示。它的普通接点与无极继电器的相同，加强接点组由加强动接点单元和带磁吹熄弧器的加强接点单元组成。为了防止接点组间的飞弧短路，在两组加强接点间安装既耐高温又具有良好绝缘性能的云母隔弧片，隔弧片钥在拉杆上。为保证加强接点的安装空间，增加了空白单元。图3-5中的熄弧磁钢用虚线表示，说明只有带熄弧器的加强后接点才有熄弧磁钢。

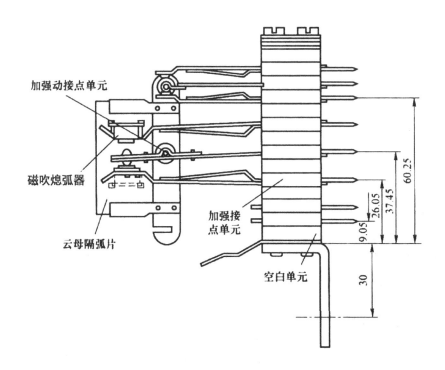

图3-5　无极加强接点继电器的接点系统（长度单位：mm）

由锡磷青铜片冲压成型的加强动接点片头部铆有由银氧化镉制成的动接点，加强静接点片头部同样铆有银氧化镉接点，在接点的同一位置点焊了安装熄弧磁钢的熄弧器夹。

熄弧磁钢由铝镍钴合金或铁镍铝合金制成，其熄弧原理是利用电弧在磁场中的受力运动而产生灭弧作用，使电弧迅速冷却而熄灭。为避免电弧烧损接点及对磁钢去磁，加强接点端部设有导弧角，使电弧迅速移到接点及磁钢的前部位置。

3. 整流式继电器

整流式继电器用于交流电路中，它通过内部的半波或全波整流电路将交流电变为直流电而动作。之所以如此，是为了避免在 AX 系列继电器中采用结构形式完全不同的交流式继电器，以提高产品的系列化、通用化程度。

整流式继电器的电磁系统与无极继电器的相同，只是磁路结构参数有所不同。整流式继电器在接点组上方安装有由二极管组成的半波或全波整流电路。

整流式继电器的接点系统的结构与无极继电器的相同，零部件全部通用，只是接点的编号有区别。

整流式继电器的动作原理与无极继电器的相同，但由于交流电源通过整流后动作继电器，在线圈上加上的是全波或半波的脉动直流电，其中存在交变成分，将使电磁吸引力产生脉动，工作时会发出响声，这对继电器正常工作带来不利影响。

4. 有极继电器

有极继电器根据线圈中电流极性不同而具有定位和反位两种稳定状态，在线圈中的电流消失后，这两种稳定状态仍能继续保持，故又称极性保持继电器。它的特点是电磁系统中增加了永久磁钢。在线圈中通以规定极性的电流时，继电器吸起，断电后保持在吸起位置；通以反方向电流时，继电器打落，断电后保持在打落位置。

有极继电器的磁路结构与无极继电器的基本相同，不同的只是用一块端部呈刃形的长条形永久磁钢代替无极继电器的部分轭铁，磁钢与轭铁间用螺钉连接。

有极继电器的线圈引线与电源片的连接与无极继电器的相同。

有极继电器衔铁位置的定位、反位规定为：衔铁与铁芯极靴之间的间隙最小时（吸起状态）的位置规定为定位，此时闭合的接点叫作定位接点（符号为 D，相当于前接点）；衔铁与铁芯极靴之间的间隙最大时（打落状态）的位置规定为反位，此时闭合的接点叫作反位接点（符号为 F，相当于后接点）。

（四）安全型继电器的特性

安全型继电器的特性包括电气特性、时间特性和机械特性，这些特性可用来表征继电器的性能，是使用和检修继电器的重要依据。

1.电气特性

电气特性是安全型继电器的基本要求，也是设计和实现信号逻辑电路的依据。电气特性包括额定值、充磁值、释放值、工作值、反向工作值、转极值等。

（1）额定值

额定值是指满足继电器安全系数所必须接入的电压或电流值。AX 系列继电器的额定电压为直流 24V，作为轨道继电器、灯丝继电器、道岔启动继电器时除外。

（2）充磁值

为了测试继电器的释放值或转极值，须预先使继电器磁系统磁化，向其线圈通以 4 倍的工作值或转极值。这样可使继电器磁路饱和，在此条件下测试释放值或转极值。

（3）释放值

向继电器通以规定的充磁值，然后逐渐降低电压或电流，至全部前接点断开时的最大电压或电流值即为释放值。

（4）工作值

向继电器线圈通电，直到衔铁止片与铁芯接触、全部前接点闭合，并满足规定接点压力所需要的最小电压或电流值，此值是继电器的电磁系统及接点系统刚好能工作的状态，一般规定工作值不大于额定值的 70%。

（5）反向工作值

向继电器线圈反向通电，直到衔铁止片与铁芯接触、全部前接点闭合，并满足规定接点压力时所需要的最小电压或电流值。造成反向工作值大于工作值的原因是受磁路剩磁的影响，反向工作值一般不大于工作值的 120%。

（6）转极值

转极值是指使有极继电器衔铁转极的最小电压或电流值，又分为正向转极值和反向转极值。正向转极值是使有极继电器的衔铁转极，全部定位接点闭合，并满足规定接点压力时的正向最小电压或电流值。反向转极值是使有极继电器的衔铁转极，全部反位接点闭合，并满足规定接点压力时的反向最小电压或电流值。

（7）反向不工作值

反向不工作值指向偏极继电器线圈反向通电时，继电器不动作的最大电压值。

（8）返回系数

释放值与工作值之比称为返回系数。返回系数对信号继电器有着特别重要的意义，返回系数越高，标志着继电器的落下越灵敏。规定普通继电器的返回系数不小于 30%，缓放型继电器的返回系数不小于 20%，轨道继电器的返回系数不小于 50%。

2.时间特性

电磁继电器的电磁系统是具有铁芯的电感，在接通或断开电源时，由于电磁感应作用，铁芯中产生涡流，在线路中产生感应电流。这些电流产生的磁通阻碍铁芯中原来的磁通的变化，所以电磁继电器或多或少地都具有一些缓动的时间特性。

在各种继电器控制的电路中，由于它们所起的作用不一样，对继电器的时间特性要求也不一样，如果不能满足对时间特性的要求，控制电路便不能正常工作。因此不仅要了解继电器固有的时间特性，而且还要按电路的要求设法改变继电器的时间特性。

（1）继电器的时间特性

电磁继电器线圈所具有的电感不仅电感量大，而且是非线性的，再加上继电器电磁磁路中的工作气隙在动作过程中是变化的，因此继电器线圈中的电流变化规律较为复杂。

从线圈通电到衔铁动作、带动后接点断开、前接点接通需要一定的时间，从线圈断电到衔铁动作、带动前接点断开、后接点接通也需要一定的时间。即，吸合需要时间，释放也需要时间。

吸合时间指向继电器通入额定值起至全部前接点闭合所需的时间（包括通电至后接点断开的吸起启动时间和从后接点断开到前接点闭合的衔铁运动时间）。返回时间指向继电器通入额定值，从线圈断电时至前接点断开所需的时间（包括断电至前接点断开的缓放时间和从前接点断开至后接点闭合的衔铁运动时间）。

（2）改变继电器时间特性的方法

当继电器用于控制电路中时，要满足不同控制对象对时间特性的要求，光依靠继电器的固有时间特性是不行的，必须根据需要改变继电器的时间特性。改变继电器时间特性的方法有两个，一个是改变继电器的结构，另一个是用电路来实现。

①改变继电器的结构以获得继电器的缓动

改变继电器的结构可改变继电器的时间特性，具体的实施方法有：改变衔铁与铁芯间止片的厚度，以改变继电器的返回时间；选用电阻率较高的铁磁材料，以缩短继电器的动作时间；增大线圈导线的线径，以减小继电器的吸合时间；等等。而采用最多的方法是在继电器铁芯上套短路铜环（铜套）使继电器缓动，构成缓放型继电器，如图3-6（a）所示。缓放型继电器用铜线圈架作为铜环，如图3-6（b）所示。

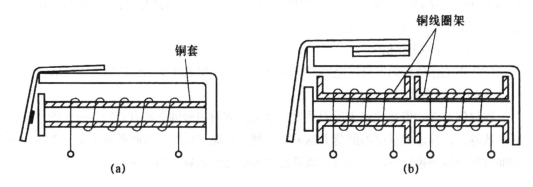

图 3-6　铜套和铜线圈架

当继电器它接通电源或断开电源时，铁芯中的磁通发生变化，在铜线圈架中产生感应电流（涡流），感应电流所产生的磁通阻止原磁通的变化，使铁芯中的磁化变化减慢（接通电源时，感应电流产生的磁通与原磁通方向相反，磁通增大减慢；切断电源时，感应电流产生的磁通与原磁通方向相同，磁通减小变慢），从而使继电器缓吸缓放。在具体电路中，最多利用的是它的缓放特性。同样的继电器在不同的工作电压下，其缓放时间是不同的。

②构成缓放电路以获得继电器的缓放

通过电路的方法来改变继电器时间特性的具体实施方法有：提高继电器端电压使其快吸；与继电器线圈串联 RC 并联电路使其快吸；在继电器线圈两端并联电阻或二极管使其缓放；短路继电器一个线圈使其缓放；等等。

采用最多的是在继电器线圈两端并联 RC 串联电路，使继电器缓吸缓放，如图 3-7 所示。在继电器通电时，电容器充电，因充电电流一开始很大，在 R 上产生较大压降，降低了继电器的端电压，使继电器线圈中的电流增长减缓，起到缓吸作用。在继电器断电时，依靠电容器 C 的放电使继电器缓放。

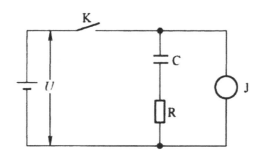

图 3-7 继电器线圈两端并联 RC 串联电路

缓放时间的长短与电容器的容量、放电回路中的电阻值及继电器的释放值有关，可通过改变 C 的电容量和 R 的电阻值来获得所需要的缓放时间。

电路中 R 的作用除上述的调节缓放时间外，还限制电容器的充电电流，防止电路振荡。

缓放型继电器的缓放时间最长仅 0.5s，不能满足一些信号电路对时间的要求，因此常用在继电器线圈两端并联 RC 串联电路的方法来获得所需要的缓放时间。

（五）安全型继电器的接点

继电器接点是继电器的执行机构，通过接点来反映继电器的状态，进行电路的控制。因此无论是从接点材质到接点结构，还是从接点组数到接点容量，都对继电器接点有较高的要求。对频繁通断大电流的接点，还必须采取灭火花措施。

l. 对接点系统的要求

在实际应用过程中，继电器的大部分故障发生在接点系统上，因此继电电路的可靠性在很大程度上取决于接点系统工作的可靠性。为保证继电器的可靠工作，必须对接点系统有一定的要求，这些要求包括：①接点闭合时，接触可靠，接触电阻小而且稳定；②接点断开时要可靠分开，接点间电阻为无穷大，即有一定的间隙；③接点在闭合和断开过程中没有颤动；④不发生熔接；⑤耐各种腐蚀；⑥导热率和导电率要高；⑦使用寿命长。

2.接点参数

（1）接点材质

对接点材质的基本要求是机械强度高、导电率和导热率高、耐腐蚀、熔点较高、加工容易、价格适宜。

（2）接点电阻

接点接触时，两导体间的连接是接触表面间若干个接触过渡段的结合，因此它的电阻比同样形状、尺寸的整个导体要大得多，这种接触连接所形成的电阻叫作接触电阻。接点电阻与接点材料、接点间压力、接点的接触形式、接点间电压降、温度、化学腐蚀、电腐蚀等因素有关。接点电阻由接触电阻及接点本身的电阻两部分组成。

由于接触电阻的存在，通过接点的电流在接触过渡区产生功率损失，从而使接点发热。接点发热后增大了材料的电阻系数，降低了机械强度。由于发热和散热同时进行且最终取得平衡，所以接点通电后能产生一定的温升（接点温度与周围环境温度之差），使接点电阻和机械强度保持在一定范围内。

总的要求是尽量减小接点电阻，以避免过高的接点温升与电压降，因此对接点电阻均要提出不允许超过的电阻值。

（3）接点压力

接点压力和接点材质在很大程度上决定着接点电阻的大小。在开始接触的瞬间，接点压力加在为数不多的接触点上，这些接触点被压平，从而使两接触表面更加接近一些，产生一些新的接触点，总的接触电阻就会降低。但当压力达到某数值时，即使再增大压力也不会使接点电阻有明显减小。接点间存在压力，接点支撑件（接点弹片等，一般采用弹性元件）能产生弹性变形，以避免因振动等因素造成接触分离，所以对接点压力有明确的最低值。

（4）接点不齐度

同一继电器的所有接点用于电路中时，理论上要求其完全同时接触，但在接点系统的生产过程中，从工艺上来讲不可能做到没有误差，因而接点很难做到完全同时接触。继电器各组接点同时接触的误差称为接点不齐度，要求其越小越好。

（5）接点间隙

在动接点和静接点开始分离的瞬间，接点间产生很高的电场，在接点间隙中的自由电子在电场力的作用下从阴极向阳极高速移动，这样就产生了接点间的电弧。这些自由电子与气体中的自由电子撞击会使气体电离，进一步使电弧加剧。电弧的产生使接点迅速氧化和点燃，加速接点的损耗，缩短其使用寿命。但当接点间隙增大后，拉长了电弧，可使电弧熄灭。此外，接点间隙小，雷电效应亦可能使接点间产生放电现象。故要求接点间有足够大的间隙。

（6）接点滑程

接点表面的腐蚀、氧化和灰尘等对接触电阻有很大影响，为了保证接点的可靠工作，当接点开始接触后，要求接点相互之间有一定程度的位移，该位移叫作接点滑程。

3. 接点容量

继电器接点所允许通过的最大电流称为接点容量。继电器使用时严禁超出接点容量，以保证各类接点达到规定的接点寿命动作次数。超出接点容量使用会造成接点接触面拉弧烧损，使接点接触电阻增大、寿命缩短，严重时会造成器材或设备烧损。

4. 接点材料

一般要求接点材料的电阻系数小，抗压强度低，而且优先选用不易氧化或其氧化物电阻率小的材料作为接点材料。这是因为，接触材料电阻系数越小，接点本身的电阻越小，接触电阻越小；材料的抗压强度越低，在一定的接点压力下，接触面积越大，接触电阻越小。

银的电阻率最低，银的氧化膜的导电率与纯银几乎相等，且抗压强度不高，因此几乎所有类型的继电器都采用银和银合金作为接点材料。

对控制大电流和高电压的接点，应选择耐电腐蚀和难熔的材料作为接点材料，如钨和金属陶瓷。钨的熔点高，硬度也很高，不会熔合，几乎没有机械磨损，耐电腐蚀能力强，但在大气中易氧化。金属陶瓷大部分是由两种互相不能熔成合金的成分用金属陶制法（粉末冶金法）制成的，它磨损小，熔点非常高，耐电腐蚀能力强，不易熔合，导电、导热性能好，很适宜作为接点材料。银氧化镉就是其中的一种，其基本物质为银（85% ~ 88%），起导电作用，氧化镉（12% ~ 15%）起导热作用。它在高温下（990℃）还能以爆炸形式分解出氧与镉的蒸汽，起到对电弧的吹动和消除游离的效应，形成自动吹弧作用，提高了接点的熄弧性能。特别地，当它与银接点配合使用时，具有防粘连、接触电阻小等特点。

安全型继电器的普通接点的静接点常用银或银氧化镉制成，动接点用银氧化镉制成，加强接点的静接点、动接点均用银氧化镉制成。

规定：对普通接点的接触电阻，当其静接点、动接点分别由银、银氧化镉制成时，应不大于 0.05Ω，当其静接点、动接点均由银氧化镉制成时，应不大于 0.1Ω；对加强接点的接触电阻，当其静接点、动接点均由银氧化镉制成时，应不大于 0.1Ω。

5. 接点的接触形式

接点的接触形式有面接触、线接触和点接触三种。面接触的接触面最大，接触电阻最小，但实际上并非如此。这是因为当接点的接触面稍有歪斜时，两个接点的接触面就不能全面接触，往往只能在一个点或一个不大的面积上接触，因此接触电阻仍然较大。而且每次闭合时接触的部分都有不同，加上接点表面的氧化物层自动净化不良，导致接触电阻很不稳定。线接触的压力比较集中，在接点闭合和断开过程中，线接触的接点表面能沿另一接点表面滑动，表面氧化层和灰尘会自动脱落，起到自动净化的作用，使接触电阻减小，而且接触电阻也较稳定。点接触的压力最为集中，接触电阻也最稳定，但接触电阻大，散热面积小，温升高，只适用于小功率的控制电路中。

6. 接点的灭火花电路

为了提高接点的使用寿命，应设法避免接点间发生火花。由于接点控制电路中有电感元件，电感元件中储存着磁场能量，当接点断开时往往以高电压击穿空气隙，这些能量出现在接点之间，形成火花放电。但此时的电流未达到电弧临界电流，因此不会产生电弧。要想消灭接点火花，必须采取措施将这部分磁场能量引出，不使其出现在接点上，从而使接点间的电压低于击穿空气的电压，那么接点间的火花即可消灭。具体实施时一般采用灭火花电路，总的原理是利用灭火花电路沟通电感负载所产生的感应电流回路，以降低自感电势，并把磁场能量消耗在回路中的电阻上，这样接点间的电压就可能降低以至于不能击穿空气隙，避免接点火花的出现。

7. 熄灭接点电弧

当电路中的电流较大（大于产生电弧的临界电流）时，在接点断开过程中，由于在强大电场作用下从负极发出的电子具有足够大的能量使气体分子发生强烈游离，最终在接点间产生电弧。电弧温度很高，会引起接点材料的蒸发与喷溅，更增加了接点的电腐蚀，同时还引起接点表面的氧化，因此必须设法熄灭接点电弧。

电弧在接点间燃烧时，对电路来说，它具有一定的电阻值，可使电路继续保持接通状态。要使电弧自行熄灭，就必须使电流值的增长率小于零，使电流值逐渐减小至零。要保证这一点，有两条途径可供选择：限制电路功率和增大接点间距离。限制电路功率可使电流值达不到临界电流值，但不是任何情况下都能采用该途径。采取单纯增大接点间距离这一途径所得到的熄弧效果有限，在接点组数有多余的情况下，可采用几组接点串联的方法提高熄弧效果。串联几组接点，增大了接点间距离，也提高了电弧临界电压，从而达到较好的熄弧效果。

最常用的熄灭接点电弧的方法是磁吹熄弧法，这种方法是利用磁场的电磁力把电弧拉长，从而起到增大接点间距离的作用。当电弧拉长到加在接点间的电压不足以维持电弧燃烧时电弧即自行熄灭。磁吹熄弧法是在接点上加装一块永久磁钢，永磁磁通经过接点间的气隙构成磁回路，接点断开时在接点间产生电弧，实际上就是电子和离子在接点间的移动。当接点间产生电弧时，电子和离子受到永久磁钢电磁力作用，使电弧向外拉长，最后使电弧自行熄灭。

第二节　信号机

城市轨道交通采用 LED 信号机。除了车辆段和车站外，一般不设地面信号机。在城市轨道交通中，允许信号的绿灯、黄灯指示列车的运行进路是走道岔直股还是弯股，没有速度含义。

一、LED 信号机

（一）LED 信号机的结构

LED 信号机由铝合金信号机构、LED 发光盘和发光盘专用点灯装置组成。

I. 铝合金信号机构

铝合金信号机构分为高柱机构和矮型机构。

高柱机构由背板总成、箱体总成、遮檐和悬挂装置四部分组成。

背板总成带有背板，用来安装箱体总成。背板总成分为二灯位背板总成（设有两个灯位安装孔）和三灯位背板总成（设有三个灯位安装孔）两种，这两种背板总成的高度不同。背板是黑色的，构成较暗的背景，可衬托信号灯光的亮度，改善瞭望条件。只有高柱信号机才有背板，一般信号机采用圆形背板。

箱体总成也分为二灯位箱体总成和三灯位箱体总成两种，它们除背板总成不同外，其余均相同。将两个箱体总成固定在二灯位背板总成上，即构成二灯位高柱机构。将三个箱体总成固定在三灯位背板总成上，即构成三灯位高柱机构。

遮檐用来防止阳光等光线直射时产生错误的幻影显示。用螺钉可将遮檐装在机构箱体上的玻璃卡圈上。

悬挂装置将背板总成固定在信号机水泥机柱上。悬挂装置采用上部托架、下部托架等设备。

矮型机构分为二灯位矮型机构和三灯位矮型机构两种，出厂时厂家已按二灯位（或三灯位）组装成一个整体。

2.LED 发光盘

LED 发光盘（简称发光盘）是采用发光二极管制成的信号新光源。

发光盘分为高柱发光盘、矮型发光盘和表示器发光盘。

发光盘为圆形盘状结构，其上安装众多发光二极管。发光盘前罩上有鉴别销，以确认该灯位的颜色。只有在发光盘的灯光颜色与该灯位灯箱玻璃卡圈上的鉴别槽相吻合时，才能安装。

发光盘前罩上有三个突出的卡销，用来在安装时对准灯箱玻璃卡圈上的三个卡槽，以安装牢固。

3. 发光盘专用点灯装置

发光盘专用点灯装置是为配合发光盘而研发的新一代信号点灯装置，该装置输出的是稳定的 12V 直流电压，不仅性能稳定可靠，能适用于电压波动较大的区段，而且使用方便，现场不需要调整。

（二）LED 信号机的类型

LED 信号机有高柱和矮型两种类型，高柱 LED 信号机的机构安装在钢筋混凝土信号机柱上，矮型 LED 信号机的机构安装在信号机水泥基础上。

高柱 LED 信号机由机柱、信号机构、托架、梯子等部分组成。机柱用于安装信号机构和梯子。信号机构的每个灯位配备有相应的发光盘，以给出信号显示。托架用来将信号机构固定在机柱上，每一机构需上、下托架各一个。梯子用于给信号维修人员攀登及作业。

（三）LED 信号机的优点

LED 信号机的信号机构采用轻便、耐腐蚀的单灯铝合金机构，组合灵活、安装简单，显示距离超过 1.5km 且清晰可辨，安全可靠。通过监测控制系统的电流可监督信号显示系统的工作状态，可预警异常情况，有助于准确判断故障点，便于及时处理。近年来，LED 信号机的信号机构重量大大减少，便于施工安装，且密封条件好，使用寿命长，可达 105h。用 LED 取代传统的双丝信号灯泡和透镜组，从而彻底消除灯丝断丝这一多发性的信号故障，可以做到免维护，结束了普通信号机定期更换信号灯泡的维修方式，减少维修工作量，节省维修费用。

综上所述，LED 信号机具有可靠性高、寿命长、节省能源、聚焦稳定、光度性好、无冲击电流等显著优点。

二、轨旁信号机

（一）轨旁信号机的设置

轨旁信号机的设置原则包括以下三条。

1. 设于列车运行方向右侧

城市轨道交通采用右侧行车制，其轨旁信号机设于列车运行方向右侧，在地下部分一般安装在隧道壁上。特殊情况（如受设备限界、其他建筑物或线路条件等影响）下可设于列车运行方向左侧或其他位置。

2. 正确选择信号机柱

高柱信号机具有显示距离远、观察位置明确等优点，因此车辆段的进段信号机及停车场的进场信号机均采用高柱信号机。而其他信号机由于对显示距离要求不高，以及隧道内安装空间有限，一般采用矮型信号机。

3. 信号机不得侵入设备限界

设备限界是用以限制设备安装的控制线。

（二）信号显示

1. 信号显示颜色的选择

城市轨道交通信号颜色的选择，应能达到显示明确、辨认容易、便于记忆和具有足够的显示距离等基本要求。经过理论分析和长期实践，信号的基本色为红、黄、绿三种，再辅以蓝色、月白色和紫色（仅做道岔状态表示器用），构成基本信号显示系统。

2. 机构选用和灯光配列

色灯信号机的机构有单显示机构、二显示机构、三显示机构。单显示机构仅用于阻挡信号机；二显示机构和三显示机构可以单独使用，也可以组合（以及与单显示机构组合）构成各种信号显示。

3. 信号显示距离

各种轨旁信号机及表示器的显示距离应符合下列规定：①行车信号和道岔防护信号应不小于400m；②调车信号应不小于200m；③引导信号机和各种表示器应不小于100m。

各种轨旁信号机和表示器显示距离为无遮挡条件下的最小显示距离。

第三节 转辙机

道岔的转换和锁闭是直接关系行车安全的关键。由转辙机转换和锁闭道岔，易于集中操纵,实现自动化。转辙机是重要的信号基础设备,它对保证行车安全、提高运输效率、改善行车人员的劳动强度起着非常重要的作用。

转辙机是转辙装置的核心和主体,除转辙机本身外,还包括外锁闭装置和各类杆件、安装装置,它们共同完成道岔的转换和锁闭。

一、转辙机的作用

转辙机具有以下作用:①转换道岔的位置,根据需要转换至定位或反位;②道岔转至所需位置而且密贴后,实现锁闭,防止外力转换道岔;③正确地反映道岔的实际位置,道岔的尖轨密贴于基本轨后,给出相应的表示;④道岔被挤或因故处于"四开"(两侧尖轨均不密贴)位置时,及时给出报警及表示。

二、对转辙机的基本要求

对转辙机的基本要求有:①作为转换装置,应具有足够大的拉力,以带动尖轨做直线往返运动;当尖轨受阻不能运动到底时,应随时通过操作使尖轨回复原位;②作为锁闭装置,当尖轨和基本轨不密贴时,不应进行锁闭;一旦锁闭,应保证不致因车通过道岔时的震动而错误解锁;③作为监督装置,应能正确地反映道岔的状态;④道岔被挤后,在未修复前不应再使道岔转换。

三、转辙机的分类

转辙机有以下多种分类方式。

(一)按传动方式分类

转辙机可分为电动转辙机、电动液压转辙机。

电动转辙机由电动机提供动力,采用机械传动。多数转辙机都是电动转辙机,包括 ZD6 系列电动转辙机和 S700K 型、ZDJ9 型电动转辙机。

电动液压转辙机简称电液转辙机,由电动机提供动力,采用液力传动。ZYJ7 型转辙机即为电液转辙机。

(二)按供电电源种类分类

转辙机可分为直流转辙机和交流转辙机。

直流转辙机采用直流电动机,工作电源是直流电。ZD6 系列电动转辙机就是直流转辙机,由直流 220V 供电。直流电动机的缺点是,由于存在换向器和电刷,易损坏,故障率较高。

交流转辙机采用三相交流电源,由三相异步电动机作为动力。S700K 型、ZDJ9 型

电动转辙机和 *ZYJ7* 型电液转辙机为交流转辙机。交流转辙机采用感应式交流电动机，不存在换向器和电刷，因此故障率低，可以做到在额定的动作次数内免维护，而且单芯电缆控制距离远。

（三）按锁闭道岔的方式分类

转辙机可分为内锁闭转辙机和外锁闭转辙机。

内锁闭转辙机依靠转辙机内部的锁闭装置锁闭道岔尖轨，是间接锁闭的方式。内锁闭方式的锁闭可靠程度较差，列车对转辙机的冲击大。

外锁闭转辙机虽然内部也有锁闭装置，但主要依靠转辙机外的外锁闭装置锁闭道岔，可将密贴尖轨直接锁于基本轨，斥离尖轨锁于固定位置，是直接锁闭的方式。

（四）按是否可挤分类

转辙机分为可挤型转辙机和不可挤型转辙机。

可挤型转辙机内设挤岔保护装置，道岔被挤时，动作杆解锁，从而保护整机。不可挤型转辙机内不设挤岔保护装置，道岔被挤时，将挤坏动作杆与整机连接结构，应整机更换。电动转辙机和电液转辙机都有可挤型和不可挤型。

此外，各种转辙机还有不同转换力和动程的区别。

第四节　轨道电路

轨道电路是利用钢轨线路和钢轨绝缘构成的电路，它用来监督线路的占用情况，以及将列车运行与信号显示等联系起来，即通过轨道电路向列车传递行车信息。轨道电路是城市轨道交通信号系统的重要基础设备，它的性能直接影响行车安全和运输效率。

采用基于轨道电路的 ATC 系统时，轨道电路不仅用来检测列车是否占用，更重要的是用来传输 ATP 信息。所以除车辆段内可采用 50Hz 相敏轨道电路外，正线需要采用音频轨道电路。为便于牵引电流流通，提高线路性能，方便维修，音频轨道电路是无绝缘的。音频轨道电路多采用数码调制方式，用较高频率的正弦信号作为载波，调制信号是数字基带信号。

当采用 CBTC（基于通信的列车控制）系统时，正线就不再采用轨道电路，车辆段可采用轨道电路。

一、轨道电路的基本原理

轨道电路是以铁路线路的两根钢轨作为导体，两端加以机械绝缘（或电气绝缘），接上送电和受电设备构成的电路。

限流电阻的作用是保护电源不致因过负荷而损坏，同时保证列车占用轨道电路时轨道继电器可靠落下。受电设备设在受电端，一般采用继电器，称为轨道继电器，由它来接收轨道电路的信号电流。

送、受电设备一般放在轨道旁的变压器箱或电缆盒内，轨道继电器设在信号楼内。送、受电设备由引接线（钢丝绳）直接接向钢轨或通过电缆过轨后由引接线接向钢轨。

钢轨是轨道电路的导体，为减小钢轨接头的接触电阻，增设了轨端接续线。

钢轨绝缘是为分隔相邻轨道电路而装设的。

两绝缘节之间的钢轨线路，称为轨道电路的长度。

当轨道电路内钢轨完整，且没有列车占用时，轨道继电器吸起，表示轨道电路空闲。当轨道电路被列车占用时，它被列车轮对分路，轮对电阻远小于轨道继电器线圈电阻，流经轨道继电器的电流大大减小，轨道继电器落下，表示轨道电路被占用。

二、轨道电路的作用

轨道电路的第一个作用是监督列车的占用。利用轨道电路监督列车在区间或列车和调车车列在站内的占用是最常用的方法。由轨道电路反映该段线路是否空闲，为开放信号、建立进路或构成闭塞提供依据。还可利用轨道电路的被占用情况关闭信号，把信号显示与轨道电路是否被占用结合起来。

轨道电路的第二个作用是传递行车信息。例如，数字编码音频轨道电路中传送的行车信息，为 ATC 系统直接提供控制列车运行所需要的前行列车位置、运行前方信号机状态和线路条件等有关信息，以决定列车运行的目标速度，控制列车在当前运行速度下是否减速或停车。对 ATC 系统来说，带有编码信息的轨道电路是其车—地之间传输信息的通道之一。

三、轨道电路的分类

轨道电路有较多种类，也有多种分类方法。

（一）按所传送的电流特性分类

按所传送的电流特性分类，轨道电路可分为工频连续式轨道电路和音频轨道电路，音频轨道电路又分为模拟音频轨道电路和数字编码音频轨道电路。

工频连续式轨道电路中传送连续的交流电流。这种轨道电路的唯一功能是监督轨道的占用，不能传送更多信息。

模拟音频轨道电路采用调幅或调频方式，用低频调制载频，除监督轨道的占用外，可以传输较多信息，主要是运行前方三个或四个闭塞分区的占用情况。

数字编码音频轨道电路采用数字调频方式，但它采用的不是单一低频调制频率，而是若干比特的一群调制频率，根据编码去调制载频，编码包含速度码、线路坡度码、闭塞分区长度码、纠错码等，可以传输更多的信息。

（二）按分割方式分类

按分割方式分类，轨道电路可分为有绝缘轨道电路和无绝缘轨道电路。

有绝缘轨道电路用钢轨绝缘将轨道电路与相邻的轨道电路隔离开，大部分轨道电路是有绝缘的。一般所说的轨道电路即是有绝缘轨道电路。

钢轨绝缘在车辆运行的冲击力、剪切力作用下很容易破损，使轨道电路的故障率较高。绝缘节的安装给无缝线路带来一定的麻烦，有时需锯轨，降低线路的轨道强度，增加线路维护的复杂性。电气化线路的牵引回流不希望有绝缘节，为使牵引回流能绕过绝缘节，必须安装扼流变压器或回流线。因此，无缝线路和电气化线路希望采用无绝缘轨道电路。

无绝缘轨道电路在其分界处不设钢轨绝缘，而采用电气隔离的方法予以隔离。电气隔离式又称谐振式，利用谐振槽路，采用不同的信号频率，谐振回路对不同频率呈现不同阻抗，从而实现相邻轨道电路间的电气隔离。

无绝缘轨道电路与有绝缘轨道电路相比较，具有较明显的特点和优点。由于去掉了故障率高的轨端机械绝缘，因而大大提高了轨道电路的可靠性。在长轨区段安装时不用锯轨，在电化区段降低了轨道电路的不平衡系数，改善了钢轨线路的运营质量等。

城市轨道交通正线上采用无绝缘轨道电路，取消了机械绝缘节和钢轨接头，大大减少了车辆轮对与钢轨接缝之间的碰撞，降低了轮对和钢轨的磨损，避免了列车过接缝时对乘客造成的不舒适感。

（三）按使用处所分类

按使用处所分类，轨道电路分为区间轨道电路和车辆段内轨道电路。

区间轨道电路主要用于正线，不仅要监督各闭塞分区空闲情况，而且要传输有关行车信息。一般来说，区间要求轨道电路传输距离较长，要满足闭塞分区长度的要求，轨道电路的构成也比较复杂。

车辆段内轨道电路用于段内各区段，一般只有监督本区段空闲情况的功能，不能发送其他信息。

（四）按轨道电路内有无道岔分类

按轨道电路内有无道岔分类，轨道电路分为无岔区段轨道电路和道岔区段轨道电路。

无岔区段轨道电路内钢轨线路无分支，构成较简单，一般用于检车线、停车线等及尽头调车信号机前方接近区段、两差置调车信号机之间。

在道岔区段，钢轨线路有分支，道岔区段的轨道电路就称为分支轨道电路或分歧轨道电路。在道岔区段，道岔处钢轨和杆件不仅要增加绝缘，还要增加道岔连接线和跳线。当分支超过一定长度时，还必须设多个受电端。

第五节　信号电源

一、信号电源屏

（一）信号设备对供电的基本要求

虽然信号设备各不相同，使用条件各有所异，但总的说来，其对电源的可靠程度都有较高的要求，对供电电压和频率的稳定都有一定的要求，都要保证供电的安全。

信号设备对供电的三大基本要求是：可靠、稳定和安全。

l. 要求电源可靠

信号电源原则上应与城市轨道交通其他部门的电源结合考虑，以统一和简化供电系统，便于维护管理。但根据其重要性和管理分工的不同，也有单独设置供电系统的情况。

为了保证供电可靠，按信号设备与行车的关系划分供电等级以便管理，并设置备用电源。对供给的电源，按其可靠程度分为三类。

第一类电源是能取得两路可靠的独立电源，其中一路为专盘专线，或虽不能取得专用电源，但能由其他重要线路接引供电。这类电源的供电容量满足信号设备的最大用电量，电压、频率的波动在容许范围之内，或电压波动虽较大但能稳压。

第二类电源只能取得一路电源，但质量较好，供电容量、电压和频率的波动情况与第一类电源相同。

第三类电源是不能满足第一、二类电源条件的其他电源。

按因事故停电所造成的后果，可将信号供电的负荷等级划分如下：①凡发生停电就会造成运输秩序混乱的负荷———一级；②凡偶尔短时停电不会马上打乱行车计划，但停电时间长了也会影响运输秩序的负荷——二级；③其他——三级。

信号设备中的联锁系统、ATC 设备等都是一级负荷。

一级负荷由第一类电源供电时，一般不需另设备用电源，但要求自动或手动转换两路电源时，供电中断时间不大于 0.15s，以免在电源转接过程中使原吸起的继电器落下而影响行车。对各种采用计算机的信号系统，为保证不中断供电，需使用 USP。

2. 要求电源稳定

为使电源可用，必须规定信号设备供电电压的允许波动范围及交流电源的频率波动范围。三相交流供电时各相负载应力求平衡，以提高供电效率和设备利用率，减小电压波形的畸变。

3. 要求电源安全

为了保证供电安全，信号电源设备必须采取以下措施：①信号设备的专用低压电源都要对地绝缘，以免发生接地故障时造成电路错误动作。供电变压器的初级和次级间应用铜板隔离接地，以免初、次级间击穿漏电而影响安全；②信号设备的供电种类和电压等级较多，必须分路供电，并用变压器隔离，力求发生故障时缩小故障范围，避免故障扩大化；③使用电缆供电时要考虑电缆芯线间的分布电容形成串电的问题，必要时应分开电缆供电；④一般交流电源均由架空线路供电，必须考虑防雷，防止浪涌电压影响，以及安全接地问题；⑤信号设备的保安系统如采用断路器组成，断路器的容量应经计算确定，并应满足动作的选择性（分支断路器先动作，总断路器后动作）及灵敏度（动作时间）的要求；⑥高压（交流 380/220V，直流 100V 以上）设备要隔离，以保证人身安全。

（二）信号智能电源屏

信号电源屏按技术层次，分为非智能和智能两种。非智能电源屏即普通电源屏，没有采用智能化技术，目前已被逐渐淘汰。

l. 信号智能电源屏的定义

信号智能电源屏，是指运用计算机技术，具有对铁路信号电源设备系统的运行状态、运行故障、参数进行实时监测、显示、记录、存储、故障报警和管理功能的电源屏。信号智能电源有多种类型。

2. 信号智能电源屏的技术特征

智能化电源屏虽制式众多，但具有一些共同的技术特征：①设有监测模块，具有自动监测功能，实现了电源系统的实时状态和故障的监测及远程监控和管理；②不同程度地实现了模块化，即将各种交、直流电源按用途设计成不同的模块，用户根据需要选择模块，构成供电系统；③广泛采用电力电子技术，包括无触点切换技术、逆变技术、锁相技术、软开关技术、功率因数补偿技术、并联均流技术、安全防范技术等，以保证供电系统的可靠性。

（三）电力电子技术

电力电子技术是在电力系统中采用的电子技术。高频电力电子技术是由电子电路高频调制对电能进行变换的技术，包括逆变技术、锁相技术、功率因数校正技术、脉宽调制技术、软启动技术、并联均流技术、电子变频技术等。信号电源系统采用高频电力电子技术，它是提高其技术层次所必需的。

1. 逆变技术

逆变器是把直流电转变为交流电供给负载的一种电能变换装置，是整流的逆向变换。逆变器由主电路、输出变压器、滤波器及控制电路组成。

逆变器电路的种类很多，但可归纳为振荡式和交替开关式两大类。

振荡式逆变器由振荡电路产生正弦波，经放大，输出交流电。逆变器输出的交流电能由直流电源供给。在正反馈作用下其能维持振荡，并保证输出幅值不变。

主电路由输入、逆变、输出三部分组成。输入部分包括电源开关、熔断器、调节电路（调节输入电压）和防止极性接错的保护二极管等。逆变部分包括开关器件、功率放大器、变压器。输出部分包括滤波器、调节电路（调节输出电压）。

控制电路由控制和保护两部分组成。控制部分对主电路的输入电压、输出电压、输出频率和输出波形进行校正控制。保护部分的作用是，当主电路出现短路、过载、欠压、过压、缺相等故障时，保护主电路中的开关器件和变压器不受损坏。

晶体管逆变器有自激变换电路和他激变换电路两种。前者靠自身的正反馈产生自激振荡，后者靠外加激励信号推动晶体管开关交替通断。

逆变器应用较多，从结构上可分为他激和自激。他激逆变器中的晶闸管是利用外部能源换向的，自激逆变器中的晶闸管由电路本身的换向元件实现换向。根据换向元件与逆变器负载的连接方式，逆变器可分为并联逆变器和串联逆变器。

2. 锁相技术

锁相，就是利用两个信号的相位差，通过转换装置变成控制信号，以强迫两个信号相位同步的一种自动控制系统。

基本的锁相环路由鉴相器、低通滤波器、压控振荡器组成。

鉴相器也叫相位比较器，它将周期性变化的输入信号的相位（从市电或本机振荡获得）与反馈信号的相位（从压控振荡器的输出获得）进行比较，产生对应于两信号相位差的误差电压。这个误差电压与两信号的相位差成正比，它可以调整压控振荡器的频率，以与输入信号同步。

低通滤波器滤除鉴相器输出电压中的高频分量和噪声，只有直流分量才对压控振荡器起控制作用。为了提高系统的动态特性即改善动态跟踪特性，在低通滤波器后面加一个由比例积分放大器组成的调节器。

压控振荡器是一个由电压来控制振荡频率的部件。有相位差的变化就有误差电压产生，其经低通滤波器滤波后控制振荡器的输出频率，使其朝着输入频率的方向变化。

压控振荡器的振荡频率不等于基准信号的频率（50Hz），且其输出波形为尖脉冲，而鉴相器的输入必须是矩形波，所以还必须用移位寄存器将压控振荡器的输出脉冲进行分频和整形。

3. 脉宽调制技术

脉宽调制（PWM）是脉冲宽度调制的简称。

PWM 变换器是在开关频率恒定的情况下，将整流后的输出电压的波动变换为脉冲宽度的变化，从而改变脉冲的占空比，驱动开关器件，使得输出电压稳定。

PWM 控制器通常分为电压型和电流型两种。电压型 PWM 控制器只有电压反馈控制，可满足稳定输出电压的要求。电流型 PWM 控制器增加了电流反馈控制，除稳压外，还有较多优点：当流过开关管的电流达到给定值时，开关管自动关断；自动消除工频输入电压经整流后的纹波电压，可减小输出滤波电容的容量；多台开关电源并联工作时具有内在的均流能力；具有更快的负载动态响应。

4. 软启动技术

软启动技术即软开关技术。所谓开关电路的软、硬，是指开关电路的不同状态。硬开关指功率开关器件工作在电流不为零时强迫关断，电压不为零时强迫导通的开关；软开关指功率开关器件工作在零电流时关断，零电压时导通的开关。

硬开关浪涌电压很高，为了抑制浪涌电压，必须采用相应的措施，如增设阻容吸收电路等，这样不仅增加了电路的复杂性，而且还降低了可靠性。所以，应采用软开关技术，以提高开关频率，减小损耗。

带有电感和电容的谐振电路的功率开关通常称为谐振开关（是采用软开关技术设计的）。根据波形，谐振开关可分为零电流谐振开关、零电压谐振开关和多谐振开关等。谐振开关工作频率高，可达 10mHz 以上，开关损耗小。

5. 功率因数校正技术

（1）功率因数的定义

当电压、电流为正弦波，负载为电阻、电容、电感等线性负载时，由于电压、电流之间存在相位差，其视在功率 $S=UI$，有功功率为 $P=UI\cos\varphi$，相移功率因数 $\cos\varphi = P/S$。

当输入电压不是正弦波时，由非线性负载引起失真，失真功率因数 μ = 基波电流有效值 / 总电流有效值。

（2）功率因数校正

交流输入电源经整流和滤波后，非线形负载使得输入电流波形畸变，输入电流呈脉冲波形，含有大量的谐波分量，从而使得功率因数很低。由此带来的问题是：谐波电流污染电网，干扰其他用电设备；在输入功率一定的条件下，输入电流较大，必须增大输入断路器和电源线的容量；三相四线制供电时中线中的电流较大，由于中线中无过流防护装置，有可能过热甚至着火。为此，没有功率因数校正电路的开关电源被逐渐限制应用。因此，开关电源必须减小谐波分量，提高功率因数。提高功率因数对降低能源消耗，减小电源设备的体积和重量，缩小导线截面积，减弱电源设备对外辐射和传导干扰都具有重大意义。设有功率因数校正电路使功率因数按近于 1 的开关电源得到迅速的发展。

功率因数校正，就是将畸变电流校正为正弦电流，并使之与电压同相位，从而使功率因数接近于 1。

（3）功率因数校正的基本方法

开关电源中功率因数校正的基本方法有无源功率因数校正和有源功率因数校正两种，应用最多、效果最好的是后者。

无源功率因数校正法，即在开关电源输入端加入电感量很大的低频电感，以减小滤波电容器充电电流的峰值。这种方法比较简单，但校正效果不理想，通常可使功率因数达 0.85。而且该电感较大，因而增大了开关电源的体积。

有源功率因数校正电路（PFC）是一种升压变换器，它用脉宽调制的方法使输入交流电源为正弦波，且与输入电压同相，功率因数可达 0.99 以上，输入电流波形失真小于 5%，同时它使输出电压保持稳定。其缺点是电路相对较复杂。

有源功率因数校正的目标是使输入电流波形接近于正弦波，且与输入电网的电压同相位，以消除庞大的整流设备和滤波电容。有源功率因数校正法的基本思路是，将输入交流电进行全波整流，对所得直流电压进行 DC/DC 变换，通过控制，使输入电流平均值自动跟随全波整流电流基准，并且保持输出电压稳定，从而实现稳压输出和得到接近于 1 的输入功率因数。

6. 并联均流技术

（1）并联电流系统的基本要求

为满足用电设备对容量的要求，电源系统通常由多个整流模块并联而成。这就要求每个开关整流模块内部应加入负载均流电路，以保证电源系统正常工作时各模块的输出电流基本平衡，否则会造成有的模块严重过载，有的模块空载，大大降低电源系统的可靠性。为提高电源系统的可靠性，必须采用冗余供电系统，以保证任一整流模块故障时，电源系统仍能供出足够的容量。在并联电源系统中，每个模块的输出电流都必须自动控制，以便根据用电设备容量的变化，自动调整各个模块的输出电流。

（2）并联均流的基本方法

并联均流的基本方法有输出电压调整法、主从电源模块控制法、平均电流自动均流法和最大电流自动均流法等。

各种开关电源的工作频率不同，为保证较高的频率，硬开关的工作频率低于 100kHz，零电流谐振开关的工作频率为 1～2MHz，零电压谐振开关的工作频率为

10MHz，多谐振开关的工作频率可达几十兆赫。

①输出电压调整法

在并联电源系统中，调整某个电源模块的输出阻抗，即可实现负载均流。在工作过程中，某个电源模块的输出电流增大时，电流取样电阻两端的压降升高，电流放大器输出电压升高，该电压与电源模块输出反馈电压叠加后，加到电压放大器的反相输入端，与同相输入端的基准电压相比较，电压放大器输出的误差电压降低，从而使该电源模块的输出电流降低，而其他电源模块的输出电流增加，达到均流的目的。

这种方法的缺点是，负载电流较小时，均流效果不理想。负载电流增大后，均流作用有所改善，但各电源模块的输出电流仍不平衡。而且为了实现较好的均流效果，每个电源模块都必须单独调整。此外，额定功率不同的电源模块自动均流比较困难。采用这种方法后，电源模块的负载调整率也将下降。

②主从电源模块控制法

在电流型开关电源中，误差电压与负载电流成正比，所以利用主从电源模块控制法很容易实现负载均流。主控模块误差放大器的两输入端分别加入并联电源系统的输出反馈电压和基准电压。由于采用电流型开关电源，主控模块的输出反馈电压与该模块的输出电流成正比，因此误差放大器输出电压也与负载电流成正比。主控模块内的误差放大器控制并联电源系统的输出电压。由于各受控电源模块内误差放大器的输入电压完全相同，所以只要各并联模块的电路参数基本相同，它们的输出电流就基本平衡。

但采用这种均流方法时，一旦主控模块发生故障，整个并联电源系统就不能正常运行。

③平均电流自动均流法

平均电流自动均流控制电路的均流总线连接所有的电源模块，每台电源模块的输出电流都通过电流监控器转换为控制电压 V_c，并经过电阻 R 加到均流总线上。均流总线上的电压 V_{BUS} 与各 V_c 之差加到调整放大器的输入端。电源模块的输出电流变化时，其 V_c 也变化，调整放大器的输出电压随之变化，使该电源模块的基准电压发生变化，调整该模块的输出电流，实现负载均流。

这种均流方法的精度较高，但当模块的输出电流达到限流值后，总线电压较高，将使开关电源模块的输出电压降至最低值。若均流总线短路或总线上其他模块故障，都会使电源模块的输出电压过低。

④最大电流自动均流法

输出电流最大的电源模块的电流与其他模块的电流比较，其差值经调整放大器放大后，调整模块内的基准电压，以保证负载电流均匀分配。它与平均电流自动均流控制电路的差别只是用二极管 V_D 代替电阻 R，而且只允许输出电流最大的模块的电流取样电阻电压加到均流总线上。其他模块的电流取样电阻电压低于均流总线上的电压，V_D 不导通。

这种方法可使从属模块具有良好的均流作用，但由于 V_D 的影响，主模块的负载电流将产生一定的误差。

（四）开关电源

开关电源是高频开关型稳压电源的简称。开关电源是将市电整流后，经功率变换电路，把直流电源变换成高频的交流电源，再经高频整流成低电压的直流电源。开关电源已成为广泛使用的稳压电源，开关电源也广泛用于智能型信号电源屏中。

l. 开关电源的基本组成

开关电源通常由主电路、控制电路和辅助电路三部分组成。

（1）主电路

主电路完成从交流输入到直流输出的全过程，包括交流滤波、整流、功率因数校正、AC/DC 变换、直流滤波等。

主电路由输入滤波电路、整流电路、功率因数校正电路、直流变换器电路和输出滤波电路等部分组成。

输入滤波电路包括低通滤波、浪涌抑制等电路，主要用来衰减电网中的高次谐波分量，同时也防止开关电源所产生的高次谐波分量进入电网而影响其他用电设备。输入滤波电路通常采用 LC 低通滤波器。为了有效地衰减高次谐波分量，也可用几个单级滤波器构成多级滤波器。

整流电路将工频交流输入电压变换为直流电，并向功率因数校正电路提供直流电源。采用单相或三相桥式整流电路。

功率因数校正电路的主要作用是通过升高整流电路输出的直流电压，使交流输入电源与交流输入电压的波形及相位基本相同，从而使功率因数接近 1，减小谐波电流对电网的污染和无功损耗。功率因数校正电路通常采用直流升压变换器。

输出滤波电路包括高频滤波和抗电磁干扰等电路，用来滤除直流变换器电路输出电压中的高频谐波分量，降低输出电压中的纹波电压，提供稳定可靠的直流电源，以满足用电设备的要求。

（2）控制电路

控制电路从主电路输出端取样，与设定值进行比较，取出误差信号去控制主电路的相关部分，改变脉宽或频率，使输出电压稳定，同时根据反馈信号对整机进行监控和显示。

控制电路为功率开关管提供激励信号，能将主电路输出端电压的微小变化转换为脉宽或频率的变化，以调整电压。

（3）辅助电路

对开关电源中有源网络提供所要求的各种电源。

2. 开关电源的特点

与传统的稳压电源相比，开关电源具有以下特点：①体积小，重量轻。一般开关电源的工作频率为 50 ~ 100kHz，也有高达 200 ~ 100kHz 的，可大大减小变压器的体积和重量；②节能。开关电源的效率在 90% 以上；③功率因数高。一般功率因数大于 0.92，有功率因数校正电路时接近于 1，对公共电网不会造成污染；④可靠性高。模块可热备冗余应用；⑤便于集中监控。装有监控模块，可与计算机相结合，组成智能化电源系统；⑥噪声小。当开关频率在 40kHz 以上时，基本上无噪声；⑦扩容容易，调试简单；⑧维护方便，易于更换故障模块。

二、UPS

许多重要的用电设备，如计算机系统，对供电质量的要求非常高，要求不间断供电，而且电压稳定、频率稳定、波形无畸变，这就需要采用 UPS。

（一）UPS 概述

不间断供电系统又称不间断电源或不停电电源，英文缩写为 UPS（uninterruptable powersystem），是一种现代化电源设备。

两路电源转换过程中至少要中断供电几十 ms，这对一般的继电设备没有严重影响。但计算机系统及计算机控制的负载对供电的质量和可靠性有着更严格的要求，不允许有 3 ~ 5ms 的中断供电。否则，计算机正在处理的信息便会丢失或发生错误。此外，供电电压、频率、波形的变动，也会使计算机造成错码、漏码而无法正常工作。

对应用计算机的各信号系统，必须配备 UPS，以保证不间断供电，使系统正常工作。

UPS 的主要功能有两路电源无间断切换、隔离干扰、电压变换、频率变换和后备功能。

（二）在线式 UPS

UPS 分为后备式和在线式两类，通常采用在线式 UPS。

市电正常时，输入的交流电先经输入滤波器滤除电网中的污染，再经整流滤波，给蓄电池充电，也给逆变器供电。由逆变器输出稳压稳频的交流电供给负载。市电断电时，逆变器将蓄电池提供的直流电变换为交流电供给负载，实现不间断供电。

在线式 UPS 由整流滤波电路，逆变器，输出变压器及滤波器，静态开关，充电电路，蓄电池组，控制、监测、显示、告警及保护电路组成。在线式 UPS 的输出电压通常为正弦波。

三、蓄电池

蓄电池能把电能变为化学能储存起来，使用时再把化学能转变为电能放出来。电能变为化学能的过程，称为蓄电池的充电。化学能变为电能的过程，称为蓄电池的放电。其充放电过程，可重复多次。按电解液性质的不同，蓄电池分为酸蓄电池和碱蓄电池。

近来，出现了免维护阀控铅蓄电池，其大量应用于电源领域。阀控铅蓄电池具有密封好，无泄漏、无污染，能保证安全，在整个使用过程中无须任何维护的特点，这使得铅蓄电池得到新的发展。

（一）阀控铅蓄电池的结构

阀控铅蓄电池的结构由正、负极板，隔板，电解液，安全阀，外壳等部分组成。

1. 正、负极板

正、负极板均采用涂浆式极板，由板栅和活性物质组成。板栅是活性物质的载体，并传导电流，它由铅钙合金铸成。正极板上的活性物质是二氧化铅，负极板上的活性物质为海绵状铅。这种极板耐酸性强，导电性好，使用寿命长。

2. 隔板

隔板的作用是保证正、负极板之间绝缘，并让电解液顺利通过，它采用超细玻璃纤维制成。

3. 电解液

铅蓄电池的电解液由纯水和纯净的浓硫酸配制而成。电解液除了与极板上的活性物质起化学反应外，还起离子导电作用。15℃时，电解液的密度为 $1.2 \sim 1.22 \mathrm{g} \cdot \mathrm{cm}^{-3}$。

4. 安全阀和气塞

蓄电池顶部装有安全阀，当蓄电池内部气压达到一定数值时，安全阀自动开启，排出气体。而当蓄电池内部气压低于一定数值时，安全阀自动关闭。顶盖上还有内装陶瓷过滤器的气塞，可防止酸雾从蓄电池逸出。

5. 外壳

铅蓄电池的外壳必须耐酸、绝缘，有足够的机械强度，一般用硬橡胶、塑料、有机玻璃、无机玻璃等材料制作而成。

正、负极板接线端子用铅合金制成，采用全密封结构，且用沥青封口。在阀控铅蓄电池内，电解液全部注入极板和隔板中，蓄电池内没有流动的电解液，即使外壳破裂，蓄电池也能正常工作。

（二）铅蓄电池的工作原理

稀硫酸在水中被电离成氢离子（H^+）和硫酸根离子（SO_4^{2-}）。正极板上的二氧化铅（PbO_2）与稀硫酸作用，产生四价的铅离子（Pb^{4+}）并留在极板上，使正极板带正电，产生了电极电位。负极板上的海绵状铅由二价铅离子（Pb^{2+}）和电子组成，浸入稀硫酸溶液后，铅离子进入溶液，负极板上留下自由电子，负极板带负电，也产生电极电位。这样，由于正、负极板与电解液之间分别产生了电极电位，正、负两极板间的电位差就是蓄电池的电动势。

（三）铅蓄电池的主要特性

1. 电动势与端电压

在开路状态下，用高阻抗电压表在常温下测得的正、负极板之间的电位差，称为蓄电池的电动势。

蓄电池在与外电路连接并有电流流过时，在正、负极两端测得的电压，称为蓄电池的端电压。放电时，端电压低于电动势；充电时，端电压高于电动势。

2. 充、放电率

铅蓄电池放电到终止电压的速率，称为蓄电池的放电率，指蓄电池在这种放电情况下所放出容量与放电电流的比值，通常以时间表示。例如，额定容量为 300Ah 的蓄电池，用 10 h 将其容量放完，这种放电率就称为 10 小时率，此时的放电电流称为 10 小时率电流，通常以 10 小时率作为正常放电率。放电率越高，即放电电流越大，蓄电池端电压下降的速度越快。

蓄电池充电到终止电压的速率，称为蓄电池的充电率，指蓄电池在这种充电情况下所充入的容量与充电电流的比值，用时间表示，通常以 10 小时率作为正常充电率。充电率对铅蓄电池的端电压影响很大，充电率越高，即充电电流越大，铅蓄电池的端电压的上升速度越快，充电终止电压越高；反之，则越低。

3. 容量

铅蓄电池的容量标志贮存电量的多少，一般用 Ah（安时）表示。

影响蓄电池容量的主要因素是放电电位、电解液的温度和浓度。

4. 自放电

在外电路断开时，蓄电池容量自然损失，叫自放电。铅蓄电池的自放电较严重，通常每昼夜可损失额定容量的 2% 左右。

5. 效率和寿命

铅蓄电池的效率通常为容量效率和电能效率。容量效率是放出的容量与充电的容量之比，通常为 84% ~ 93%。电能效率是放电时输出的电能与充入的电能之比，通常为 71% ~ 79%。

第四章　城市轨道交通车站机电设备

第一节　自动售检票系统

一、自动售检票系统概述

城市轨道交通自动售检票系统（AFC）是通过对计算机、统计、财务等专业知识的综合运用，来实现城市轨道交通的售票、检票、计费、收费、统计、清分结算和运行管理等全过程的自动化系统，同时也为决策提供客流、收入等各类信息支持。

自动售检票系统需要根据轨道交通规划、客流量需求、票务管理需求，进行系统方案的设计，选择合适的技术平台，实现乘客的自助售检票和信息处理的自动化。作为轨道交通运营管理重要子系统之一的自动售检票系统，有其丰富的内涵，主要体现在人性化、客流导向、社会效益、提供信息支持、提高运行效率、强化安全管理、提升形象等方面。

二、自动售检票系统的内容

城市轨道交通自动售检票系统由中央计算机系统、车站计算机系统、终端设备、车票媒介、网络、各种接口和运作制度组成。其主要工作内容有实现中央系统、车站系统和终端设备之间的数据传输和处理；完成车票制作、售票、检票、票务统计分析等工作；及时、准确地进行客流、票务数据的收集、整理、汇总和分析；实现轨道交通收益方的清分结算以及与关联系统等外部接口之间的清分结算，同时可通过银行或金融机构实现账务划拨。

随着轨道交通的快速发展、相应技术的进步以及不同政策组合的灵活应用，自动售检票系统的发展趋势是标准化、简单化、集成化和人性化。

三、自动售检票系统业务管理

城市轨道交通自动售检票系统业务管理是运用物流、信息、财会、统计等必要的技术方法，通过该系统的网络、计算机等设备，充分发挥自动售检票系统整体功能，以满足运营管理的需求。一个较完整的轨道交通自动售检票系统业务管理通常包括票卡管理、规则管理、信息管理、账务管理、模式管理、运营监督六类主要内容。这六类业务管理工作通常赋予以下主要职责。

（一）票卡管理

票卡是旅客乘坐轨道交通的有效凭证，是自动售检票系统中不可缺少的信息载体和信息交互媒介。票卡管理就是对票卡的发行、发售、使用、票务处理和回收等全过程进行有效管理。轨道交通的正常运营离不开对票卡的有效管理，包括车票的编码定义、初始化、赋值发售、使用管理、进出站处理、更新、加值、退换、回收、监督管理、注销及黑名单管理等。

（二）规则管理

规则管理就是为确保系统规范运作，而制定出一系列规则和流程并加以实施，包括票价策略、收益分配、结算规则、权限管理和操作流程等。

（三）信息管理

信息管理就是对系统中相关的信息进行收集、传递和处理，包括信息收集、信息传输、信息存储、信息统计分析和信息发布等。

（四）账务管理

账务管理就是对系统内的票务收入进行汇缴、分配、入账等过程的管理，包括账户设置、票款汇缴、登账稽核、收益清算、对账、资金划拨和对凭证进行有效管理等。

（五）模式管理

模式管理就是针对不同的运营状况、条件所做出的相应操作行为的选择和实施，包括正常运营模式、降级运营模式以及相配套的运营管理。

（六）运营监督

运营监督就是通过本系统的设备以及所具有的完整、严密、及时的信息流对运营状况进行实时跟踪监督，以提高运营质量和服务水平，包括信息传输状况监督、客流状况监督、车票调配监督、收款监督及收益监督等。

四、自动售检票系统架构与功能

（一）自动售检票系统架构

城市轨道交通自动售检票系统的架构是多种多样的，但系统架构的选择与轨道交通网络结构、售检票方式、清分需求和车票媒介等相关联。

城市轨道交通自动售检票系统是处理城市范围内众多轨道交通线路的售检票业务，涉及路网业务、线路业务、车站处理、终端处理和车票媒介方面的内容。根据业务和应用，自动售检票系统架构的参考模型包括五个层次：第一层是路网层，第二层是线路层，第三层是车站层，第四层是终端层，第五层是车票层。

在自动售检票系统架构中，相邻层次是通过对应的接口和协议实现连接的，在实施过程之前必须确定各相邻层的接口方式和协议。

（二）自动售检票系统类型

1. 售检票方式

售检票系统是轨道交通运输组织的一个非常重要的环节，根据售检票作业的环境分为开放式售检票作业方式和封闭式售检票作业方式。

（1）开放式售检票作业方式

开放式售检票作业方式是指车站不设检票口，乘客在上车前（指进入付费区后）或在列车上进行检票，并随机查票的售检票作业方式。一般适用于客流量较小的系统，同时要求乘客有较高的素质。

（2）封闭式售检票作业方式

封闭式售检票作业方式是指乘客进、出付费区都要经过检票口检票的售检票方式。这种方式能够减少或杜绝无票乘车现象，减少或避免票务流失。在封闭式售检票的作业环境下，售检票方式可分为人工售检票、半自动售检票、自动售检票。

2. 计价方式

计价方式将直接影响到售检票方式和售检票系统的构成。计价方式通常有单一票价、区域票价和计程计时票价。

第二节　电梯与自动扶梯系统

一、垂直电梯系统的组成及功能

（一）电梯概述

I.电梯及其发展

所谓电梯，指的是用电力拖动轿厢运行于铅垂的或倾斜不大于15°的两列刚性导轨之间，运送乘客或货物的固定设备。电梯属于起重机械，是一种间歇动作的升降机械，主要担负垂直方向的运输任务，是现代建筑物中必不可少的配套设施之一。

1852年，世界上第一台电梯在德国柏林诞生了，采用电动机拖动。以后，美国出现以蒸汽机为动力的客梯。美国人奥的斯研究出电梯的安全装置，开创了升降机工业或者说电梯工业新纪元。1857年，世界第一台载人电梯问世，为不断升高的高楼提供了重要的垂直运输工具。1889年，奥的斯公司在纽约试制成功第一台电力驱动蜗轮减速的电梯，这一设计思想为现代化的电梯奠定了基础。

2.电梯分类

按驱动方式可分为曳引电梯、交流电梯、直流电梯、液压电梯、齿轮齿条电梯、螺杆式电梯及直线电机驱动的电梯等。

3.电梯的工作原理

电动机带动钢缆拉动轿厢在垂直固定的导轨上来回上下往复运行，如图4-1所示。曳引绳两端分别连着轿厢和对重，缠绕在曳引轮和导向轮上，曳引电动机通过减速器变速后带动曳引轮转动，靠曳引绳与曳引轮摩擦产生的牵引力，实现轿厢和对重的升降运动，达到运输目的。固定在轿厢上的导靴可以沿着安装在建筑物井道墙体上的固定导轨往复升降运动，防止轿厢在运行中偏斜或摆动。常闭块式制动器在电动机工作时松闸，使电梯运转，在失电情况下制动，使轿厢停止升降，并在指定层站上维持其静止状态，供人员和货物出入。轿厢是运载乘客或其他载荷的箱体部件，对重用来平衡轿厢载荷、减少电动机功率。补偿装置用来补偿曳引绳运动中的张力和重量变化，使曳引电动机负载稳定，轿厢得以准确停靠。电气系统实现对电梯运动的控制，同时完成选层、平层、测速、照明工作。

指示呼叫系统随时显示轿厢的运动方向和所在楼层位置。安全装置保证电梯运行安全。

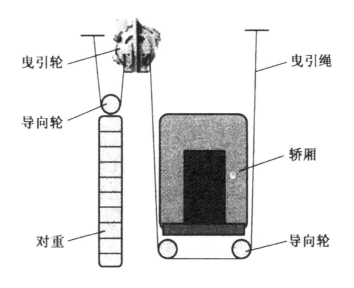

图 4-1　电梯工作原理示意图

（二）地铁电梯系统的组成

地铁电梯系统包括电梯（垂直升降）、自动扶梯与轮椅升降机。它是城市轨道交通系统的一个重要的组成部分，它每天担负着运送大量客流的任务，其对客流的及时疏散起到了至关重要的作用。

电梯组成部件包括供电及控制系统、曳引机、传动装置（曳引轮，钢缆）、对重、导轨、轿厢等。

1.电梯曳引机

通常由电动机、制动器、减速箱及底座等组成。

2.传动装置

曳引轮、钢缆。

3.对重

对重是曳引电梯不可缺少的部件，它可以平衡轿厢的重量和部分电梯负载重量，减少电机功率的损耗。

4.导轨

主要作用为轿厢和对重在垂直方向运动时导向，限制轿厢和对重在水平方向的移动；安全钳动作时，导轨作为被夹持的支承件，支承轿厢或对重；防止由于轿厢的偏载而产生的倾斜。

5. 轿厢

轿厢一般由轿厢架、轿底、轿壁、轿顶等主要构件组成。

轿厢架是轿厢的主要承载构件，它由立柱、底梁、上梁和拉条组成。

轿厢体由轿底板、轿厢壁、轿厢顶等组成。轿厢内一般设有如下部分或全部装置：操纵电梯用的按钮操作箱；显示电梯运行方向及位置的轿内指示板；通信联络用的警铃、电话或对讲系统；风扇或抽风机等通风设备；有足够照明度的照明器具；标有电梯额定载重量、额定载客数及电梯制造厂名称或相应识别标志的铭牌；电源及有/无司机操纵的钥匙开关等。

（三）电梯系统在地铁运营中的重要作用

便于客流组织，使车站进、出平稳有序；改善乘客乘车环境，提高乘客舒适度和满意度；满足老弱病残群体出行需求，体现人性化服务；加快人员流动速度，提高运输效率；有利于灾害条件下的客流疏散，避免人员慌乱。

二、自动扶梯系统的组成及功能

（一）自动扶梯概述

自动扶梯是由电动机驱动的，通过链式传动装置带动载客部件（循环运行梯级）在倾斜的固定环形轨道中做往复运行的，方便行人在建筑楼层间上下的运输工具。1900 年，巴黎国际博览会展出的一台阶梯状动梯是现代自动扶梯的雏形。以后，自动扶梯广泛用于车站、码头、商场、机场和地下铁道等人流集中的地方。其特点是：输送能力大，能同时运送大量乘客；运送客流量均匀，能连续地运送乘客；可上下逆转。

（二）自动扶梯结构组成

自动扶梯由桁架、驱动装置（电动机及减速齿轮箱）、传动系统（驱动轮、传动轮轴、传动链等）、导轨系统、承载梯级、扶手系统、制动装置、电气控制系统、监测与安全保护装置等部件组成。

1. 桁架

桁架为焊接结构，强度符合国家规定。承载能力由桁弦（截面为 L 形）的尺寸和桁架中心部分的高度决定，可根据负载的大小选用。

2.导轨系统

自动扶梯的梯级的四个轮子分别在四条固定的环状导轨内循环运转，导轨承受了运动部件及乘客的重量。

3.驱动装置

驱动装置安装在桁架的上驱动端站，是自动扶梯的动力源。它通过主驱动链，将动力传递给驱动主轴。通常有单驱动和双驱动之分。目前常用的驱动装置为立式驱动装置，它由电机、立式蜗轮蜗杆减速箱或行星齿轮减速箱和制动器组成。

4.制动器

传动轴上的安全制动器的主要作用：一是当扶梯在不被允许工作，出现下滑的情况时，安全制动器的电磁线圈无工作电压，安全制动器联动杆上的挡块会挡住传动轮上限位块，制止下滑现象；二是在传动链断裂接触器或者速度监控器启动时，安全制动器立即失电制动。

5.传动链装置

自动扶梯的传动链装置主要由梯级链、主驱动链、扶手驱动链组成。梯级曳引链是一种专用的特殊链条，其滚子采用弹性的梯级主轮，在与链轮啮合时，能减轻振动和降低噪声。主驱动链采用双排套筒滚子链，扶手驱动链采用双排套筒滚子链。

6.梯级

梯级通常采用铝合金整体压铸梯级，通常有两种形式：一种是不带黄色边框的整体梯级；另一种是带黄色边框的整体梯级。

7.梳齿板/前沿板（过渡盖板）

梳齿板位于扶梯的进出口处，每个梳齿用螺钉固定在梳板的前段，并与踏板齿槽相啮合。梳齿表面当有外物嵌入梯级时，梳齿板是可移动的，在其后端装有电气触点，一旦在梯级与梳齿啮合的地方有硬物卡住，使作用在梳齿板上的力超过额定值时，将使梳齿板发生水平或垂直方向的移动，使触点动作，扶梯将停止运行。它是连接建筑物和自动扶梯设备的中间环节。梳齿与梳齿板的啮合结构是为了防止卡夹乘客的鞋子衣物行李等，避免意外伤害的发生。

8.扶手装置

扶手装置的组成有扶手支架、扶手护栏（玻璃/不锈钢）、扶手型材、扶手链、扶手带、扶手驱动装置、扶手张紧装置、扶手照明及检测装置。

扶手带是由扶手带传动轴驱动的，而扶手带传动轴是由主传动轴通过一根复式链传动的。扶手带张紧装置必须调节正确。如果扶手带打滑，就必须检查扶手带张紧情况。另外，如果扶手带张得过紧会使扶手带使用寿命大大缩短，这是由于过分张紧扶手带并不增加驱动力相反只会缩短其使用寿命。扶手入口装置，在自动扶梯的围裙板和内外盖板端头，设有一个扶手带入口装置，其内部有一个电气触点，当扶手带入口处有异物进入，触动触点，会使扶梯停止运行。

9. 控制箱

控制箱置于上部桁架的机房内，为方便维修，在机房盖板被去掉后，整个控制箱可以顺着一根导轨拉上来并且转动。

10. 润滑装置润滑是自动扶梯保养的一项重要工作，也是保持扶梯良好运行状态的重要条件。

三、轮椅升降台（机）

（一）轮椅升降台的组成

轮椅升降台由控制屏、平台、扶手导轨、充电电源等组成。

（二）轮椅升降台的工作原理

直流电动机带动传动齿轮，齿轮驱动传动链，传动链与导轨配合带动平台慢速运行。

（三）轮椅升降台的使用

轮椅升降台专为残疾人士设计，使用操作简单，设备安全性高，维护操作简单。可与车站控制室视频通话，方便乘客召援。轮椅升降台占地面积小，安装灵活，在不方便安装电梯的地方使用。

轮椅升降台通常安装在站厅层通往站台层的楼梯扶手上，平时不用的时候，轮椅升降机的平台就竖起来固定在楼梯扶手顶端。当坐轮椅的乘客要从站厅层到站台乘坐地铁时，只需要在台阶扶手边按下求助按钮，站务人员便可以启动这台升降机，轮椅升降平台将从楼梯扶手打开，轮椅上到平台并固定后，升降平台就缓慢地沿着台阶水平下降到站台层。升降机也可以将站台的轮椅送到站厅层，用完后按下按钮把升降平台折叠起来。

第三节　屏蔽门系统

一、屏蔽门系统的组成及功能

（一）地铁屏蔽门及其发展

屏蔽门系统是安装于城市轨道交通沿线车站站台边缘，将车站站台区域与轨道区域隔离开来，用以提高运营安全系数、改善乘客候车环境、节约运营成本的一套机电一体化的机电设备系统。屏蔽门是由一系列门体组成的屏障。它综合了力学、机械学、电子学、控制论、计算机技术、传感技术、人工智能技术、系统工程等多学科、多领域的先进技术。

屏蔽门是 20 世纪 80 年代出现的一种现代化的地铁设备系统。其设计的思想，一是为了节省能源，提高地铁运营的经济效益而设置了屏蔽门系统；二是考虑乘客乘车的安全性（防止人员有意或无意跌入轨道，减少乘客撞伤危险）。新加坡地铁屏蔽门系统当时采用气动控制系统，在外观上也较少追求美观，力求经济实用。

（二）地铁屏蔽门分类

按屏蔽门功能，可分为闭式和开式两大类。

闭式屏蔽门是一道自上而下的玻璃隔离墙和活动门，沿着车站站台边缘和两端头设置，能把站台候车区与列车进站停靠区完全隔离。这种屏蔽门系统的主要功能是增加安全性、节约能耗以及降低噪声等。

开式屏蔽门又称为可动式安全栅，半封闭式屏蔽门，它是一道上不封顶的玻璃隔离墙和活动门或不锈钢篱笆门。与全封闭式相比，安装位置基本相同，但结构简单，高度低，空气可以通过屏蔽门上部流通，造价也低。它主要起隔离作用，提高站台候车乘客的安全；也有一定的降噪作用。这种结构不能完全隔断列车活塞风和噪声对乘客的影响，因此，多用于敞开式地面站台或高架站台。

（三）地铁屏蔽门组成及其功能

I. 地铁屏蔽门组成

屏蔽门系统由机械部分（门体结构和门机驱动系统）和电气部分（供电电源和控制系统）组成。

（1）门体结构

由支承结构、门槛、顶箱、滑动门、固定门、应急门和端门组成。

①支承结构

包括底部支承部件（包括踏步板、绝缘衬垫、调节板、下部预埋件等）、门梁、立柱、顶部自动伸缩装置等部分。

支承结构能够承受屏蔽门的垂直载荷、隧道通风系统产生的风压、列车运行活塞风形成的正负方向水平载荷、乘客挤压力和地震、振动等载荷。底部支承部件分为上下两部分，底部下部构件表面通过绝缘镀层处理，采用绝缘安装，使屏蔽门与建筑结构绝缘；底部上部分采用椭圆形孔连接，实现前后方向的调整；与底部预埋槽钢配合，实现纵向调整。

顶部自动伸缩装置与立柱连接，实现高度方向 ±30mm 的调整，通过顶部方形垫板上的弧形孔和预埋件的纵向导槽实现前后左右的位置调整（立柱顶部装有万向调节伸缩装置，该装置能有效吸收土建顶梁不平度误差，并消除顶梁及站台面的不均匀沉降对屏蔽门系统的影响）。

屏蔽门与路轨相连以保持同一电位，同时屏蔽门与站台之间宽 1.5m 的地板上铺设一层电气绝缘胶膜，保证站台绝缘电阻值大于等于 0.3MΩ；而屏蔽门安装时与站台板和顶板电绝缘，其电阻值要求大于等于 0.5MΩ，以保证乘客上下车时的安全。

②门槛

门槛是屏蔽门安装的基准面。包括固定门门槛和活动门门槛。

固定门门槛承受固定门的垂直载荷，活动门门槛承受乘客载荷。门槛采用不锈钢材料，表面设有防滑齿形槽，提高门槛的耐磨性和防滑性。门槛结构中有滑动导槽，与滑动门配合应滑动自如，导槽底部有直通孔，导槽内的杂物和灰尘可以下落。

③顶箱

顶箱由 L 形铝合金框架承托，在站台侧用不锈钢固定板铰接在门立柱之上，借助长而坚固的框架形成一条与滑动门等宽的连续跨度。顶箱内安装有 DCU（门控单元）、电机、变速箱、电磁锁、模式开关、配电端子箱、导轨及顶梁等部件。

④滑动门

滑动门（SD）由门玻璃、门框、门吊挂连接板、门导靴、门缘橡胶密封条、手动解锁装置等组成。滑动门通常由不锈钢门框和钢化玻璃组合而成，每个滑动门单元上均由左右各一扇滑动门组成，在左滑动门的轨道侧有一绿色紧急手动开门拉杆，滑动门的站台侧有一个三角锁手动解锁装置。

正常运行时，滑动门是乘客上下车的通道，也是车站隧道内发生火灾或故障时，列车到站后乘客的疏散通道。滑动门上部的吊挂连接板与门框的吊挂板连接，下部装有导靴，两扇滑动门靠近中心处装有橡胶密封条，站台侧 1.8m 高处有手动解锁的钥匙孔。滑动门设有锁紧装置和手动解锁装置；滑动门关闭后，锁紧装置可以防止门由于外力作用被打开；采用开门把手或钥匙手动释放解锁装置可将门打开。滑动门能满足系统级控制、站台级控制和手动操作要求，手动操作为第一优先级。

当系统级、站台级控制失败时，乘客可从导轨侧使用紧急手动开门拉杆（开门把手）将门打开，授权的站台工作人员也可以用钥匙进行手动操作打开滑动门。

⑤固定门

固定门（FSD）位于滑动门之间，由门玻璃和铝制门框等组成，起隔离作用。

固定门是把车站与列车隧道隔离的屏障之一。所有固定门处在同一水平面内，从站台看不到支承固定门的铝制门框。固定门门框插入立柱上的方形孔，门框和支承柱之间有橡胶垫，可有效降低振动。

⑥应急门

应急门（EED）由应急门板、门框、闭门器、推杆锁等组成。

应急门由不锈钢门框和钢化玻璃组合而成，每组2道，每组分别与每节车厢对应。应急门的站台侧设有钥匙解锁开关，在轨道侧，应急门的中央设有绿色手动解锁推杆。

应急门是列车进站停车后，列车门无法对准滑动门时，至少有一道应急门对准列车门作为疏散乘客的通道。在应急门的中部装有手动推杆解锁装置，应急门不会因列车活塞风压、隧道通风系统风压影响而自动开启。在导轨侧，乘客通过推压解锁推杆，推杆带动门框内的解锁机构，松开应急门上下的门闩将门向站台侧旋转90°打开；在站台侧，站台工作人员也可以用"通用"钥匙打开应急门。应急门门框的上部装有闭门器，保证应急门在手动开启后能够自动复位关闭。

注意：应急门的设计是为了在紧急情况下使用的逃生门，在日常的轨行区作业时禁止使用应急门。

⑦端门

端门（PED）由门玻璃、门框、闭门器、门锁和手动解锁装置等组成。

端门由不锈钢门框和钢化玻璃组合而成，端门安装在屏蔽门两端，使之能分隔站台区域和工作区域。端门的站台侧设有钥匙解锁开关，而在站台外侧中央设有绿色手动解锁推杆。

端门是当区间隧道发生火灾或故障时，列车停在隧道内，乘客从列车下到隧道后疏散到站台的通道，也是车站工作人员进出隧道进行维修的通道。在隧道侧乘客通过推压手动解锁推杆，推杆带动门框内的解锁机构，松开端门上下的门闩将门打开；在站台侧，站台工作人员也可以用钥匙打开端门。

门框的上部装有闭门器，保证端门在手动开启后能够自动关闭。

（2）门机驱动系统

电机驱动系统由电机及减速箱、传动装置组成。

①电机及减速箱

电机的功能是控制门的开、关，一般采用无刷直流电机，电机轴与减速箱直联，减速箱采用蜗轮蜗杆传动，减速箱输出轴装有传动齿轮。

②传动装置

传动装置由驱动皮带和门悬挂设备组成。皮带传动采用正向啮合驱动，保证两扇门运动同步、稳定。采用重型皮带传动装置，更好地调节皮带张紧力，消除皮带打滑。滑动门由滚轮悬挂在J形截面不锈钢轨道中运行，整个运动过程中，滑动门保持在一个恒定的水平，使其平稳运行，减小摩擦力。

（3）供电电源

包括驱动电源UPS、控制电源UPS、系统配电柜（PDP柜）等组成。

（4）控制系统

由中央接口盘（PSC）、就地控制盘（PSL）、站台远程监视设备（PSA）、门控单元（DCU）和连接这些装置的通信通道等组成。

屏蔽门控制系统具有系统级控制（SIG）、站台级控制（PSL）、手动操作控制、火灾模式（IBP）。其中以手动操作控制优先级最高，系统级最低。只有在执行完高优先级的操作后，才可以进行低级别的操作。

站台每侧屏蔽门配置完整的控制子系统（包括PEDC、DCU、PSL、PSA及连接其他系统的接口），与上下行信号系统配合，与主控制系统（PSC）连接，分别控制各侧屏蔽门。系统内部采用现场总线和硬线两种连接方法。

2. 地铁屏蔽门系统控制模式

屏蔽门系统控制模式设置有系统级、站台级、人工操作（或称手动操作）三种正常控制模式。系统级控制即是执行信号系统命令的控制模式；站台级控制即是执行站台PSL操作盘发出命令的控制模式；手动操作即是站台工作人员在站台侧用专用钥匙解锁或由乘客在轨道侧推动解锁装置打开滑动门。此外，屏蔽门系统设置有火灾控制模式，即在相应的火灾模式下，车站值班人员在车站控制室操作消防联动盘操作屏蔽门紧急控制开关，配合打开滑动门，疏散乘客和配合环控系统排烟。上述模式的控制优先权从高到低依次为人工操作（或称手动操作）模式、火灾控制模式、站台级控制模式、系统级控制模式。

屏蔽门系统具有障碍物检测功能，即滑动门关闭时检测到障碍物，会后退做短暂停止以释放夹到的障碍物，然后再关闭，从而避免夹伤乘客。

屏蔽门系统与车站机电设备监控系统（EMCS）之间或主控系统（MCS）之间设有通信接口，用于传送屏蔽门系统运行状态、故障诊断信息，便于车站控制室人员、维护人员监视屏蔽门状态。在站台监控亭设有屏蔽门系统监控器（PSA），车站工作人员、屏蔽门维护人员可在此PSA上监控屏蔽门系统运行状态，查看、下载屏蔽门系统运行历史记录，修改、上传屏蔽门系统控制程序、参数等。

3. 地铁屏蔽门功能分析

第一，屏蔽门与每节车厢单侧的车门对应的是滑动门，可以向两边打开，当列车停靠时，滑动门与车门一一对应。每一道门由左右两扇滑动门组成，在正常使用状态时，滑动门关闭过程中如遇到障碍物，会通过3次减速的检测功能，检测是否有障碍物的存在。如果第三次探测到障碍物仍然存在后，DCU会发出停止命令，马上停止滑动门的运动状态。

第二，和每个车厢相对应分布有应急门，应急门由两扇铰链门构成，以预防突发事件。

第三，滑动门与应急门之间装有平滑的玻璃制成的固定门。

第四，每个车站有 2 扇（两端各 1 扇）端门。

第五，在同一站台上整侧门中的第一道和最后一道门为非对称门，这是因为它们打开时会堵住紧靠屏蔽门两端的司机门。除这两门外道其他门具有全尺寸，便于乘客上下列车。

第六，所有的门上方盖板上均有门头指示灯，当开门或关门时指示灯会有不同状态的显示。

第七，屏蔽门可以接受远程操作而被驱动执行开门、关门命令，通过这个功能就可以响应来自控制着列车运动的信号系统的命令。因此，屏蔽门在信号系统的控制期间只有列车停下来时才被打开，而在关闭且锁紧后列车才允许离开。

第八，在信号系统失效或弃用信号系统时，可以通过就地控制盘（PSL）来取得门的控制权。每个 PSL 都位于屏蔽门的站台侧端门外，并在列车正确停靠时与驾驶室并列，也就是说，每侧站台只有一个 PSL（或称站台操作盘）。

第九，"开门" 或 "关门" 命令从信号系统（或 PSL）发送到屏蔽门控制器（PEDC），经过 PEDC 处理后再传给滑动门控制单元（DCU），控制滑动门的开和关。同时，DCU 也可以把控制信息和状态信息回传给信号系统、PEDC 和 PSL。

二、屏蔽门系统接口

在屏蔽门系统的设计过程中需要考虑屏蔽门系统与车站下列各个专业的接口。

（一）与车辆的接口

对应车辆的编组方式，屏蔽门的布置采用沿站台边缘对称布置的方式。应确保列车在正常停车精度范围内（±350mm），滑动门与列车门一一对应，保证乘客安全、迅速地上下车。

（二）与车站建筑专业的接口

屏蔽门上部结构应与室内吊顶间绝缘、密封。在安装好屏蔽门系统，并且完成屏蔽门系统的所有测试试验后再进行屏蔽门踏步板与站台装饰石材之间的绝缘带的敷设。

（三）屏蔽门系统与低压配电系统的接口

车站低压配电系统向屏蔽门系统提供一类负荷，两路三相 380V、50Hz 的交流电源，屏蔽门系统与低压配电系统的接口为驱动电源的两路进线开关的输入端。

（四）屏蔽门系统与信号系统的接口

按照用户的要求安排信号系统与屏蔽门系统之间的接口形式，信息交接点为中央接口盘（PSC）的端子排。

（五）屏蔽门系统与设备监控系统的接口

按照用户的要求安排设备监控系统与屏蔽门系统之间的接口形式、通信协议类型、数据格式。信息交接点在屏蔽门系统的中央接口盘（PSC）的端子排上。

三、屏蔽门操作安全和相应措施

（一）列车门和屏蔽门之间存在着缝隙

屏蔽门系统最大优点之一是防止人员有意或无意跌入轨道，大大减少了乘客被列车撞伤的危险，尽管屏蔽门系统杜绝了这种危险性，但却导致了另一种潜在危险。因为在列车门和屏蔽门之间存在着缝隙，当列车车门正常打开而屏蔽门发生了故障未及时打开时，若乘客试图手动打开屏蔽门，列车门却正好在其身后关闭，那么乘客就有可能从缝隙中跌入轨道，酿成事故。

（二）屏蔽门开启

第一，无论是人工操作还是自动操作，当列车尚未停站时屏蔽门千万不能处于开启状态，因为处于开启状态的屏蔽门系统站台要比不设屏蔽门系统的站台危险性大得多，乘客（特别是儿童）出于好奇有可能向屏蔽门内张望，这种行为异常危险。进一步若有几扇屏蔽门出现故障未能及时打开，则会出现列车延时的后果。

第二，如因门故障原因，需打开滑动门并使其处于开门状态，必须隔离该门单元并加强监控，以免影响安全行车。

第三，正常行车状态下，严禁打开应急门。一经使用后，必须确认关闭并锁紧，严禁使用异物阻挡应急门关闭，严禁放置任何物品在滑动门槛上。

第四，任何工作人员使用端门后，必须确认关闭并锁紧，严禁打开后无人守护，严禁使用异物阻挡端门关闭。

第五，严禁乘客倚靠屏蔽门。

第六，清洁门体、地板、隧道时，不得使底座绝缘套受潮。

第七，严禁在距屏蔽门门体边沿2m范围内钻孔安装任何设备设施，破坏绝缘层。

为此必须拥有一批训练有素的车站服务人员，随时排除屏蔽门出现的故障。

第四节　环境控制系统

一、地下铁道的环境特点及环控要求

（一）地铁环境特点

地铁的地下线路是一个狭长的地下建筑，除各站的出入口、送排风口与外界大气相通外，基本上是与外界隔绝，列车的高密度运行以及大量乘客的集散，形成了地下铁道独特的环境特点。

第一，地下铁道的车站和区间隧道除出入口等极少部位与外界相连通外，基本上与外界隔绝，只有用人工气候环境才能满足乘客的要求。

第二，列车各种设备的运行和高度密集的乘客都将释放出大量的热，如不及时排除，将使车站和区间的温度上升，使乘客在此环境中难以忍受。

第三，由于地层的蓄热作用，运营初期地铁系统内部的温度会逐年升高，若处理不当，会对地铁系统的远期环境造成影响。

第四，车站内高度密集的人群会释放出大量的异味和二氧化碳，如果没有足够的新鲜空气和有效排出废气的措施，将会使车站内的空气十分污浊。

第五，地下铁道是一个狭长封闭的地下建筑，列车及各种设备的运行产生的噪声不易消除，对乘客的影响较大。

第六，地铁列车运行时产生的"活塞效应"，若不能合理利用，会干扰车站的气流组织，使乘客感到不舒适，并影响车站的负荷。

第七，当发生事故，尤其是发生火灾事故时，将导致环境恶化，不易救援，须采取有效的措施。

（二）环控基本要求

地铁环控系统（ECS）的目的就是在正常运行期间为地铁乘客、工作人员提供舒适的环境，以及在紧急情况下能够迅速帮助乘客离开危险地并尽可能减少损失，一个地铁不论采用何种环控系统都必须满足以下三个基本要求。

第一，列车正常运行时，环控系统能根据季节气候，合理有效地控制地铁系统内空气温度、湿度、流速和清新度，气压变化和噪声以及舒适、卫生的空调环境。

第二，列车阻塞运行时，环控系统能确保隧道内空气流通，列车空调器正常运行，乘客们感到舒适。

第三，紧急情况时，环控系统能控制烟、热气扩散方向，为乘客撤离和救援人员进入提供安全通道。

地铁环控方式有多种，不同的城市气候条件、室外温湿度差异很大，因此选用何种环控方案应根据客观条件、工程造价、运行效果等方面综合分析。

二、地铁环控系统的组成及功能

地下铁道环控系统一般由区间隧道通风系统、车站隧道通风系统、大系统、小系统、水系统几个部分组成。

（一）区间隧道通风系统

区间隧道通风系统主要用作隧道的通风换气，在隧道中发生火灾时，此系统也兼有防灾报警功能。区间隧道通风系统主要靠通风来降低隧道内的空气温度，一方面由设在地铁站两端的事故风机在夜间列车停运时向隧道内送风和排风来降低区间内的空气温度；另一方面白天列车运行时，所产生的活塞风经过活塞风道，由地面上的风亭排出区间内的空气和吸入外界的温度较低的空气，对隧道内进行通风。

（二）车站隧道通风系统

车站隧道通风系统，是指服务于车站内屏蔽门外侧列车停车区域隧道的通风及防排烟系统。

I. 正常运行状态

在正常运行状态下，关闭所有的区间隧道排热风机，隧道的换气主要靠列车运行时产生的活塞风进行空气交换。地铁停止运行时，打开区间隧道通风机和隧道排热风机对隧道进行空气交换。

2. 列车故障状态

列车阻塞在站内：此时需打开此站的部分隧道通风机及相应的电动组合风门来增加排气量，依靠空气的自然流动来进行空气交换。

列车阻塞在区间隧道内：此时打开区间两端隧道通风机及相应的电动组合风门对隧道区间强制进行空气交换。

3. 发生火灾时列车运行状态

当列车在运行过程中发生火灾时，此时区间隧道通风系统各设备运行的原则是：必须保证隧道中的风向与旅客疏散的方向相反，以保证旅客的生命安全。有四种可能的火灾模式,即隧道列车尾部发生火灾、隧道列车头部发生火灾、隧道列车中部发生火灾和站台列车发生火灾。

(三) 大系统

大系统是指服务于站厅、站台公共区(即乘客所处区域)的通风空调及防排烟系统,又称公共区空调通风环控系统。地铁站大系统空调通风系统包括站厅层、站台层公共区的所有环控设备。

在正常情况下,环控系统通过测量新风、送风、回风、混合风的温湿度和 CO^2 浓度来调节空调机组回水管自动调节阀的开度,控制风阀开关和风机的启停。

(四) 小系统

小系统是指服务于设备、管理用房区(即工作管理人员及设备所处区域)的通风空调及防排烟系统。车站空调通风小系统是一套独立的系统,其运行方式比较简单。在正常运行时,送/排风机的送/排风量是固定的,不随季节的变化而变化。当出现火情时,系统按照预定的灾害程序运行。

(五) 水系统

水系统是指为大、小系统提供冷源的一套系统。对冷却泵来说,通常以冷凝器进水和回水间的温差作为控制依据,实现进水和回水间的恒温差控制。系统由冷冻水泵、冷却水泵、冷却塔、冷水机组、膨胀水箱、集水器、分水器、设备之间的连接管线和一些阀门组成。

典型地铁车站环控,大系统配有 4 台组合式空调机,4 台回排风机,2 台全新风机;小系统配有多台小型空调机及排风机,大小系统共用 2 台冷水机组。通常情况下大系统在运营时间内开启 2 台或 4 台空调机及排风机,小系统 24h 连续运行,冷水机组在空调季时24h 开启。

第五节　给排水系统

一、地铁车站给排水系统组成及功能

地铁的给排水系统包括车站和车辆段给水排水系统,由给水系统和排水系统两部分组成。

（一）地铁车站给水系统的任务

地铁车站给水系统的主要任务是满足地下铁道生产、生活用水、消防用水、人防用水的需求。

生产用水包括车站公共区域地坪等冲洗用水、车站设备用房洗涤盆用水、车站冲洗用水、空调冷冻机的循环水、冷却循环水系统补充水；生活用水主要指车站工作人员使用的卫生间、茶水间等用水；消防用水主要指消火栓用水；人防用水指地铁工程除在平常作为重要的交通枢纽外，作为地下工程还兼有人防工程的特点，在战时可作为人员掩蔽的场所，在给水工程中也应考虑到相应的人防要求。

（二）地铁车站排水系统的任务

排水系统的主要任务是及时排出生产废水、生活污水、隧道结构渗漏水、事故消防废水及敞开式出入口和风亭部分的雨水等，以满足地铁安全运营的需要。

二、地铁车站给水系统

（一）水源

地铁车站所在地一般为城区，周围有较完善的市政给水管网，以市政自来水为供水水源。每个车站由两条不同的城市自来水管，引入消防和生活、生产给水管，并在引入管上加设电动和手动蝶阀。手动蝶阀平时开启，电动蝶阀平时一开一闭并定期轮换供水；发生火灾时全部打开。电动蝶阀由机电设备监控系统（EMCS）实现监控。

采用生活、生产用水和消防用水分开的给水系统，分别设置水表及阀门井。水压按卫生器具用水要求和生产用水要求确定，地铁车站位于地下，市政水压一般能满足生产、生活给水系统水压要求，采用市政给水直接供水给水系统。

引入车站的水源，在站内形成环状管网，生活、生产给水系统从引入管接出给水管后在车站布置成枝状，供给各用水点，消防给水系统在站内成环状布置。

（二）进出车站的给排水管道布置

（1）给排水管道不能穿过连续墙，宜在出入口或风井部位布置，因地铁车站连续墙厚度近 1m，预留空洞给结构工程带来不便。

（2）给水管道严禁跨越通信和电器设备用房。

（3）给水干管最低处设置泄水阀，最高处设置排气阀，排气阀一般设于设备用房端部没有吊顶的部位。

（4）给水干管穿越沉降缝处，宜设置波纹伸缩器。

（5）由于生产、生活给水管一般采用塑料管材，塑料管材的线胀系数大，地铁车站站厅、站台层长度一般在 100m 以上，管线布置时要有效地减少或克服管道线性变化。在可能暗敷的场所尽量采用暗敷的安装方式，管道直线长度大于 20m 时应采取补偿管道涨缩的措施，支管与干管、支管与设备的连接应利用管道折角自然补偿管道的伸缩。当不能利用自然补偿或补偿器时，管道支架均为固定支架。管道支架不仅起管线固定的作用，还要求能承受管线因线性膨胀而产生的膨胀力，其间距应比传统的镀锌钢管小得多。

（6）地下区间的给水干管的布置，当为接触轨供电时，应设在接触轨的对侧；当为架空接触网供电时，可设在隧道行车方向的任一侧，管道和消火栓的位置不得侵入设备限界。

（三）生产、生活给水系统的组成及功能

生产、生活给水系统由水源（城市自来水）、水池、水泵、水塔（水箱）、气压罐、管道、阀门、水龙头等组成。其功能是满足车站生产、生活用水对水量、水质和水压的要求。

地铁车站的生产、生活给水管网是独立的内部供水系统，从两根接自市政管网的消防进水管中的任一根接出生产、生活给水管，生产、生活给水水表和消防水表设在同一个水表井内，单独设置水表后进入车站，呈枝状布置。一般给水引入管是从风井引入车站，如果车站风道长度很短，可以从两端各接入一根生产、生活给水管进车站，这样两根生产、生活给水管分别接至车站两端的用水点，就可以不经过公共区从车站的一端引至另一端，站内给水管长度就缩短很多，既避免了不必要的浪费，也可以减少和站内其他管线的交叉。

车站生产、生活给水系统的主要供水点包括卫生间，开水间，环控机房，冷冻机房，冷却塔，污、废水泵房冲洗水及车站公共区两端的冲洗水栓等。

（四）消防给水系统的组成及功能

车站的消防给水主要供给车站及相邻区间的消防用水。消防给水系统由水源（城市自来水）、消防地栓、水泵结合器、消防水泵、管道、阀门、消火栓（喷头）、水流指示器等组成。消防地栓为消防车提供水源，根据环境条件，可分为地上式、地下式和墙壁式。水泵结合器的一端由室内消火栓给水管网引至室外，另一端井口可供消防车或移动水泵站加压向室内管网供水，在断电或消防水泵故障时能保证车站消防给水。与室外消防地栓的距离在 15 ~ 40m 范围内。

车站的消防干管布置成环状，并与区间消防管网连接。按消防要求，车站两条与市政供水管网连接的引水管上设闸阀，水表前设室外消火栓。区间消防管端头设电动蝶阀和手动蝶阀旁路，平时电动蝶阀关闭，手动蝶阀开启 2%，一旦区间发生火灾，EMCS 开启电动蝶阀，保证区间消防水压、水量。

三、地铁车站排水系统

车站、区间的废水、雨水均应就近排入市政排水系统，污水应按规定达标后排放。地下车站及地下区间应设置废水泵房、污水泵房和雨水泵房。

（一）排水系统

I.废水系统

废水包括消防废水、站厅、站台地面冲洗废水、环控机房和各类排水泵房洗涤池排水、事故排水、结构渗漏水等。

2.污水系统

污水主要指车站内卫生间及开水间生活污水。现在大部分城市地铁车站都设置了公共卫生间，所以要考虑乘客生活排水量。

3.雨水系统

在地铁洞口、车站露天出入口及敞开式风亭处，当雨水不能自流排除时，宜单独设置排水泵房。雨水经泵提升，再经压力窨井后再排入市政雨水管道系统。

（二）排水量标准

（1）工作人员生活排水量按生活用水量的95%计算。
（2）生产用水排水量按工艺要求。
（3）冲洗、消防废水量与用水量相同（结构渗漏水量为 $1L/m^2 \cdot$ 昼夜，如上海）。

（三）车站排水系统的组成及功能

I.污水排放系统的组成及功能

车站污水排放系统主要由集水井、压力井、化粪池等组成。用排水管道将车站内的厕所、盥洗室、茶水间冲洗水等生活污水汇集到集水井，经潜水泵提升到压力井消能、地面化粪池简单处理后，排入城市污水管网。压力井是排水进入市政排水管网前的消能设施，其构造要求进、出水管道不得在同一高程上且侧壁有防冲洗的措施，车站化粪池采用国标4号化粪池。

2.废水排放系统的组成及功能

车站废水排放系统主要由集水井、压力井等组成。用排水管道或排水沟将车站内的生产、消防废水、结构渗漏水汇集到集水池，经潜水泵提升到压力井消能后排入城市污水管网。区间隧道设置独立的排水系统，其泵房设在区间隧道的最低处，明挖隧道的废水泵房设在隧道外侧或联络通道内，盾构隧道则利用联络通道作为废水泵房。压力井内进、出水管道要求与污水系统一样。

第六节　防灾报警系统

一、火灾报警监控系统概述

城市轨道交通是一个由站点建筑连接区间隧道形成的大型运输通道，作为日常公共的大容量交通工具，每天都要运送成千上万名旅客，在城市公共交通中占有重要的位置。但自从有了轨道交通开始，安全运营，确保旅客和工作人员的生命安全，就处于整个运营服务的首要位置。

轨道交通消防安全不容忽视，加强轨道交通消防安全管理、完善其消防系统设施刻不容缓。目前，我国轨道交通建设规模越来越大，线路越来越多，系统综合应用越来越复杂，有的车站各条地铁交叉重叠，一旦发生火灾，极易酿成事故，这将对人民的生命财产带来极大的威胁，造成重大经济损失并产生严重的社会政治影响。

城市轨道交通的防灾报警在轨道交通自动化系统中占有特殊的地位，一方面它是轨道交通运营防灾救灾工作的关键环节；另一方面系统的建立必须满足国家和地方的消防规范，对轨道交通的防灾报警系统与其他系统的集成，必须满足有关规范的制约。

城市轨道交通的防灾报警系统是基于火灾报警系统（FAS）而建立的以火灾报警为主，并辅以水灾、地震等其他灾害的报警。因此，在轨道交通中的防灾报警系统仍沿用了火灾报警系统的英文简称 FAS。

二、地铁 FAS 的组成

地铁 FAS 主要由设置在各地铁车站、区间隧道、控制中心大楼、车辆段、停车场、主变电站等与地铁运营有关建筑与设施的 FAS 设备以及相关的网络设备和通信接口组成。系统分为三个级别：设置在 OCC 的中央监控管理级、车站（车站与车辆段）监控管理级、现场控制级。

（一）中央监控管理级

中央监控管理级设置在控制中心，作为地铁消防的指挥和控制中心，用于监视地铁全线各车站、区间隧道、控制中心大楼、车辆段、停车场、主变电站等下属所有区域的火灾报警、消防联动和故障情况。中央监控管理级在 OCC 配备防灾报警主机，FAS 主机由两套消防通信机（火灾报警控制器）和 OCC 两台互为热备用的 FAS 监控总站，即操作员工作站组成。FAS 主机一般通过专用网卡与整个系统 FAS 专网相连，并作为网络的一个结点与各防灾报警分机保持通信。中央监控管理级操作站需要设置打印机等外围设备。一般在 OCC 所设 FAS 大屏幕或模拟显示屏上，以图形的方式直观地显示全线各区域的火灾报警及故障信息，支持全线的防灾、救灾指挥。

（二）车站监控管理级和现场控制级

车站监控管理级和现场控制级由车站 FAS 分机（火灾报警控制器）、车站 FAS 操作员工作站、打印机、消防联动控制柜和现场的火灾探测器、控制及监视模块等组成。

车站控制室设 FAS 分机（火灾报警控制器），通过总线与现场设备相连组成所辖站点的 FAS，负责车站的火灾报警处理及联动控制，并通过 FAS 网络与其他车站的火灾报警控制器及控制中心操作工作站进行通信，报告火灾报警、系统故障、联动控制及各消防设备的运行状态等信息。

在车站控制室设置消防联动控制柜，用于消防泵（引入管电动蝶阀）、TVF 风机、UPE/OTE 风机、组合式空调箱、变风量空调器、回排风机（兼排烟风机）、小系统回排风机、送风机等火灾工况下运行的设备的直接手动控制。消防联动控制柜采用硬连线的方式直接连接所控制的消防设备的控制回路。

（三）FAS 专网

中央监控管理级的操作工作站与车站监控管理级的火灾报警控制器之间通过 FAS 专用网络接口组成 FAS 系统独立的环网。由于火灾报警控制器与中央操作工作站直接通信，不受其他系统网络负荷和设备故障的影响，此网络通信方式响应速度较快，安全可靠。

三、地铁 FAS 功能

地铁防灾报警系统的功能也分为中央级功能和车站级功能。

（一）FAS 中央级功能

FAS 中央级监控功能主要是监视地铁全线各车站、区间隧道、控制中心大楼、车辆段、停车场、主变电站等下属所有区域的火灾报警、消防联动和故障情况，在火灾发生时承担全线防灾指挥中心功能。下面分别进行介绍。

（1）通过火灾报警网络接收并存储全线消防设备运行状态信息，远程监视就地级消防设备的运行状态。主机通过显示画面和数据表格提供现场的监视信息，具有丰富的 HMI 画面，展现 FAS 的中央功能。

（2）接收全线车站、车辆段、主变电站、指挥中心的火灾报警信息并显示报警部位。

（3）控制中心声光报警系统发出声、光火灾警报信号。

（4）打印机实时打印出火灾报警系统发生的时间、地点、火灾类型等。

（5）通过控制中心的网络向EMCS发出火灾紧急信息，并指令EMCS进入火灾报警处理模式。

（6）通过闭路电视系统切换装置和显示终端确认火灾情况。当确认火灾发生后，在一定时间内如果现场火灾报警控制器还未做出反应，可在控制中心发出指令给站点火灾报警器，指挥现场的火灾抢救工作。

（7）存储记录的功能：存储事件记录和操作人员的各项操作记录。包括火警监视、故障状态、设备维修、清洗等信息记录。

（8）系统编辑功能。在线编辑功能：具有相当权限的维护人员通过工作站能添加系统设备或直接在现场编辑，自定义设备。通过系统提供的程序监控软件，在防灾报警主机上进行在线编辑并输出至打印机或磁盘等。离线编辑功能：现场设备的定义和参数修改可在办公室的PC上完成，经编译转换后，到现场通过电话线（下载）将程序发送到火灾报警控制机上。

（9）历史档案管理：将报警、事件等信息记录归档处理。操作人员可根据要求随时进行信息的查看和打印输出。

（10）网络自诊断功能：FAS主机具有网络自诊断功能，可及时判断网络故障的位置及原因，并按事件方式进行报警。

（11）主时钟：火灾报警系统每一瞬间间隔接收一次防灾指挥中心的主时钟信息，接收时间间隔随主时钟系统而定，并与该主时钟同步，其误差小于10ms。系统实时对各站点分控级的火灾报警控制器进行校对，以保证整个系统的时钟同步。当发生主时钟通信中断时，该主机内时钟发生器将继续保证火灾报警的正常计时工作。

（12）主机具有安全管理机制，设置多级口令，一般包括以下部分：

操作员级，可进行系统的正常操作功能；工程师级，可进行系统现场参数的定义；管理员级，可对系统进行运行状态检测和功能试验；维护保养级，程序检测和系统参数定义；编程员级，对系统进行程序开发、调试和修改，此级需得到授权才可实施。

（13）除以上功能外，FAS中央总站必须与其他子系统协调配合。

①与有线、无线电话系统的协调

防灾指挥中心设置了与市消防、防汛、地震预报中心等部门联系的专用外部电话。通过专用外部电话，接收市地震预报中心的预报信息，报告消防、防汛、地震情况。

防灾指挥中心设置与车站设备监控系统共用的调度电话总机，各车站（车辆段、停车场、主变电所）等设置调度分机。

防灾指挥中心、各车站设置与列车司机联系的无线电话。

②与广播系统配合

FAS系统不单独设置消防广播，与公共广播系统合用。有火灾时，在防灾指挥中心将广播系统强制转入消防广播状态。

③闭路电视监视系统

FAS系统与行车管理等共用一套闭路电视监视系统，在防灾指挥中心设置切换装置和显示终端，当地铁发生灾害时，切换为防灾监视。

（二）FAS 车站级功能

FAS 的车站级功能主要有监视、报警、控制以及与其他系统的联动等。

1. 监视模式

在正常情况下，设在各车站的防灾报警分机通过探测器和信号输入模块，对火灾状态和消防设备的运行状态进行实时监测。同时，FAS 系统对其系统内部的部件状态也进行实时监测。通过火灾报警网络连接的各控制器和信道网络也在进行自动监测。所有的监测信息都将传送到控制中心的消防监控工作站，并通过控制中心的综合监控网络形成实时信息，供整个综合监控系统共享。

消防监控工作站上的显示器以平面图的形式显示整个系统各站点内各防火分区、防烟分区的火灾探测器和消防设备的运行状态和火灾信息。设在各站点的火灾报警控制器接受探测器和监视模块的实时报警信号。

2. 报警模式

车站 FAS 报警有两种方式：自动确认模式和人工确认模式。自动确认模式：这一模式是通过智能探测器（感烟、感温等）或智能模块连接的探测器（感温电缆、红外对射式感烟探测器等）及感温光纤探测系统实现的。在自动确认模式下，通过软件功能对火灾自动确认强化了报警功能，提高了火灾报警的准确性。人工确认模式：当探测器发出火灾报警信号时，消防值班人员借助其他手段，如闭路电视、现场手动报警按钮、对讲电话等的报警信号进行火灾确认，通过控制器上的人工确认按钮，实施人工报警确认，启动控制器进入火灾处理程序。

3. 消防联动模式

系统在火灾确认后，除发出火灾声光报警，火灾信息显示、火灾打印记录等，还将进入消防联动模式。①通过监控模块实现对消防栓、自动喷洒灭火、气体灭火、防火卷帘门、声光报警器和警铃等消防设施的直接联动控制；②通过车站级局域网由相关系统实现对防排烟设施、空调系统、电梯扶梯、非消防电源、门禁、自动售检票、疏散诱导标志灯等消防设施和相关非消防设施间接控制；③接收监视、报警模式的监控信号，并通过地铁骨干网依次传送到防灾指挥中心。

4. 防灾通信模式

当灾害发生时，由 FAS 发出指令，全线转换为灾害模式。

车站级通过自动或手动的方式将广播、闭路监视系统强制转入防灾状态。车站级防灾控制室通过话筒或预定语音对所管辖车站进行防灾广播，通过显示终端可以非常直观地了解灾害区域状况，各级防灾广播、防灾监视都具有最高级优先权。

消防电话系统：各分控制级防灾控制室分别设置一套独立的消防电话网络，电话主机设在各防灾控制室内，重要设备间的电话挂机、火灾报警按钮旁的电话插孔均纳入分控制级的消防电话网络中。可用于实现对火灾的现场人工确认以及必要的通信。

5.防灾报警分机集成化功能

一般车站防灾报警分机选用联动型控制器，它可以根据用户的需要将监视、报警、联动控制以及紧急对讲通信集成为一体。同时在软、硬件方面都支持与相关系统的集成；而且防灾报警分机上设有手动确认开关，当有火灾发生时，操作员远程手动控制防灾报警分机执行所有的联动程序（包括气体喷放远程启动开关）。

6.防灾报警分机之间网络通信功能

防灾报警分机通过总线将现场设备联系起来，组成所辖站点的火灾报警子系统。各站点（OCC 大楼、车站、变电站、车辆段）内的火灾报警子系统负责所管辖区域内火灾报警信息的实时监测和消防设备的实时监控。

第七节　乘客信息系统

一、乘客信息系统组成与结构

现代城市轨道交通系统的运营管理越来越注重对乘客的服务，越来越以对人的服务为中心。为乘客服务的乘客信息系统（PIS）的建设尤其重要。

PIS 的基本概念是指地铁运营商采用成熟可靠的网络技术和多媒体传输、显示技术，在指定的时间，将指定的信息显示给指定的人群。

PIS 在正常情况下，可提供列车时间信息、政府公告、出行参考、股票信息、广告等实时多媒体信息；在火灾及阻塞等情况下，提供动态紧急疏散指示。PIS 为乘客提供上述各类信息，使乘客安全、高效地在地铁中行走，使地铁车辆高效、安全地运营。

（一）PIS 系统控制功能

从控制功能上分，PIS 系统可分为四个层次：信息源、中心播出控制层、车站播出控制层和车站播出设备。

（二）PIS系统结构

从结构上PIS系统可分为中心子系统、车站子系统、车载子系统、网络子系统、广告制作子系统。

I. 中心子系统

中心子系统主要负责外部信息流的采集、播出版式的编辑、视频流的转换、播出控制和对整个PIS系统设备工作状态的监控以及网络的管理。

中心子系统主要设备有中心服务器、视频流服务器、中心操作员工作站、中心网管工作站、播出控制工作站、数字电视（DVB-IP）设备、外部信号源和集成化软件系统等。整个控制中心设备构成了一个完整的播出和集中控制系统。同时，中心子系统还将提供多种与其他系统的接口。包括中心服务器、视频流服务器、中心操作员工作站、播出控制工作站、数字电视设备、网络设备。

2. 车站子系统

车站导乘子系统的主要构成为车站数据服务器、车站播控服务器、车站操作员工作站、屏幕显示控制器、网络系统和集成化软件系统等，车站子系统通过传输通道转播来自控制中心的实时信息，并在其基础上叠加本站的信息，如列车运行信息和各类个性化信息等。

所有这些设备分为控制和现场显示两部分：控制部分，包括车站服务器/车站播控站、车站操作员工作站、TS流解码器、PDP/LED控制器、外部系统接口、网络部分等；现场显示部分，包括所有的PDP屏和LED屏以及相应的显示控制器。

（1）车站服务器（或车站操作员站）

车站服务器上行与中心服务器同步播出时间表、版式和数据，下行则集中管理本站内的车站操作员站、所有显示控制器、终端显示设备。车站服务器集中管理控制整个车站的所有工作站、显示控制器和显示终端设备。车站服务器能从中心服务器、广告中心服务器接收控制命令，集中转发至站内的终端显示设备显示控制器，进行解释执行。

（2）PDP显示控制器

PDP显示控制器既可以控制单个PDP屏，也可以控制一组PDP屏。PDP显示控制器支持文本动画的显示、图像动画的显示、AVI影视文件的显示，各种常用格式文件的显示、网络视频流的显示、网页的显示、模拟时钟及数字时钟的显示。显示控制器支持动态分屏播放模式。屏幕的子窗口结构、布局配置、分辨率等能够根据时间表的预先设定，动态地改变。

（3）LED显示控制器

每个LED屏都配备一个独立的显示控制器，以实现每一终端显示设备能够可靠自主地显示独立指定的内容，并且能智能地处理各种异常情况。可实时播放视频节目，也可用来举行重要会议和发布重要信息。

（4）PDP 触摸屏显示控制器

PDP 触摸显示器控制车站播放的视频。不对屏进行触摸操作时，正常滚动显示来自车站服务器的信息；对屏触摸操作时，能实时互动地显示来自车站服务器的信息。

（5）PDP 显示屏

等离子（PDP）显示器由两片玻璃组成，其内部有接近一百万个像素。这些像素含有载满气体的微小蜂窝，而蜂窝顶部及底部均附有电极。有电流通过时，气体电离后产生紫外线从而激发红、绿及蓝色荧光粉，使其放射出可见光线，形成色彩鲜艳夺目的影像。

（6）LED 显示屏

LED 显示屏可用来显示文字、计算机屏幕同步的图形。它具有超大画面、超强视觉、灵活多变的显示方式等独具一格的优势，成为目前国际上使用广泛的显示系统，被广泛应用于金融证券、银行利率、商业广告、文化娱乐等方面。它色彩丰富、显示方式变化多样（图形、文字、三维及二维动画、电视画面等）、亮度高、寿命长，是信息传播设施划时代的产品。用于制造显示屏的发光二极管有单管、矩阵块、像素管三种规格，可以满足不同使用场合的要求。

3. 网络子系统

网络子系统是指地铁主干通信网提供给 PIS 系统的通道，该通道用来传输从 OCC 到各车站的各种数据信号和控制信号。

中心局域网、广告中心局域网、车站局域网都是通过网络交换机连接本局域网内的各种设备，再由交换机经硬件防火墙设备连接至传输网上。

4. 广告制作子系统

PIS 的广告子系统设置在地铁大厦中。广告子系统主要提供直观方便的用户界面，供业务人员 / 广告制作人员制作广告节目，编辑广告时间表，控制指定的显示屏或显示屏组播放显示指定的时间表，并将制作好的素材经审核通过后通过网络传输到控制中心和各车站进行播出。

广告制作子系统主要包括：图像存储服务器（可无限扩容）、非线性编辑设备（用于节目的串编）、视频合成工作站（用于高端广告片、形象片的制作）、数字编辑录像机、数字编辑放像机、数字 / 模拟摄像机、网络系统、合同管理软件系统和屏幕编辑预览系统等。

5. 车载子系统

PIS 的车载子系统是指车辆段、地铁沿线、列车上的 PIS 设备。主要包括车辆段 PIS 监控站、车辆段和车站 PIS 数字视频发送设备、无线集群通信系统（通信专业提供）、车载 PIS 数字视频接收设备、车载 LCD/LED 显示控制器。

目前，已经应用的 PIS 车载系统获取信息的来源通常有三种方法：一是在列车上播放预先录制节目的 DVD 光盘，主要是广告信息；二是在固定的地点（如车辆段）通过有线或无线的方式向列车传输信息，行驶过程中列车 PIS 系统可播放这些信息；三是通过车载无线集群系统向列车传送信息，该方式可保证信息的实时性，如天气预报、文字新闻、其他信息等。

二、PIS 系统功能

（一）地铁 PIS 系统总体功能

PIS 系统在正常情况下，提供列车时间信息、政府公告、出行参考、股票信息、广告等实时多媒体信息；在火灾、阻塞、恐怖袭击等情况下，提供紧急疏散指示。具体功能有：紧急疏散功能；广告播出功能；多区域屏幕分割功能；实时信息的显示功能；时钟显示的功能；终端显示屏的广泛兼容性；定时自动播出的功能；多语言支持功能；显示列车服务信息；集中网管维护功能；全数字传输功能；广播级的图像质量；灵活多样的显示功能。

（二）系统支持的信息类型

1. 紧急灾难信息

火警、台风警报、洪水警报等；紧急站务警告信息，如停电、停止服务等；有关乘客人身安全的临时信息，如乘车安全须知；逃逸、疏散方向指示，如紧急出口的指示。

2. 列车服务信息

列车时刻表；列车阻塞等异常信息；下班车的到站、离站时间；特别的列车服务安排信息。

3. 乘客引导信息

动态指示信息；逃逸、疏散方向指示；地铁服务终止通告；换乘站换乘信息；地面交通指示信息。

4. 一般站务信息和公共服务信息

日期和时钟信息；票务信息；公益广告信息；天气、新闻、股市等信息；地面公共交通汽车、交通信息；公安提示。

5. 商业信息

视频商业广告；视频形象宣传片；图片商业广告；文字商业广告；各类分类广告。

（三）信息显示的优先级

地铁乘客信息系统建设的根本目的是确保乘客快速安全地到达其目的地，在保证安全运营的基础上，可以向乘客提供各类信息服务，以及通过乘客信息系统提供的信息发布平台进行商业广告的运作。按照要求，信息显示的优先级规则为信息类型的优先级按照如下顺序递减：紧急灾难信息、列车服务信息、乘客引导信息、一般站务信息及公共信息、商业信息。规定：低优先级的信息不能打断高优先级信息的播出；高优先级的信息可以中断低优先级信息的播出；同等优先级的信息按设定的时间播出列表顺序播出；紧急灾难信息为最高优先级信息，发生紧急情况时可终止和中断其他所有优先等级的信息。

（四）媒体信息的显示方式

乘客信息系统采用了先进的图文处理技术，支持多种文字、图片、视频的显示方式，画面显示风格多样，同时支持同屏幕多区域的信息显示方式，极大地增加了各类信息的播出量，满足了不同乘客对不同信息的需求。显示方式有文本显示、动画和图像显示、视频播放、时钟显示。

第八节　低压配电与照明系统

一、地铁供电系统概述

地铁供电系统是地铁的动力能源，负责为地铁列车和动力照明负荷提供电源。它不仅要保证为电力用户提供安全、可靠、经济的电能，还要保证地铁的安全、正常运营，防止各类电气事故和灾害的发生。从系统组成上一般包括电源系统、牵引供电系统、动力照明系统和电力监控系统等。

二、低压配电及照明系统的组成及功能

低压配电及照明系统可分为照明和低压配电两个子系统。

（一）照明系统组成

车站照明系统采用380V三相五线制、220V单相三线制方式供电。系统范围为车站降压所变压器后的照明设备、设施及线路。大致包括站台、站厅公共区的一般照明、节电照明（包括站名牌标示照明）、事故照明（包括疏散诱导指示照明）、广告照明和设备及管理用房的一般照明、事故照明；出入口的疏散诱导指示照明、一般照明与事故照明；电缆

廊道的一般照明及区间隧道的一般照明、事故照明。

原则上在车站站台、站厅的两端各设置一照明配电室，室内集中安装各类照明配电控制箱。在站台两端各设置一事故照明装置室，室内安装一套事故照明装置。一般照明、节电照明、设备及管理用房照明的电源，分别在降压所的低压柜两段母线上各馈出一路电源，与照明配电室的两个配电箱连接，以交叉供电方式，向站台、站厅、设备及管理用房供电。事故照明电源是由低压所的低压柜两段母线上各馈出一路电源，经事故照明装置再馈出至各照明配电室的事故照明配电箱后配出。站台、站厅及人行通道的疏散诱导指示照明由事故照明配电箱配出单独回路供电。广告照明及其他各类照明（区间隧道一般照明除外）也均由照明配电室配电箱配出。区间隧道一般照明由设在站台两端隧道入口处区间隧道一般照明箱配出。

事故照明及疏散诱导指示照明，正常时采用 380V/220V 交流电源供电，由两路 380V/220V 交流电源自降压所的低压配电柜两段母线上，各馈出一路电源至事故照明装置后配出。事故照明装置带有蓄电池，当进线交流电源失压后，装置电源切换柜自动切换为供电，蓄电池将直流电逆变为交流电后为设备供电；当进线恢复供电后，又自动切换为交流电源向外供电。

车站照明系统可分为三级控制：就地级控制、照明配电室集中控制、站控室集中控制。

（二）低压配电系统组成

车站低压配电系统采用 380V 三相五线制、220V 单相三线制方式供电。它为站台站厅和设备及管理用房的环控排水，消防电梯，自动扶梯自动售检票及通信，信号等系统设备供配电，并对车站环控室内供配电设备进行电控控制。

根据用电设备的不同用途和重要性，车站用电负荷分为三级。一级负荷：包括通信系统、信号系统、火灾报警系统、气体灭火系统、机电设备监控系统、屏蔽门、消防泵、废水泵、雨水泵、防淹门、站控室、事故风机及其风阀等；二级负荷：包括非事故类风机及风阀、污水泵、集水泵、扶梯、电梯、轮椅牵引机、自动售检票设备、民用通信电源、维护电源及冷水机组油加热器等；三级负荷：包括冷水机组、冷冻水泵、冷却水泵、冷却塔风机、电开水器、清扫电源等。

低压配电系统的控制位置及控制方式有以下几方面，分别为：

第一，对通信、信号、站控室、废水泵、电梯、自动扶梯等由降压所直接供配电的各系统设备，低压配电系统提供电源至各设备附近的配电箱或电源切换箱，工作人员可在降压所或设备附近的配电箱或电源切换箱上对各设备做电源通断或切换操作控制。

第二，对冷水机组及 FAS 系统相关设备（如风阀、防火阀、防火卷帘门、挡烟垂幕、CO_2 系统等）及 EMCS 系统、AFC 系统等由环控电控室直接供配电的设备，低压配电系统提供电源至各设备附近的配电箱或电源切换箱，工作人员可在环控电控室或设备附近的配电箱或电源切换箱上对该设备做电源通断或切换操作控制。

第三，对环控电控室直接控制的环控设备（如空调机、风机等），采用三地控制方式，即就地控制（设备附近）、环控电控室控制及站控室控制（通过 EMCS 系统控制）。

第四，自动扶梯正常时由现场控制，事故状态下可在站控室内按动应急停机按钮停止所有自动扶梯运行。

（三）系统主要设备配置及功能

1. 环控电控柜（开关柜、控制柜、继电器柜）

安装于车站环控电控室内，提供环控电控室直接供配电设备所需的电源，实现环控设备的电气控制及距离操作控制。

2. 环控设备就地控制箱

安装于车站各环控设备附近，用于维护调试各环控设备时的就地控制操作。

3. 防淹门控制柜

安装于过江隧道两端防淹门控制室及车站站控室，用于防淹门的操作控制。

4. 雨水泵控制柜

安装于地下隧道入口处雨水泵控制室内，用于地下隧道入口处雨水泵运行控制。

5. 废水泵、污水泵、集水泵控制箱

安装于车站废水泵、污水泵、集水泵用电设备附近，用于废水泵、污水泵、集水泵运行控制。

6. 区间隧道维护电源箱

安装于正线区间隧道内，约 80m 设 1 台，提供隧道内设备维护作业时所需的电源。

7. 电源配电箱、电源切换箱

安装于车站各动力用电设备（如自动扶梯、水泵、信号设备、通信设备、自动售检票设备）附近，提供设备所需电源。

8. 防火阀（DC24V）电源配电箱

安装于车站防火阀相对集中处附近，将 AC220V 整流为 DC24V 电源，提供给防火阀关闭电磁阀动作所需电源。

9. 自动扶梯应急停机按钮

安装于车站站控室内，用于在发生紧急状况（如火灾）时自动扶梯应急停机控制。

10. 灯具、照明电源

安装于车站各照明场所，用于车站各照明场所照明、疏散指示。

11. 灯塔

安装于车辆段内，用于车辆段内空旷区域照明。

12. 一般照明控制就地开关（翘板开关）盒

安装于各设备及管理用房门口处，用于各设备及管理用房一般照明就地控制。

13. 照明配电箱、照明控制盘

安装于各车站照明配电室、站控室和部分设备房，用于集中控制相应场所的一般照明、节电照明、事故照明及广告照明，实现照明配电室集中控制和站控室集中控制操作。

14. 事故照明电源装置

包括充电柜、交直流电源切换柜和蓄电池，安装于车站站台蓄电池室，实现蓄电池充电和事故照明电源交直流切换，为车站提供事故状态下的应急照明电源。

第五章 列车自动控制系统

列车自动控制系统（ATC 系统）是城市轨道交通信号系统最重要的组成部分，它实现行车指挥和列车运行自动化，能最大限度地保证列车运行安全，提高运输效率，减轻运营人员的劳动强度，发挥城市轨道交通的通过能力。ATC 系统的技术含量高，运用了许多当代重要的科技成果。

第一节 ATC系统综述

一、ATC 系统的组成和功能

ATC 系统包括三个子系统：ATP 系统、ATO 系统、ATS 系统。

ATC 系统包括两个原理功能：ATS 功能、ATP/ATO 功能。

ATS 系统可自动或由人工控制线路，以及向行车调度员和外部系统提供信息。ATS 功能在正常运营时主要由位于控制中心（OCC）内的设备实现。

ATP/ATO 功能在联锁功能的约束下，根据 ATS 系统的要求实现列车运行的控制。ATP/ATO功能有三个子功能：ATP/ATO轨旁功能、ATP/ATO传输功能和ATP/ATO车载功能。ATP/ATO 轨旁功能负责列车间隔计算和授权报文生成。ATP/ATO 传输功能负责发送信号，包括报文和 ATC 车载设备所需的其他数据。ATP/ATO 车载功能负责列车的安全运营、安全速度曲线计算、列车自动驾驶及给信号系统和司机提供接口。

二、不同闭塞制式的 ATC 系统

按闭塞制式，ATC 系统可分为：固定闭塞式 ATC 系统、准移动闭塞式 ATC 系统和移动闭塞式 ATC 系统。

（一）固定闭塞式 ATC 系统

固定闭塞式 ATC 系统将线路划分为固定的区段，不论前、后列车的位置还是前、后

列车的间距，都用固定的地面设备（如轨道电路等）检测和表示。线路条件和列车参数等均需在设计过程中加以考虑，并体现在地面固定区段的划分中。

由于列车定位以固定区段为单位（系统只知道列车在哪个区段中，而不知道在区段中的具体位置），所以固定闭塞式 ATC 系统的速度控制模式必然是分级的，即台阶式的。在这种制式的 ATC 系统中，需要向被控列车"安全"传送的只是代表有限个速度级的速度码。

固定闭塞式 ATC 系统无法满足提高系统能力、安全性和互用性的要求。

传统 ATP 系统的传输方式采用固定闭塞制式，通过轨道电路判别闭塞分区占用情况，并传输信息码，需要大量的轨旁设备，维护工作量较大。此外，采用固定闭塞制式还存在以下缺点：①轨道电路工作稳定性易受环境影响，如道砟阻抗变化、牵引回流干扰等；②轨道电路传输信息量小。要想在固定闭塞制式下增加信息量，只能通过提高信息传输的频率。但是如果传输频率过高，钢轨的集肤效应会导致信号的衰耗增大，从而导致传输距离缩短；③利用轨道电路无法实现车对地的信息传输；④固定闭塞的闭塞分区长度是按最长列车、满负载、最高速度、最不利制动率等不利条件设计的，分区较长，且一个分区只能被一列列车占用，不利于缩短列车运行间隔；⑤固定闭塞式 ATC 系统无法知道列车在分区内的具体位置，因此列车制动的起点和终点总在某一分区的边界。为充分保证安全，必须在两列车间增加一个防护区段，这使得列车间的安全间隔较大，影响了线路的使用效率。

（二）准移动闭塞式 ATC 系统

准移动闭塞也可称为半固定闭塞，它预先设定列车的安全追踪间隔距离，根据前方目标状态设定列车的可行车距离和运行速度，是介于固定闭塞和移动闭塞之间的一种闭塞制式。

准移动闭塞式 ATC 系统对前、后列车的定位方式是不同的。前行列车的定位仍沿用固定闭塞制式，而后续列车的定位则采用连续的（或称为移动的）方式。为了提高后续列车的定位精度，目前各系统均在地面每隔一段距离设置一个定位标志（可以是轨道电路的分界点或信标等），列车通过时提供绝对位置信息。在相邻定位标志之间，列车的相对位置由安装在列车上的轮轴转数累计连续测得。

由于准移动闭塞式 ATC 系统同时采用移动和固定两种定位方式，所以它的速度控制模式必然既具有无级（连续）的特点，又具有分级（台阶）的性质。若前行列车不动而后续列车前进，其最大允许速度是连续变化的；而当前行列车前进，其尾部驶过固定区段的分界点时，后续列车的最大速度将按"台阶"跳跃上升。

由于准移动闭塞制式兼有移动和固定的特性，与"固定"性质相对应的设备必须在工程设计和施工阶段完成，而被控列车的位置是由列车自行实时（移动）测定的，所以其最大允许速度的计算最终只能在车上实现。

为了使后续列车能够根据自身测定的位置实时计算其最大允许速度，必须用报文向其提供前方线路的各种参数及前行列车处在哪个区段上的信息。所以从信息传输的角度来说，设有地对车单向安全数据通信是准移动闭塞式 ATC 系统的基本技术特征。

准移动闭塞式 ATC 系统在控制列车的安全间隔上比固定闭塞式 ATC 系统进了一步。它通过采用报文式轨道电路辅之环线或应答器来判断分区占用并传输信息，信息量大；可以告知后续列车继续前行的距离，后续列车可根据这一距离合理地采取减速或制动，列车制动的起点可延伸至保证其安全制动的地点，从而可改善列车速度控制，缩小列车安全间隔，提高线路利用效率。但准移动闭塞式 ATC 系统中后续列车的最大目标制动点仍必须在先行列车占用分区的外方，因此它并没有完全突破轨道电路的限制。

（三）移动闭塞式 ATC 系统

移动闭塞可解释为列车安全追踪间隔距离不预先设定，而随列车的移动不断移动并变化的闭塞方式。

1. 移动闭塞的基本概念

移动闭塞的特点是前、后两列车都采用移动式的定位方式。在准移动闭塞中，前行列车本身也具有移动定位的能力，只是因为没有将列车本身定位的结果传给地面，所以不能供后续列车使用。也就是说，在准移动闭塞的基础上，只要增设车对地的安全数据通信，将前行列车的移动定位信息安全地经由地面传给后续列车，便能构成移动闭塞。

移动闭塞可借助感应环线或无线通信的方式实现。早期的移动闭塞系统采用基于感应环线的技术，即通过在轨间布置感应环线来定位列车和实现车载计算机与车辆控制中心之间的连续通信。而现今，移动闭塞系统均采用无线通信系统实现各子系统间的通信，构成基于无线通信技术的移动闭塞。

2. 移动闭塞式 ATC 系统的特点

移动闭塞式 ATC 系统具有如下特点：①线路没有固定划分的闭塞分区，列车间隔是动态的，并随前一列车的移动而移动；②列车间隔是按后续列车在当前速度下所需的制动距离加上安全余量计算和控制的，确保不追尾；③制动的起点和终点是动态的，轨旁设备的数量与列车运行间隔关系不大；④可实现较小的列车运行间隔；⑤采用地一车双向传输，信息量大，易于实现无人驾驶。

3. 移动闭塞式 ATC 系统的技术优势

移动闭塞是一种新型的闭塞制式，它克服了固定闭塞的缺点。基于无线通信的列车控制则是实现这种闭塞制式的最主要技术手段。采用这种方法以后，实现了车 - 地间双向、大容量的信息传输，达到连续通信的目的，在真正意义上实现了列车运行的闭环控制。当列车和车站建立通信后，区域控制器就能得知区域内所有列车的位置，能够提供连续的列车安全间隔保证和超速防护功能，在列车控制中具有更好的精确性和更大的灵活性，并能更快地检测到故障点。而且，移动闭塞式 ATC 系统可以根据列车的实际速度和相对速度来调整闭塞分区的长度，尽可能缩小列车运行间隔，提高行车密度，进而提高运输能力。此外，这种系统与传统系统相比将大大减少沿线设备，车载设备和轨旁设备的安装也相对容易，维修方便，有利于降低运营成本。

移动闭塞式 ATC 系统通过列车与地面间连续的双向通信提供连续测量本车与前车距离的方法，实时提供列车的位置、速度及加速度等信息，动态地控制列车运行速度。相比于准移动闭塞和固定闭塞制式，移动闭塞制式下后续列车的最大制动目标点更靠近先行列车，因此可以缩小列车运行间隔，有条件实现"小编组，高密度"，从而使系统可以在满足同等客运需求条件下减少乘客候车时间，缩小站台宽度和空间，降低基建投资。

移动闭塞式 ATC 系统采用模块化设计，核心部分均通过软件实现，使系统硬件数量大大减少，可节省维护费用。

移动闭塞式 ATC 系统的安全计算机一般采取三取二或二乘二取二的冗余配置，系统通过故障—安全原则对软、硬件及系统进行量化和认证，可保证系统的可靠性、安全性和可用度。

移动闭塞式 ATC 系统还常常和无人驾驶联系在一起，两者的结合能够避免司机的误操作或延误，获得更高的效率。

无线移动闭塞式 ATC 系统的数据通信系统对所有子系统透明，对通信数据的安全加密和接入防护等措施可保证数据通信的安全。由于采取了开放的国际标准，可实现子系统间逻辑接口的标准化，从而有可能实现路网的互联互通。采取开放式的国际标准也使国内厂商可从部分部件的国产化着手，逐步实现整个系统的国产化。

三、不同结构的 ATC 系统

按地面信息的传输方式，ATC 系统分为点式 ATC 系统和连续式 ATC 系统两种。

（一）点式 ATC 系统

点式 ATC 系统因其主要功能是实现列车超速防护，所以又称为点式 ATP 系统。它点式传递信息，用车载计算机进行信息处理。

点式 ATC 系统的主要优点是采用有源、高信息容量的地面应答器，结构简单，安装灵活，可靠性高，价格明显低于连续式 ATC 系统。

点式 ATC 系统难以应对列车密度大的情况，如后续列车驶过地面应答器时，因前方区段有车，它算出的速度曲线是一条制动曲线，后续列车驶过后，尽管前行列车已驶离，但后续列车已驶过地面应答器，得不到新的信息只能减速运行，直到抵达运行前方的地面应答器才能加速。

I. 点式 ATC 系统的基本结构

点式 ATC 系统由车载设备和地面设备组成，主要包括地面应答器、地面电子单元（LEU，又称为信号接口）及车载设备。

（1）地面应答器

地面应答器通常设置在信号机旁或者设置在一段需要降速的缓行区段的始、终端。

当列车驶过地面应答器且车载应答器与地面应答器对准时，车载应答器首先以一定的频率通过电磁感应方式将能量传递给地面应答器，地面应答器的内部电路在接收到来自车上的能量后即开始工作，将所存储的数据以某种调制方式（通常用频移键控方式）仍通过电磁感应方式传送至车上。

（2）LEU

LEU是地面应答器与信号机之间的电子接口设备，其任务是将不同的信号显示转换为约定的数码形式。LEU内有一块电子印制板，可根据不同类型的输入电流输出不同的数码。

（3）车载设备

车载设备由车载应答器，测速传感器，中央处理单元，驾驶台上的显示、操作与记录装置等部分组成。

车载应答器完成车—地的耦合联系，将能量送至地面应答器，接收地面应答器所储存的数据并传送至中央处理单元。

测速传感器通常装在轮轴上，根据每分钟车轮的转数与车轮直径在中央处理单元内换算成列车目前的速度。

中央处理单元的核心是安全计算机，它负责对所接收到的数据进行加工处理，形成列车当前允许的最大速度，并将此最大允许速度值与列车的现有速度值进行比较，以决定是否给出启动常用制动乃至紧急制动的信息。从车载应答器传向地面应答器的高频电磁能量也是由它产生的。

2. 点式 ATC 系统的基本原理

点式 ATC 系统的车载设备接收信号点或标志点的应答器信息，还接收列车速度和制动压力信息，输出控制命令和向司机显示。地面应答器向列车传送每一信号点的允许速度、目标速度、目标距离、线路坡度、信号机号码等信息。

3. 地—车应答器之间的数据传递

地—车应答器之间的数据传递是一种按协议的串行数码传输方式，电码以频移键控方式传送。

点式 ATC 系统的主要缺点是信息传递的不连续性，这有时会对列车运行造成不利影响。

（二）连续式 ATC 系统

按地—车信息传输所用的媒体分类，连续式 ATC 系统可分为有线与无线两大类，前者又可分为利用轨间电缆与利用数字编码音频轨道电路两类。按自动闭塞的性质分类，连续式 ATC 系统可以分为移动闭塞、准移动闭塞和固定闭塞三类。按地 - 车之间的传输方式分类，连续式 ATC 系统分为基于轨道电路的连续式 ATC 系统和基于通信的连续式 ATC 系统，后者简称为 CBTC 系统。基于轨道电路的连续式 ATC 系统按所传输信息内容分类，分为速度码系统与距离码系统。CBTC 系统按传输方式分类，分为基于感应通信的 CBTC 系统和基于无线通信的 CBTC 系统。

l. 基于轨道电路的连续式 ATC 系统

ATC 系统有速度码系统和距离码系统两种。不论是速度码系统还是距离码系统，都采用轨道电路作为传输信息的通道，完成列车占用检测和发送 ATP 信息。

（1）速度码系统

速度码系统通常使用频分制方法，采用的是移频轨道电路，即用不同的低频频率来代表不同的允许速度。系统根据前行列车的位置向轨道电路发送相应的低频频率，车上的应答器接收到该低频频率，经译解得知当前的允许速度，与测速传感器测得的实际运行速度进行比较，决定是否采取制动措施。

这类制式在信息传递与车上信息处理方面比较简单，从地面传递给列车的允许速度（限速值）是阶梯分级的，只能构成固定闭塞。这对平稳驾驶、节能运行及提高行车效率都是非常不利的。因此，速度码系统已被能实时计算限速值的距离码系统所取代。

（2）距离码系统

距离码系统从地面传至车上的是前方目标点的距离等一系列基本数据，车载计算机根据地面传至车上的各种信息（包括区间的最大限速、目标点的距离、目标点的允许速度、区间线路的坡度等）及储存在车载单元内的列车自身的固有数据（如列车长度、常用制动及紧急制动的制动率、测速、测距信息等）实时计算出允许速度曲线，并按此曲线对列车的实际运行速度进行监控。

由于信息电码的多样性和复杂性，距离码系统必须使用时分制数字电码方式，按协议来组成各种信息。距离码系统采用数字编码音频轨道电路，曾是使用广泛的 ATC 系统，我国大多数城市轨道交通的 ATC 系统一度采用这种系统。

由于数据传输、实时计算及列车车速监控都是连续的，所以速度监控是实时、无级的，可以有效地实现平稳驾驶与节能运行，构成准移动闭塞。

但是，钢轨不是一种理想的信息传输通道，铁质材料对音频信号的衰耗很大，集肤效应非常明显，限制了轨道电路的有效长度。此外，钢轨之间的漏泄、轮轨之间的接触电阻等因素均会影响轨道电路的性能，通过轨道电路传输难以实现列车与地面间的大容量信息交换。然而，权衡性能、价格、安全可靠与可用性等诸方面的因素，用数字编码音频轨道电路构成的连续式 ATC 系统在城市轨道交通中仍有广泛的应用。

2.CBTC 系统

（1）基于感应通信的 CBTC 系统

基于感应通信的 CBTC 系统利用轨间铺设的电缆传输信息。控制中心储存线路的固定数据，包括区间线路坡度、弯道、缓行区段的位置及长度等。沿线的信号显示、道岔位置等信息经联锁设备传送至控制中心，列车将其数据如载重量、列车长度、制动率、所在位置、实际速度等经电缆传给控制中心。控制中心的计算机根据这些数据计算出该时刻的列车允许速度，此速度值经电缆传送给运行在线路上的相应列车，列车获得此速度值并对列车速度进行监控。采用这种方式可统一指挥全部列车运行，遇有发生行车晚点或其他障碍，可迅速地将行车命令传给列车，但一旦控制中心发生故障则全线瘫痪。此时可采用另一种控制方式，即控制中心将有关信息（线路坡度、缓行区段位置、目标距离或目标速度等）通过电缆送至列车，由车载计算机计算其允许速度。

基于感应通信的 CBTC 系统的信息传递的连续性是以昂贵的轨间电缆为代价的，维修费用也高，而且轨间电缆的存在给线路养护工作带来了不便，因此这种 CBTC 系统很少被采用。

（2）基于无线通信的 CBTC 系统

基于无线通信的 CBTC 系统利用无线通信的方式传输信息。无线通信的方式有波导、自由波、LTE-M 等。地面编码器生成编码信息，通过无线向车上发送。信号显示控制接口负责检测要发送的信号显示，并从已编程的数据中选出有用数据送编码器，同时选出与限制速度、坡度、距离等有关的轨道数据。编码器用高安全度的代码将这些数据编码，经过载波调制，馈送至无线通道向列车发送。车上接收设备接收限制速度、坡度、距离后，由车载计算机计算出目标速度，对列车进行监控。

用无线通道实现地—车数据传输的 CBTC 系统才是真正意义上的移动闭塞，被认为是最先进的 ATC 系统。目前，已广泛应用基于无线通信的 CBTC 系统。

四、ATC 系统的选用

（一）ATC 系统的水平等级

为确保行车安全和线路最大通过能力，根据国内外的运营经验，一般最大通过能力小于 30 对 /h 的线路宜采用 ATS 和 ATP 系统，实现行车指挥自动化及列车的超速防护。最大通过能力大于 30 对 /h 的线路应采用完整的 ATC 系统，实现行车指挥和列车运行自动化。

ATO 系统对节能、规范运行秩序、实现运行调整、提高运行效率等具有重要的作用，但不同的信号系统设或不设 ATO 系统会使运营费用差异较大，不过即使是通过能力为 30 对 /h 的线路，有条件时也可选用 ATO 系统。

根据运营需要，信号系统还应满足最大通过能力为 40 对 /h 的总体要求。

对城市轨道交通，通过能力的发挥往往受制于折返能力，而折返能力与线路条件、车辆状态、信号系统水平等因素有关。因此，通过能力要求较高时，折返能力需与之相适应，因此必须对上述因素进行综合研究、设计。

（二）ATC 系统的可用性

ATC 系统应满足本系统设备和通信、供电等相关系统设备发生故障的特殊条件下安全行车的需要。ATC 系统应能降级运用，实现故障弱化处理，满足故障复原的需要。

信号系统降级运用是指系统由自动控制降级为人工控制，由遥控变为局控，由实现全部功能降级至仅完成部分功能等。对某些 ATC 系统，可能存在因系统设备故障而失去列车位置检测并可能波及较大运营范围，若系统无后备的列车位置检测及后备模式，将不利于系统发生故障时的安全行车和故障后运营的恢复，因此类似的系统可考虑深层次的系统后备运行方式，包括投入后备系统的运用模式。后备模式及其具体要求应根据用户需要及系统设备的可靠性、可用性和安全性等因素确定。

车载 ATC 系统的设计指标具有非常高的可靠性和可用性要求。如果列车自动驾驶发生故障，ATP 系统仍能对列车进行保护。此时列车应在"受保护的人工驾驶模式"下行驶，即由司机来执行驾驶功能，ATP 系统能进行全面保护。如果所有的子系统都发生故障，虽然这种概率极小，如 ATP 信息丢失、轨道电路故障或其他模式都失灵，还有一种模式可用，即"受限人工驾驶模式"。此时，由司机在没有信号提示的情况下进行驾驶，但受到速度的限制，一般是在 15 ~ 20km/h。一旦超过这一限制，就会自动实施紧急制动，导致列车停车。在某些特定的情况下，有可能完全绕过 ATP 系统，以"不受限人工驾驶模式"进行驾驶，不过此时司机必须对行车完全负责。

ATP 和 ATO 系统的主控器中有结构配置数据，能确定驾驶模式转换的条件。例如，在遵循一定速限的条件下，列车行驶时可以由"受保护的人工驾驶模式"切换到"受限人工驾驶模式"，但是不可以从"自动驾驶模式"切换到"受限人工驾驶模式"。

当列车处在自动驾驶模式下，车载 ATO 系统运用牵引和制动控制将列车从一个车站驶向另一个车站。

ATO 系统地面设备与 ATS 系统通信，ATS 系统更新与每个站间运行有关的信息，以便满足时刻表的要求。

（三）ATC 系统的设计能力

ATC 系统的设计能力应符合下列规定：① ATC 系统对车站、车辆段等的监控范围应按线路和站场所确定的建设规模设计，系统监控能力应与线路远期条件相适应；② ATC 系统监控和管理的最少列车数量按远期配属列车数量计，新线设计时，车载信号设备实际配备数量按初期或近期配属列车数量计；③列车通过能力宜按远期设计，折返能力必须适应远期运营要求。

ATC 系统应能与通信、电力监控、防灾报警和环境监控等其他专业系统接口。当配置综合自动化系统时，ATC 系统应能与其接口或纳入综合自动化系统。

信号系统的寿命周期为 15 ~ 20 年，列车通过能力按远期设计有利于列车运行调整。信号系统采用基于轨道电路的 ATC 系统时，其闭塞分区的划分按近期设计可以节省部分初期建设费用。

（四）ATC 系统的选用原则

按下列原则选用 ATC 系统。

第一，ATC 系统应采用安全、可靠、成熟、先进的技术装备，具有较高的性价比。

第二，城市轨道交通运营线路宜采用准移动闭塞式 ATC 系统或移动闭塞式 ATC 系统，也可以采用固定闭塞式 ATC 系统。因为城市轨道交通具有客流量大、行车密度高的特点，而准移动闭塞式和移动闭塞式 ATC 系统可以实现较大的通过能力，对客运量变化具有较强的适应性，可以提高线路利用率，具有高效运行、节能等作用，并且控制模式与列车运行特性相近，能较好地适应不同列车的技术状态，其技术水平较高，具有较大的发展前景。虽然固定闭塞式 ATC 系统技术水平相对较低，但由于可满足 2min 通过能力的行车要求，且价格相对低廉，因此也宜选用。根据实际情况，因地制宜选择不同制式的 ATC 系统是完全必要的。

第三，ATC 系统构成水平的选择按前述原则执行。

五、ATC 系统的运用模式

ATC 系统应包括下列控制等级：控制中心自动控制模式、控制中心自动控制时的人工介入控制、车站自动控制模式、车站人工控制模式。

每种模式说明了操作对给定车站和归属控制地段中的列车运行所采取的控制等级，然而一列列车在同一时间只能处于一种模式。

以上控制等级应遵循的原则是：车站人工控制模式优先于控制中心自动控制时的人工介入控制模式，控制中心自动控制时的人工介入控制模式优先于控制中心自动控制模式或车站自动控制模式。

（一）控制中心自动控制模式（CA 模式）

在 CA 模式下，列车进路命令由 ATS 进路自动设定系统发出，其信息来源是时刻表及列车运行自动调整系统。控制中心调度员可以对列车运行自动调整系统进行人工干预，使列车运行按调度员意图进行。

（二）控制中心自动控制时的人工介入控制模式（CM 模式）

在控制中心自动控制时，控制中心调度员也可关闭某个联锁区或某个联锁区内部分信号机或某一指定列车的自动进路设定，直接在控制中心的工作站上对列车进路进行控制，在关闭联锁区自动进路设定时，控制中心调度员可发出命令，利用联锁设备自动进路控制功能，随着前行列车的运行，自动排列一条后续列车的固定进路。在自动进路控制功能出现故障的情况下，调度员可以人工设置进路。

在 CM 模式中，车站的人工控制转到 ATS 系统。一旦车站工作于该模式，则由 ATS 系统启动控制而不由车站控制计算机启动控制。然而，车站控制计算机继续接收表示，更新显示和采集数据。

（三）车站自动控制模式

在控制中心设备发生故障或通信线路发生故障时，控制中心将无法对联锁车站的远程控制终端进行控制，此时将自动进入列车自动监控后备模式，由列车上的车次号发送系统发出的带列车去向的车次信息远程控制终端自动产生进路命令，由联锁系统自动设定进路，即随着列车运行，自动排列一条固定进路。

（四）车站人工控制模式

当 ATS 系统因故不能设置进路（不论人工方式还是自动进路方式），或由于某种运营上的需要而不能由控制中心控制时，可改为本地操作模式，在本地操作员工作站上人工排列进路。

车站自动控制模式和车站人工控制模式也可合称车站控制模式（LC 模式）。当车站工作于 LC 模式时，不能由 ATS 系统启动控制。然而，ATS 系统将继续收到表示、更新显示和采集数据。对车站控制计算机而言，这是唯一可用的控制模式。

（五）控制模式间的转换

1.转换至车站操作

只有当控制中心 ATS 系统释放控制权限后，才能转换到车站操作模式。因此，所有转换操作只能由车站值班员有效实施。当转换模式时，不用考虑特别检查联锁条件，自动运行功能不受影响。即使转换至车站操作，联锁显示还应该传输至控制中心 ATS 系统，仅由车站操作站的打印机执行对显示和命令的记录。

2.强制转换至车站操作

控制中心 ATS 系统没有释放控制权限时，也可以转换至车站操作。通过一个已经登记的强行转换操作可以转换至车站操作，并且联锁系统的所有转换操作仅能由车站值班员来执行。

3.转换至控制中心 ATS 系统操作

只有当车站操作已经发出释放的命令时才能转换到控制中心 ATS 系统操作，然后控制中心 ATS 系统对此加以确认。因此，所有转换操作只能由控制中心操作员有效实施。在这种情况下，只有正常的转换操作才能被接受。随着转换至控制中心 ATS 系统操作，控制中心 ATS 系统可以执行所有允许的操作。但是只有车站操作才能有效实施以下转换操作：当车站操作发生故障且没有车站操作的释放命令的情况下，也可以转换至控制中心 ATS 系统操作。

第二节　ATP系统的基本原理

ATP系统是保证行车安全、防止列车进入前方列车占用区段和防止超速运行的设备。ATP系统负责全部的列车运行保护，是列车安全运行的保障。ATP系统执行以下安全功能：速度限制的接收和解码、超速防护、车门管理、自动和手动模式的运行、司机控制台接口、车辆方向保证、永久车辆标志。

一、ATP系统的基本概念

ATP系统即列车自动防护系统或列车速度监督系统。ATP系统的功能是对列车运行进行超速防护，对与安全有关的设备实行监控，实现列车位置检测，保证列车间的安全间隔，保证列车在安全速度下运行，完成信号显示、故障报警、降级提示、列车参数和线路参数的输入，与ATS系统、ATO系统及车辆系统接口并进行信息交换。

ATP系统不断将来自联锁设备和操作层面上的信息、线路信息、前方目标点的距离和允许速度信息等从地面通过轨旁设备等传至车上，从而由车载设备计算得到当前所允许的速度，或由控制中心计算出目标速度传至车上，由车载设备测得实际运行速度，依此来对列车速度实行监督，使之始终在安全速度下运行。当列车速度超过ATP系统装置所指示的速度时，ATP系统的车上设备就发出制动命令，使列车自动制动；当列车速度降至ATP系统所指示的速度以下时，可自动缓解，而运行操作仍由司机完成。这样可缩短列车运行间隔，可靠地保证列车不超速、不冒进。

ATP系统是ATC系统的基本环节、安全系统，必须符合故障—安全原则。

二、ATP系统的设备组成

采用轨道电路传送ATP信息时，ATP系统由设于集中站的轨旁单元、设于线路上各轨道电路分界点的调谐单元、车载ATP设备及与ATS系统、ATO系统、联锁设备的接口设备组成。

连续式ATP系统利用数字编码音频轨道电路向列车连续地发送数据，允许连续监督和控制列车运行。对ATP系统，由轨道电路反映轨道状态，传输ATP信息，在轨旁无须其他传输设备。当轨道电路区段空闲时，发送轨道电路检测电码。当它被列车占用时，向轨道电路发送ATP信息。轨道旁的轨道电路连接箱内（发送、接收端各一个）仅有电路调谐用的无源元器件，包括轨道耦合单元及长环线。

车载ATP设备完成命令解码、速度探测、超速下的强制执行、特征显示、车门操作等任务。车载 ATP 设备由两套 ATP 模块（信号处理器和速度处理器）、两个速度传感器、两个接收天线、车辆接口、驾驶室内的操作和控制单元等组成。车载 ATP 设备根据地面传来的数据（由 ATP 天线接收）与预先储存的列车数据计算出列车实时最大允许速度，将此速度与速度传感器测得的列车实际运行速度相比较，超过允许速度时，报警后启动制动器。

借助于人机接口（HMI）功能，司机可以按照 ATP 系统的指示运行。HMI 功能包括司机显示、提供司机外部接口两个子功能。司机显示功能负责向司机显示实际速度、最大允许速度、目标距离、目标速度、ATP 设备的运行状态，以及列车运行时产生的重要故障信息，在某些情况伴有音响警报功能。司机外部接口包括释放驾驶室的设备、允许按钮、车门释放按钮及确认按钮。

采用轨间电缆传送 ATP 信息时，系统主要由控制中心设备、轨间传输电缆及车载 ATP 设备组成。控制中心通过中继器与轨间电缆环路相连。控制中心储存的各种地面信息和联锁装置的有关信息不断地经由轨间电缆传至列车，实现速度控制。

采用无线通信传送 ATP 信息时，ATP 系统主要包括：区域控制器、车载控制器和数据通信系统等。由车载计算机计算出目标速度，对列车行车进行监控。

三、ATP 系统的主要功能

ATP 系统应具有下列主要功能：检测列车位置、停车点防护、超速防护、列车间隔控制（移动闭塞时）、临时限速、测速测距、车门控制、记录司机操作。

以采用数字编码音频轨道电路方式的 ATP 系统为例，ATP 系统功能可分为 ATP 轨旁功能、列车检测功能（负责根据各轨道区段的"空闲"或"占用"情况检测列车的位置）、ATP 传输功能和 ATP 车载功能。

（一）ATP 轨旁功能

ATP 轨旁功能负责列车安全间隔和生成报文，完成对列车安全运行授权许可的发布和报文的准备，这些报文包括安全、非安全和信号信息等。ATP 轨旁功能又分为列车安全间隔功能和报文生成功能。

列车安全间隔功能负责保持列车之间的最小安全距离，还负责发出运行授权。只有在进路已经排列好后，才发出列车运行授权，准许列车进入进路。当前方列车仍在进路中时，可为后续列车再次排列进路。

报文生成功能负责从各种 ATP 轨旁功能里接收请求，完成整理数据，准备和格式化要传送到 ATP 车载设备的报文，并决定传输方向。传输的报文总是以与受 ATP 系统控制的接近列车运行相反的方向馈入轨道。

（二）ATP 传输功能

ATP 传输功能负责发出报文信号，包括报文和 ATP 车载设备所需要的其他数据。

（三）ATP 车载功能

ATP 车载功能负责列车安全运行，并提供信号系统和司机间的接口。车载功能由下列子功能组成：ATP 命令解码功能、ATP 监督功能、ATP 服务 / 自诊断功能、ATP 状态功能、速度 / 距离功能等。

I.ATP 命令解码功能

轨旁音频轨道电路将格式化的数据传送到车上，车载 ATP 设备将报文解码，以实现各种 ATP 功能。

2.ATP 监督功能

ATP 监督负责保证列车运行的安全。各监督功能负责管理列车安全的一个方面，并在它自己的权限内产生紧急制动。所有的监督功能在信号系统范围内提供最大可能的列车防护，各种监督功能之间的操作是独立的，且同时进行。

ATP 监督包括速度监督、方向监督、车门监督、紧急制动监督、后退监督、报文监督、设备监督等功能。

（1）速度监督功能

速度监督功能是超速防护的基础，是最重要的功能。它由七个速度监督子功能组成，每个子功能选定一个专用的以速度为基准的安全标准。

第一，RM 速度监督以限制列车速度达到低速值为目的，这个低速值（如 25km/h）适用于 RM 模式。RM 速度监督在 RM 模式中有效。

第二，最大列车允许速度的监督以限制列车运行速度达到最大允许值（就车辆允许而言）为目的，它在 SM、ATO 和 AR 模式中有效。

第三，停车点的监督以保证列车停在停车点（不超过停车点）为目的。在 SM、ATO 和 AR 模式中，每当前方列车占用的轨道区段内有安全或危险停车点，该监督都有效。在 RM 模式中，该监督无效。

第四，限制速度起始点的监督保证列车在起始点就按照速度限制运行。在 SM、ATO 和 AR 模式中，当前行列车占用区段内的速度限制始点存在时有效，在 RM 模式中无效。

第五，进入速度监督是保证列车速度同下一轨道区段的最大允许速度及以后的目标一致。进入速度监督在 SM、ATO 和 AR 模式中有效，在 RM 模式中无效。

第六，线路允许速度监督保证列车运行速度同其所在位置的线路允许速度一致，在 SM、ATO 和 AR 模式中有效，在 RM 模式中无效。

第七，没有距离同步的监督是提供安全速度监督，这种监督是特殊情况下不能得到距离同步，而 ATP 车载设备准许在 SM 模式或 ATO 模式而不是 RM 模式中进行操作。使用这种监督方式的情况很少出现。距离同步的丢失是由于触发紧急制动，列车不处于稳定状态时，或者列车已经在线上运行时才打开 ATP 车载设备电源引起的。只有当 ATP 车载单元接收到授权其使用的报文时，才可以使用该功能。

（2）方向监督功能

方向监督功能的作用是监督列车在"反方向"运行中的任何移动，如果此方向的移动距离超过规定值，那么就会实施紧急制动。"反方向"运行移动距离的监督是累计完成的。

在 SM、ATO 和 AR 模式中，必须连续具备方向监督功能。如果列车正在运行，那么 RM 模式中也可以使用方向监督功能。

（3）车门监督功能

如果检测到列车在移动而车门没有锁在关闭状态，车门监督功能就会实施紧急制动。除非被抑制，否则车门监督功能在所有驾驶模式中都有效。

如果列车移动超过一定的距离，或者当列车以超过特定速度的速度运行（如 ATP 零速度）时，当从车门接点没有接收到"全部车门关闭"信号时，列车实施紧急制动。作为选择，当列车速度大于某特定值时（如 5km/h），禁止实施车门监督，这是为了避免假紧急制动的执行，这个假紧急制动可能是由车门接点的断续操作（振动）引起的。

在紧急情况下，当列车停稳后司机按压紧急车门按钮阻止了车门监督功能，这使得在车门接点发生故障时也可以移动列车。当车门监督功能以这种方式被抑制时，司机必须完全负责并保证在随后运行阶段乘客的安全。当从车门接点再次接收到"全部车门关闭"信号时，车门监督功能自动恢复。

（4）紧急制动监督功能

紧急制动监督功能保证接收到紧急制动报文时在最短距离内停车。紧急制动监督功能在 SM、ATO 和 AR 模式中连续有效，在 RM 模式中无效。在站台按下紧急停车按钮，紧急停车命令会立即生成。

紧急制动发生在超过最大允许速度值（加上规定的误差）时，或者按压位于车站的紧急按钮时，紧急制动保存在故障存储器中。借助服务与诊断计算机可以得到记录的数据。

外部触发的紧急制动监督功能是保证在 ATP 车载设备没有使用 ATP 车载单元的位置信息而跟随一个外部触发的紧急制动（如由司机发出的）的监督。在所有驾驶模式中，这个功能都有效。

实施任何紧急制动时，由 ATP 车载单元发出的位置信息可能由于车轮打滑而失效。当紧急制动由外部触发时，必须通知 ATP 车载单元，让它采取正确的措施防止使用可能出现的错误信息。

通过监督制动系统内的接点会探测到外部触发的紧急制动，除非列车已经停稳，外部触发紧急制动会引起 ATP 车载单元自身触发紧急制动。如果 ATP 车载单元不触发本身的紧急制动，就强迫 ATO 车载设备进入 RM 模式，直到再次达到距离同步以前，SM、ATO

或 AR 模式的操作是不可能的。

（5）后退监督功能

后退监督功能防止列车后退时超过某特定的距离。列车后退距离的累加减去几次短暂前行的距离不能超过规定的距离。假如超过此距离，列车将通过 ATP 系统实施紧急制动，确保列车不后退。

（6）报文监督功能

报文监督功能是监测通过 ATP 传输功能接收到的报文。如果监测出报文传输中断持续超过一定时间如 3s，或在这个期间列车运行超过一规定距离（一般为 10m），报文监督功能会触发一个紧急制动。这个功能在 SM、ATO 和 AR 模式中有效，但在 RM 模式中不起作用。

（7）设备监督功能

设备监督功能是用来监控 ATP 车载设备的正常工作，确保当设备发生故障时的列车安全，列车不经检查是不允许运行的。一旦 ATP 车载设备被检测出故障，就会启动紧急制动直到列车停下来。此时司机使用故障开关强制关闭 ATP 功能，然后按照控制中心的指挥人工驾驶列车。

3.ATP 服务 / 自诊断功能

ATP 服务 / 自诊断功能负责采集、存储、记录、调用列车数据、状态信息，为 ATP 监督提供服务，完成 ATP 车载设备的自诊断。

4.ATP 状态功能

ATP 状态功能负责根据主要情况选定正确的状态和模式。

在列车有电的情况下，ATP 车载单元可能处于以下三种状态中的一种：激活状态、待用状态、备用状态。其中备用状态是暂时的状态。

当 ATP 车载单元负责监督列车时，使用激活状态。ATP 车载单元监督列车的责任，取决于其中一个相关驾驶控制台所处的状态（"关"或"开"）。如果两个驾驶控制台中的一个是处于"开"的状态，那么 ATP 在 RM、SM 或 ATO 模式中进行的操作取决于 ATP 状态功能。

当 ATP 车载单元不负责监督列车时，使用待用状态。在列车得到电源却没有插入钥匙的情况下，即刻出现待用状态。

备用状态只是暂时的状态，当钥匙插入任何一列列车的驾驶室时，立即执行启动自检测，完成后更换为激活或待用状态。

5. 车门释放功能

车门释放功能保证当显示安全时允许打开车门。在所有的信号模式中可以连续使用此功能。

在满足下列条件时可得到车门释放指令：①列车已停在带非安全停车点的预期停车窗内；②非安全停车点对应于列车长度；③ATP车载单元接收到许可打开车门的报文。

根据站台的布置，车门释放可以在列车的任意一侧或两侧。

在特殊情况下（如列车停在预期停车窗以外），列车停稳时司机可按下车门紧急按钮，不用考虑上述条件就可得到车门释放命令，允许列车车门的打开。当以这种方式得到车门释放时，司机必须完全负责车门的安全操作。

在特定条件不再适用或在紧急开门按钮给出释放的情况下，当从车门接点接收到"全部车门关闭"信号，列车开始启动（如列车速度超过ATP零速度）时，车门释放终止。

6. 速度/距离功能

速度/距离功能基于测速单元的输入，负责测定列车的运行速度、运行距离和运行方向。

对采用数字编码音频轨道电路的ATC系统，距离是根据各轨道电路的始端来测量的，并通过使用测速单元的输入和固定数据（车轮直径）来确定。计算距离准许因车轮直径、脉冲发生和车轮黏着/打滑而造成的误差。

速度/距离功能接收测速单元的输入，将当前读数与先前读数和部分计算出的运行距离进行比较，这些部分距离被累加后提供一个确切的运行距离。通过对特定时间间隔距离部分的累加，测速功能可以确定列车的实际运行速度。在系统设计中根据要求可提供更高的速度灵敏度，累加距离部分的时间间隔是可设置的。

从测速单元的输入提供一个渐增或渐减的脉冲计数，这个脉冲计数是测速单元根据列车移动的方向给出的。通过对当前读数与先前读数进行的比较，速度/距离功能可以确定列车的运行方向。

7. 距离同步功能

ATP轨旁功能记录音频轨道电路的占用情况，然后ATP轨旁功能向列车传送在报文中轨道电路占用经过时间的有关信息。这个时间考虑到包括允许检测、列车检测功能相关的传输延误、地对车传输相关的处理和传输延误在内的余量。

一接收到ATP轨旁功能的同步化信息，距离同步功能就通过计算在报文中消逝时间内列车运行的部分距离来计算列车前方的位置，计算包括列车前方位置相对第一个轮轴的调整、检测报文中延误的偏离值。

8. 市地再同步化功能

对列车位置高精度要求，应提供额外的本地再同步化，这是通过使用预定的同步基准点（同步定位环线的交叉点）实现的。由列车检测的同步基准点预计位于列车已知的距离窗内，并假定列车距离的测量误差在规定限制范围以内。一旦达到第一个同步基准点，就会精确地知道列车的位置。在某种程度上，交叉模式的选定是由于停车点已足够地接近交叉点，因而达到了所需的精度。

9. 报文接收／同步定位环线检测功能

报文接收／同步定位环线检测功能的一个作用是从ATP轨旁功能接收、解码报文信号。通过安装在前方列车驾驶室底部的接收器天线接收报文。当 ATP 车载单元一打开，此功能对各有效传输频率进行搜索，直到它识别出基于接收信号幅值的、当前列车所在的音频轨道电路使用的频率。

如果报文接收功能确定报文在传输中出现错误，则会以无效而拒收报文。在特定时间／距离之内若没有接收到有效报文，就会触发紧急制动功能。

报文接收／同步定位环线检测功能的另一个作用是在轨道中检测同步定位环线。检测到同步定位环线的时间很重要，它用于列车定位本地再同步中。

10. 人机接口（HMI）功能

HMI 提供信号系统与司机的接口。借助于 HML 司机可以按照 ATP 系统的指示运行。HMI 向司机显示实际速度、最大允许速度及 ATP 设备的运行状态。另外，HMI 还可显示列车运行时产生的重要故障信息，在某些情况伴有音响警报，如超过了最大允许速度。显示信息的类型和范围取决于设备的操作规程和 ATP 设备的配置。

HMI 功能包括司机显示功能（有时伴有音响报警功能）和提供司机外部接口功能。

（1）司机显示功能

司机显示功能负责向司机提供驾驶列车时所需的全部信息，包括：实际速度、允许速度（只在SM、ATO和AR模式中）、从最大限制的ATP功能条件下推算出的目标距离/速度、驾驶状态（在牵引、惰行和制动方式下的移动）、运行模式（RM、SM、ATO 或 AR 模式）、列车折返运行（在 AR 模式有效时显示，也在 AR 按钮按下时显示确认）、列车停在预定停车窗以外、车门状态显示、列车车门打开一侧的显示、关门指令、出站命令、车辆段显示（列车在车辆段时的车辆段识别显示）、实施紧急制动、ATP/ATO 故障等。司机显示功能的输入来自 ATP 和 ATO 功能的当前状态。司机显示功能的输出为给司机的状态显示。

（2）音响报警功能

当列车速度／位置超过警告速度曲线时发出音响报警。允许速度由制动曲线确定，警告速度曲线是允许速度加上一个特定速度余量来表示的。计算出的警告速度曲线用于给出一个固定的司机反应时间，以及触发紧急制动。

司机外部接口功能用于司机驾驶操作。

11. 折返／改换驾驶室功能

在列车进行折返的情况下，要求司机改换驾驶室。

ATP 车载设备必须考虑到使用不同的驾驶操作台，保存有关相对轨旁位置、列车前部和后部的信息。改换驾驶室会引起列车前部和后部互换，ATP 车载设备必须相应地调整位置信息。

折返发生故障会导致在司机改换驾驶室且打开在列车前头的驾驶操作台时，ATP 设备不能进入 SM 模式。

列车停稳后，ATP 车载设备收到要求折返报文以后会自动生成 AR 模式。此类报文可通过 ATS 功能发出的命令给出，也可当列车进入全部列车需要折返地点的相应轨道区段时自动生成。

使用 AR 模式的方法是当列车停在站台、车站后的折返轨或可接收到相关报文的任何位置时，执行折返。

当列车停在折返轨，会自动选定 AR 模式，并接收到相应的报文。这时，安装在司机操作控制台上的 AR 按钮会亮，并显示可以执行折返处理。司机通过按压 AR 按钮表示接受，AR 按钮闪亮。司机关闭驾驶控制台，并在没有司机的情况下实施自动折返。司机离开原驾驶室，如果需要的话司机走到列车另一端的驾驶室。在折返有效时，列车另一端驾驶室里的 AR 按钮闪亮，表示该驾驶室已经可以使用。同一或另外的司机打开先前驾驶室的司机操作控制台，ATP 车载单元进入 SM 模式并准备列车的返回运行。

四、ATP 系统的基本工作原理

（一）列车检测

采用轨道电路等作为列车检测设备。当轨道电路区段空闲时，发送轨道电路检测电码，此时轨道电路的功能是检测是否空闲，检测结果送往联锁装置。

采用轨间电缆的 ATC 系统利用轨间电缆的交叉配置实现列车定位。

采用无线通信的 ATC 系统通过车—地的通信通道进行列车定位。此时计轴设备作为次级设备，连续地对线路的占用 / 空闲进行安全可靠的检测。

（二）列车自动限速

连续式 ATP 系统利用数字编码音频轨道电路或轨间电缆或无线通道向列车连续地发送数据，允许连续监督和控制列车运行。对 ATP 系统，在轨旁无须其他传输设备。

ATP 轨旁单元从联锁和轨道空闲检测系统获得轨道空闲 / 占用信息，形成数据后传输至 ATP 车载设备。驾驶指令主要包括目标坐标（目标速度和目标距离）、最大允许线路速度和线路坡度。ATP 车载设备通过此数据计算现有位置的列车允许速度。驾驶列车所需的数据经由驾驶室显示器指示给司机。

实际的列车速度和驶过的距离由测速装置连续进行测量。

ATP 车载设备将列车实际速度与列车允许速度进行比较。当列车实际速度超过列车允许速度时，ATP 车载设备就发出制动命令，发出报警后控制列车进行常用全制动或实施紧急制动，使列车自动地制动。当列车实际速度降至 ATP 系统所指示的速度以下时，制动便自动缓解，而运行操作仍由司机完成。

ATP 系统不仅可用来保证列车之间的运行安全，还用于受曲线等线路条件、通过道岔、慢行区间等限制而需要限速的区段。因此限速等级是根据后续列车和先行列车之间的距离、线路条件等决定的。ATP 系统可对列车运行速度进行分级或连续监督。

（三）目标速度和目标距离

ATP 轨旁设备向在其控制范围内的列车分配一个"目标距离"，再生成代码，通知列车前方有多少个未占用的区段，接着，ATP 车载设备调用存储器里的信息，决定在列车任何时刻列车的运行速度和可以运行的最远距离，确保在抵达障碍物或限制区之前安全停车。

列车除了必须遵循通过轨道传来的指示目标距离的编码外，在线路的某些区域，由于某种特殊情况或临时性原因，如轨道临时性作业等，还有一些速度限制要求。ATP 系统将充分考虑各种限速条件，选择最严格的执行。

（四）制动模式

列车制动模式分为分级制动模式和一次制动模式。

1. 分级制动

分级制动是以闭塞分区为单元，根据与前行列车的运行距离来调整列车速度，各闭塞分区采用不同的低频频率调制，指示不同的速度等级，在此基础上确定限速值。分级制动模式又分为阶梯型和曲线型。

阶梯型分级制动模式俗称大台阶型。它将一个列车全制动距离划分为 3 ~ 4 个闭塞分区，每一闭塞分区根据与前行列车距离确定限速值。当列车速度高于检查值时，列车自动制动。其为滞后监督方式，即在闭塞分区出口才监督是否超速，所以为确保安全，必须设有"保护区段"。固定闭塞制式的 ATC 系统通常采用阶梯型分级制动模式。

阶梯型分级制动模式虽然构成较为简单，但具有较多缺点，不能满足高密度行车的需要，于是改为模式曲线分级制动模式。

模式曲线是根据该闭塞分区提供的允许速度值及列车参数和线路参数由车载计算机计算出来的（或将各种制动模式曲线储存调用）。准移动闭塞制式的 ATC 系统通常采用模式曲线分级制动模式。

2. 一次制动

一次制动是按目标距离制动的。根据与前行列车的距离或与运行前方停车站的距离，由控制中心根据目标距离、列车参数和线路参数计算出列车制动模式曲线，或由车载计算机予以计算，按制动模式曲线控制列车运行。信息传输有轨间电缆传输和无线传输两种方式。无论何种方式，传输的信息必须包括线路允许速度、目标速度、目标距离。一次制动方式最能合理地控制列车运行速度，是列车自动控制技术的发展方向。移动闭塞制式的ATC 系统通常采用一次制动模式。

（五）测速与测距

确定车辆速度和位置是 ATP 车载设备关键、重要的功能。

l. 测速

列车运行速度的测量非常重要，列车实际运行速度是速度控制的依据，该速度值的准确和精度直接影响调速效果。

测速有车载设备自测和系统测量两种方法，车载设备有测速发电机、路程脉冲发生器、光电式传感器和霍尔式脉冲转速传感器等，它们安装在无动力车辆的轮轴上。系统测量方法有卫星测速和雷达测速等方法。

（1）测速发电机

早期采用测速发电机测速。测速发电机安装在车轮轴头上，它发出的电压与车速成正比，该电压经处理后产生模拟量和数字量两个输出，分别用来驱动速度表和进入车上主机用于速度比较。测速发电机简单，但在低速范围内精度较差，可靠性也不高。

（2）路程脉冲发生器

其核心部件是一个 16 极的凸轮，随着车轮的转动发生一系列脉冲，车速越快，脉冲数越多，只要在一定时间内记录下脉冲的数目，即能换算成列车的实际速度。

（3）光电式传感器

光电式传感器应用光学传感技术，它有一个多列光圈盘，随着车轮的转动，光线不断地通过和被阻挡，使光电式传感器产生电脉冲，通过记录脉冲数目可测量车速。

（4）霍尔式脉冲转速传感器

车轮转动时，霍尔式脉冲转速传感器产生频率正比于车轮转速的信号，可用来测量车速。

需采用两路测速，两套传感器安装在不同的车轴和不同的侧面上，以提高测量准确性和测量精度，并对车轮空转、蠕滑、抱死等引起的误差进行修正。转速传感器无法精确补偿车轮滑转和滑行，可用一台多普勒雷达装置向 ATP/ATO 系统输入第三个车速信息。将这个信息跟转速传感器输入的车速相比较，以检验车速测量系统的可靠性。

（5）雷达测速

雷达测速应用多普勒效应。当无线电波碰到一个静止的物体时，被反射回来的电波频率与发射的电波频率一样，其差频为零；而当无线电波碰到一个移动的物体时（不论该物体是迎着发射源还是背离发射源），被反射回来的电波频率与发射的电波频率不一样，其差频与移动物体的速度成正比，与发射源的工作波长成反比，并与雷达辐射方向和移动物体方向间的夹角有关。

2. 测距

在目标距离模式中，列车位置对安全性至关重要。如果列车无法掌握它在线路中的准确位置，那么它就无法保证在抵达障碍物或限制区之前停下或减速。如何测量与停车点的精确距离是列车运行超速防护系统的重要任务。通过连续确定列车行驶距离，ATP 车载设备可以随时查找列车的精确位置。

测距是通过测速与轮径完成的，距离测量系统记录车轮旋转的次数，考虑运行方向和车轮直径，计算出列车行走的距离。

在跨越轨道区段时，如果已经接收到带有有效时间标记的新报文，距离测量装置复位为零。

ATP 系统允许输入正确车轮直径，由此来确保正确测量速度和距离。当维护人员键入密码后，通过面板上的开关和显示器就可设置轮径，数据进入 ATP 单元后会存放在 EPROM。此项来自 ATP 处理器的安全输入可以以步长 1cm 进行调整，以对磨损予以补偿。注意，这是一项在线操作，离线后无法操作。

也可采用信标（应答器）来进行测速、测距。信标（APR）沿线路等间距放置，这些信标由装在列车上的发射应答器读取。每个信标都有一个独一无二的识别号，存储在 ATP/ATO 系统存储器中。这个系统可以确保在指定范围内对转速传感器发出的信号进行自动重新校正，也能进一步确定列车位置。

（六）速度限制

速度限制分为固定限速、临时限速、在道岔或道岔前方限速、具有短安全轨道停车点限速。

1. 固定限速

固定限速是在设计阶段设置的。车载 ATP 和 ATO 设备都储存着整条线路上的固定限速区信息。速度梯降级别为 1km/h，它决定了"目标距离"工作模式下的可能给出的最优行车间隔。

2. 临时限速

限制速度在某些条件下（施工现场、临时危险点）可以被降低。临时速度限制区段的范围总是限制在一个或多个轨道区段。

在紧急情况下，通过特殊速度码可立即将任何一段轨道区段上的速度设置为 25km/h。如果需要设置临时性限速区，可以在地面安装应答器。这些应答器允许以 5km/h 为一个阶梯将转速降到 25km/h。

在带有允许临时速度限制的轨道区段里，可通过设置信标来实施。

ATP 通过设置区域限速或闭塞分区限速来设置速度限制。

（1）区域限速

区域限速是针对轨道区段内的预定区域的，可分为 15km/h、30km/h、45km/h、60km/h。区域限速可由 ATP 轨旁设备设置，也可在需要时由控制中心控制，但控制中心只能复位控制中心设置的区域限速。如果控制中心离线或通信失败，则本地轨旁设备可直接设置区域限速。一旦设置了限速，集中站的 ATP 轨旁设备就将产生到速度限制区的新的目标距离和实际的目标限制速度，并传送给接近限速区域的列车，列车在该区域中的运行速度就不允许超过限速。如果列车速度超过限速，则车载 ATP 将启动紧急制动直到列车速度低于限速。

（2）闭塞分区限速

闭塞分区限速是对单独的轨道电路设置最大的线路和目标速度。通过 ATP 轨旁设备选择最大速度，所选的速度作为轨道区段的最大速度。

控制中心可以确定和解除临时限速，解除时要执行一套安全防护措施。临时速度限制区段的范围总是限制在一个或多个轨道区段。

3. 道岔限速

所谓道岔，指的让火车从铁路的某一股道转入另一股道的线路连接设备，一般都大量铺设在铁路车站中。单开道岔是常用的一种道岔，一般分为左开和右开两种类型，道岔由转辙器、辙叉、护轨及连接部分组成。经过 300～500m 曲线半径时，限速 45KM/h；在经过 300m 以下曲线半径以下道岔时，限速 25KM/h。

4. 轨道停车点限速

（1）降雪天气，当运行区段降中雪或积雪覆盖轨枕板或道砟面时，无砟轨道区段限速 250km/h 及以下，有砟轨道区段限速 200km/h 及以下；当运行区段降大雪、暴雪时，无砟轨道区段限速 200km/h 及以下，有砟轨道区段限速 160km/h 及以下。当无砟轨道区段轨枕板积雪厚度 10cm 以上时限速 200km/h 及以下有砟轨道区段道砟面积雪厚度 5cm 以上时，限速 160km/h 及以下。

中雪、天雪、暴雪的界定标准：以气象部门公布或工务部门观测为准。

（2）接触网导线结冰受电弓取流不畅时，限速 160km/h 及以下。

（3）动车组车底结冰需要列车限速时，无砟轨道区段限速 250km/h 及以下，有砟轨道区段限速 200km/h 及以下。

（七）常用制动和紧急制动

ATP 车载设备具有常用制动和紧急制动两级防护控制的能力。在常用制动失效后，可施行紧急制动。

常用制动不影响原有列车制动系统的功能。它缩短了制动空走时间，大大减小了制动时的纵向冲击加速度，使列车运行更安全、舒适。

紧急制动时，列车冲击大，中途不能缓解，充风时间长，不能使列车安全平稳地运行。ATP 车载设备收到紧急停车命令后，将发送给影响区域内的列车的数据信息中的"线路速度""目标速度"设置为零，而且一旦发出紧急制动指令，中途不得缓解，直到停车。

紧急制动的实施可通过下列三种基本方式的任何一种来实现：①在列车超速、后退、移动时车门打开等的情况下，直接由 ATP 功能提供防护；②在故障情况下（如在需要报文时不能接收到报文），直接由 ATP 功能作为安全防护；③由司机或由牵引控制设备执行，不依靠 ATP 功能。

在危急情况下，控制中心按下紧急停车按钮或轨旁按下安装在站台两侧的紧急停车按钮即可启动紧急停车。

因为紧急制动可能会导致不能接受的距离误差，实施紧急制动后，ATP 车载设备不允许保持在 SM、ATO 或 AR 模式。随着紧急制动的缓解，列车可以行驶，但其运行受到 RM 模式的强制限制，列车速度限制为 RM 速度。RM 模式持续到报文接收和距离同步再次得到满足。一旦满足，即向 SM 模式转换。如果列车在车辆段运行并选择了 RM 模式，发生紧急制动时，ATP 功能不能监督运行方向。

如果有 ATP 功能直接启动但不能被缓解的紧急制动，这说明 ATP 车载设备出现了完全的故障。在这种情况下，必须通过使用故障开关来隔离故障设备。

（八）停站

1. 车站程序停车

线路上的车站都有预先确定的停站时间间隔。控制中心 ATS 监督列车时刻表，计算需要的停站时间以保证列车正点到达下一个车站。由集中站 ATS 传送给车载设备。控制中心能通过集中站 ATS 缩短或延长车站停站时间。在控制中心要求下，列车可跳过某车站。这一命令由控制中心通过集中站 ATS 传给列车。

2. 车站定位停车

设置站台安全门时，车门的开度和安全门的开度要配合良好。要求安装有安全门的地下车站的允许停站误差为 ±0.25m，其他车站的允许停站误差为 ±0.5m。

车站定位停车是靠一组地面应答器（或者环线）提供至停车点的距离信息，应答器设置的多少可视定位停车精度而异，一般为 3～4 个。应答器设于沿线离站台的确定距离内，当列车标志天线置于应答器作用范围内时，列车接收滤波一放大电路开始振荡，振荡频率通过调谐应答器来确定，每个应答器根据距站台的距离调在不同的频率上。

离定位停车点 350m 处设置外方应答器对，离定位停车点 150m 处设置中间应答器对，离定位停车点 25m 处设置内方应答器，离定位停车点 8m 处设置站台应答器。离定位停车点 350m 和 150m 处的应答器成对布置，具有方向性。无源应答器具有固定的谐振频率，列车经过时与车载应答器产生谐振。有源应答器能发送特定的频率信号。

当列车正向运行经过离定位停车点 350m 处的应答器时，列车接收停车频率信息，启动定位停车程序，产生第一制动曲线，按此制动曲线停车时列车离定位停车点较远；当列车驶抵中间应答器时，产生第二制动曲线，并对第一阶段的制动进行缓解控制，以使列车离定位停车点更近；当列车收到内方应答器传来的停车信息时，产生第三制动曲线，列车再次进行缓解控制，使列车离定位停车点的距离更近；当列车收到站台应答器送来的校正信息后即转入停车模式，产生第四制动曲线，列车再次缓解制动控制。经多次制动、缓解控制，确保列车定位停车的精度控制在规定的范围之内，当车载对位天线与地面对位天线对齐时，又收到一个频率信号，立即实施全常用制动，将车停住。

（九）车门控制

在通常的情况下，在车辆没有停稳靠在站台或是在车辆段转换轨上时，ATP系统不允许车门开启。当列车在车站的预定停车区域内停稳且停车点的误差在允许范围以内时，地面定位天线会收到车载定位天线发送的停稳信号，列车从ATP轨旁设备收到车门开启命令，此时ATP系统才会允许车门操作，车载对位天线和地面对位天线才能很好地感应耦合并进行车门开关操作。这需要地面和车载ATC设备及车辆门控电路共同配合。有了车门开启命令后，ATP轨旁设备改发打开安全门信号，当站台定位接收器收到此信号后，使与列车车门相对的安全门打开。

列车停站时间结束（或人工终止）后，地面停站控制单元启动ATP轨旁设备，停发开门信号，由司机关闭车门，同时关闭安全门。

在列车停靠站台的精度已经偏离了 ±0.5m（对地下车站）或 ±1m（对高架车站或地面车站）的情况下，列车可以被允许以小于5km/h的速度移动，以符合精确停车点。

左右车门选择由车门开启命令来执行，此命令通过轨旁ATP系统取得。

ATP系统不断监视车门关闭状态，以确保车门没有被异常打开。

地面ATP设备还将列车停准、停稳信息发送至控制中心作为列车到站的依据。车门关闭后，车载ATP才具备安全发车条件。

车站在检查了安全门已关闭好以后，才允许ATP子系统向列车发送运行速度命令信息，列车收到速度命令，同时检查了车门已关闭后，可按车载ATP收到的速度命令出发。

第三节　ATO系统的基本原理

ATO系统主要用于实现"地对车控制"，即用地面信息实现对列车驱动、制动的控制，包括列车自动折返，根据控制中心指令自动完成对列车的启动、牵引、惰行和制动，送出车门和安全门同步开关信号，使列车按最佳工况正点、安全、平稳地运行。

一、ATO系统的基本概念

ATO系统为非故障—安全系统，其控制列车自动运行，主要目的是模拟最佳司机的驾驶，实现正常情况下高质量的自动驾驶，提高列车运行效率，提高列车运行的舒适度，节省能源。

ATP 系统是城市轨道交通列车运行时必不可少的安全保障，ATO 系统则是提高城市轨道交通列车运行水平（准点、平稳、节能）的技术措施。

ATO 系统采用的基本功能模块与 ATP 系统采用的相同。和 ATP 系统一样，ATO 系统也载有有关轨道布置和坡度的所有资料，以便能优化列车控制指令。ATO 系统还装有一个双向的通信系统，使列车能够直接与车站内的 ATS 系统接口，保证实现最佳的运行图控制。

当列车处在自动驾驶模式下时，车载 ATO 运用牵引和制动控制实现列车自动运行。

二、ATO 系统的设备组成

虽然各公司的 ATO 系统结构不尽相同，但 ATO 系统的基本组成是共同的。ATO 系统都由轨旁设备和车载设备组成。

ATO 轨旁设备通常兼用 ATP 轨旁设备，接收与列车自动运行有关的信息。

ATO 车载设备由设在列车每一端驾驶室内的 ATO 控制器（包括司机控制台）及安装在列车每一端驾驶室车体下的两个 ATO 接收天线和两个 ATO 发送天线组成，还包括 ATO 附件，这些附件用于速度测量、定位和司机接口。ATO 车载设备通常和 ATP 车载设备安装在一个机架内。

ATO 系统具有一个双向通信系统，通过车载 ATO 天线和地面 ATO 环线或通过无线通道允许列车直接与车站内的 ATS 系统连接，可以实现最佳的运营控制，完成下列 ATO 系统功能：程序停车、运行图调整、轨旁 / 列车数据交换、目的地和进路控制。

ATO 系统还具有定位停车系统，为列车提供精确的位置信息，包括车底部的应答器和对位天线，以及每个车站 ATC 设备室内的车站停车模块和沿每个站台设置的一组地面应答器。

ATO 系统的功能不考虑故障—安全原则，因此，ATO 车载单元是非故障安全的一取一配置。ATC 显示单元不要求是故障—安全的，因而 ATC 显示单元采用基于商用计算机硬件。

ATO 系统向列车广播设备及车厢信息显示牌提供报站信息（目的地号、下一车站号）。

ATO 车载通信系统在所有模式中处于活动状态，向轨旁设备传输信息。

ATO 车辆报告系统在自动模式中处于活动状态，提供车站标志和车站停车状态信息。

三、ATO 系统的主要功能

ATO 系统的功能分为基本控制功能和服务功能。

基本控制功能包括自动驾驶、无人自动折返、车门打开，这三个控制功能相互之间独立运行。服务功能包括列车位置、允许速度、巡航 / 惰行、PTI 支持功能等。

（一）ATO 系统的基本控制功能

l. 自动驾驶

（1）自动调整列车运行速度

ATO 车载控制器通过比较列车实际运行速度及 ATP 系统给出的最大允许速度及目标速度，并根据线路的情况，自动控制列车的牵引及制动，使列车在区间内的每个区段始终以控制速度（ATP 系统计算出来的限制速度减去 5km/h）运行，并尽可能减少牵引、惰行和制动之间的转换。

（2）停车点的目标制动

车站停车点作为目标点，由 ATP 轨旁单元和 ATS 系统控制。当停车特征被启动后，ATO 系统基于列车速度、预先决定的制动率和距停止点的距离计算出一个制动曲线，采用最合适的减速度（制动率）使列车准确、平稳地停在规定的停车点。与列车定位系统相配合，可使停车位置的误差达到 0.5m 以下。

假如列车超过了停车点，ATP 系统准许后退一定距离。如果超过后退速度限制值，ATP 系统向列车司机发出音响和视觉报警。

（3）从车站自动发车

当发车安全条件符合时（在 ATO 模式下且关闭了车门，这由 ATP 系统监视），ATO 系统给出启动显示，司机按启动按钮，ATO 系统使列车从制动停车状态转为驱动状态，停车制动将被缓解，然后列车加速。ATO 系统通过预设的数据提供牵引控制，该牵引控制可使列车平稳加速。

停站时间由 ATS 系统控制，并会传送给 ATP 系统。另外，基于车站和方向的停车时间也储存在 ATP 轨旁单元中，用作 ATS 系统故障下的后备程序。

（4）区间内临时停车

由 ATP 系统给出目标点位置及制动曲线，并将数据传送给 ATO 系统车载单元，ATO 系统得到目标速度为"0"的速度信息后自动启动列车制动器，使列车停稳在目标点前方 10m 左右。此时车门还是由 ATP 系统锁住的。一旦前方停车目标点取消，速度信息改为进行码后，ATO 系统使列车自动启动。假如车门由紧急开门打开，或是司机手柄被移至非零位置，那么列车必须由司机重新启动 SM 模式或 ATO 模式（如果允许）。

在危险情况下，例如按下紧急停车按钮，或是因常用制动不充分而使列车车速超过紧急制动曲线的情况下，由 ATP 系统启动紧急制动，ATO 系统向司机发出视觉和音响警报，5s 以后音响警报自动停止。

（5）限速区间

临时性限速区间的数据传输给 ATP 车载设备，再由 ATP 车载设备将减速命令经 ATO 系统传达给列车驱动、制动控制设备。此时 ATO 车载设备的功能犹如 ATP 系统与驱动、制动控制设备之间的一个接口。对长期的限速区间，数据可事前输入 ATO 系统，在执行自动驾驶时，ATO 系统会自动考虑该限速区间。

2. 无人自动折返

无人自动折返是一种特殊情况下的驾驶模式，在这种驾驶模式下无须司机控制，而且列车上的全部控制台将被锁闭。

列车从接收到无人自动折返运行许可时，就自动进入 AR 模式。授权经驾驶室 HMI 显示给司机，司机必须确认这个显示，得到授权，并锁闭控制台。

只有按下站台的 AR 按钮以后，才能实施无人自动折返。ATC 轨旁设备提供所需的数据以驾驶列车进入折返轨，列车将自动回到出发站台。列车一到出发站台，ATC 车载设备就会退出 AR 模式。

无人自动折返功能的输入是列车当前的速度和位置及 ATP 速度曲线。

无人自动折返功能的输出可作为列车制动和牵引控制系统的命令。

3. 车门打开

由 ATP 系统监督开门条件，当 ATP 系统给出开门命令时，可以按事前的设定由 ATO 系统自动地打开车门，也可由司机手动打开正确一侧的车门。车门的关闭只能由司机完成。

当列车空车运行时，从 ATS 系统接收到的指定目的地号阻止车门的打开。

车门打开功能的输入是来自 ATP 功能的车门释放、运行方向和打开车门的数据，以及来自 ATS 功能的确定目的地号。

车门打开功能的输出是将车门打开命令发给负责控制车门的列车系统。

（二）ATO 系统的服务功能

1. 列车位置功能

列车位置功能负责从 ATP 功能中接收当前列车的位置和速度等详细信息。根据上一次计算后所运行的距离来调整列车的实际位置，此调整也应考虑在 ATP 功能计算列车位置时传送和接收的延迟时间，以及打滑和滑行。

另外，ATO 功能同测速单元的接口为控制提供更高的测量精确性。列车位置功能也负责接收与地面同步的详细信息，由此确定列车的实际位置和计算列车位置的误差。对列车位置的调整可在由 ATO 功能规定的，直至接近实际停车点 10 ~ 15m 的任意位置开始。由于这种调整，停车精度由 ATO 系统控制在希望的范围内。

列车位置功能的输入来自 ATP 功能的列车当前速度和位置、轨道区段信息的变化，来自测速单元的读入、轨道中同步标记的检测，也来自 SYNCH 环线。

列车位置功能的输出用作校正列车位置信息。

2. 允许速度功能

允许速度功能负责为 ATO 速度控制器提供列车在轨道任意点的对应速度值。这个速度没有被优化，只是低于当前速度限制和制动曲线给出的。允许列车速度调整是为了能源

优化或由惰行 / 巡航功能完成列车运行。

允许速度功能的输入来自 ATP 功能的轨道当前位置的速度限制及列车制动曲线。

允许速度功能的输出被发送至 ATO 速度控制器。

3. 巡航 / 惰行功能

巡航 / 惰行功能的任务是按照时刻表自动实现列车区间运行的惰行控制，同时节省能源，保证最大能量效率。

巡航 / 惰行功能协同 ATS 功能中的列车自动调整（ATR）功能，通过确定列车运行时间和能源优化轨迹功能实现。

（1）确定列车运行时间的功能

由 ATO 和 ATR 功能确定的列车运行时间，通过车站轨道区段占用完成同步。当列车在 ATO 功能下，从报文给定的列车运行时间中减去通过计时器测定的已运行时间，以确定到下一站有效的可用时间。

确定列车运行时间功能的输入来自 ATC 轨旁功能的轨道电路占用报文，以及通过 ATC 轨旁和 ATP 车载功能来自 ATR 功能的运行时间命令。

确定列车运行时间功能的输出为能源优化轨迹功能的到下一站停车点的有效运行时间。

（2）能源优化轨迹功能

能源优化轨迹的计算要考虑加速度、坡度制动及曲线制动。因此，整套系统的轨道曲线信息都储存在 ATO 存储器中。借助此信息，并使用最大加速度，利用惰行 / 巡航功能可计算出到下一停车点的速度距离轨迹。

能源优化轨迹功能的输入来自确定列车运行时间功能的至下站可用的列车运行时间、ATO 存储器的轨道曲线、ATP 功能的 ATP 静态速度曲线（如速度限制）。

能源优化轨迹功能的输出为 ATO 速度控制器的速度距离轨迹。

4. PTI 支持功能

PTI 支持功能负责通过多种渠道传输和接收各种数据，在特定的位置（通常设在列车进入正线的入口处）传给 ATS 系统，向 ATS 系统报告列车的识别信息、目的号码和乘务组号，以及列车位置数据（如当前轨道电路的识别和速度表的读数），以优化列车运行。

PTI 支持功能是由车载设备和轨旁设备实现的。由 ATC 车载设备提供的数据通过 ATO 功能传输到 PTI 轨旁设备，进而传给 ATS 系统。

在将信息传输至轨旁设备之前，由 ATO/PTI 功能收集数据，完成合理检查。编辑信息必需的数据从 ATS、ATC 轨旁功能、司机 HMI 功能发送至 ATO 系统。

PTI 支持功能是一个非安全功能。

四、ATO 系统的基本工作原理

（一）列车自动驾驶

和 ATP 系统一样，ATO 系统也存储了线路布局和坡度信息，能够优化列车控制命令。ATO 系统中有一套最大安全速度数据，与 ATP 系统的最大安全速度数据互相独立。这样，为了保证乘坐的舒适性，ATO 系统可按照最大安全速度行驶，不过这一速度要小于 ATP 系统的最大安全速度。ATO 系统的最大安全速度可以任意设置，梯进精度为 1km/h。

ATO 系统安全利用通过地面 ATP 设备传来的编码得知前方未被占用的轨道电路数目或者前行列车的位置，知道当前本次列车的位置，列车就可以在到达安全停车点之前，综合考虑安全因素，尽量以全速行驶。

ATO 系统的自动驾驶功能是通过 ATO 车载设备控制列车牵引和制动系统而实现的。为此，ATO 系统需要 ATP 系统的数据：从 ATP 轨旁单元接收到的全部 ATP 运行命令、测速单元提供的当前列车位置和实际速度信息、位置识别和定位系统的信息、列车长度、ATS 系统向 ATP 轨旁单元发送的出站命令和到下一站的计划时间。

如果 ATO 自检测成功完成，且 ATP 车载设备释放了自动驾驶，信号显示"ATO 启动"，可以实施 ATO 驾驶。

由 ATO 系统执行的自动驾驶过程是一个闭环反馈控制过程。测速单元通过 ATP 系统向 ATO 系统发送列车的实际位置信息。反馈环路的基准输入是从 ATP 数据和运营控制数据中得出的。ATO 系统向驱动、制动控制设备提供数据输出。

ATO 自动驾驶模式在以下条件下被激活：① ATP 系统在 SM 模式中；②已过了车站停车时间；③联锁系统排列了进路；④车门关闭；⑤驾驶手柄处于零位。

于是，司机通过按压启动按钮开始 ATO 自动驾驶模式，列车加速达到计算的速度曲线。假如其中一项条件不能满足，启动无效。

在达到计算的速度曲线时，系统根据这个速度曲线控制列车的运行。当接近制动启动点时，ATO 车载设备将自动控制常用制动使列车运行跟随制动曲线。

（二）车站程序停车

线路上的车站都有预先确定停站时间间隔。控制中心 ATS 监督列车时刻表，计算需要的停站时间以保证列车正点到达下一个车站，由集中站 ATS 传送给 ATO 车载设备。

控制中心能通过集中站 ATS 缩短或延长车站停站时间。如果控制中心离线，集中站 ATS 预置一个确定的停站时间，该时间是可编程的。

在控制中心要求下，列车可跳过某车站。这一跳停命令由控制中心通过集中站 ATS 传给列车。

（三）车站定位停车

车站定位停车通过在车站区域的轨道区段标志、分界过渡或轨旁 ATO 环线变换来进行。轨道区段标志被用来确定停车的合适起始点。轨道区段分界过渡或轨旁 ATO 环线变换提供了距离分界，该距离分界用于达到所要求的位置精度。

当停车特征启动后，ATO 系统基于列车速度、预先确定的制动率和距停止点的距离计算制动特征。ATO 系统将通过根据要求改变牵引和制动需求来遵循此特征。制动率调整值通过 ATO 环线等轨旁 ATO 设备取得。此调整过程是动态的，是根据异常线路情况做出的，并且可以从 OSS 或 SCR 中进行选择。

停车点是列车头尾和车站头尾的匹配。一旦列车停车，ATO 系统会保持制动，以避免列车运动。

ATO 系统可以与站台安全门（PSD）的控制系统全面接口，保证列车的精确和可靠的到站停车。

（四）车门控制

ATO 系统只有在自动驾驶模式下才执行车门开启。在手动模式下时，由司机进行车门操作（ATP 系统仍会提供一种安全的车门使用功能）。

当列车驶抵定位停车点时，列车的定位天线（它接至车辆定位发送器和接收器）位于站台定位环线上方，环线置于线路中央，它联向站台定位发送器和接收器。也即只有当列车停于定位停车的允许精度范围内时，车辆定位接收器收到站台定位发送器送来的列车停站信号，ATO 系统确认列车已到达确定的定位区域，这时 ATO 系统发出"列车停站"信号给 ATP 系统，以保证列车制动。ATP 系统检测到零速度，通过列车定位发送器发送 ATP 列车停车信号给地面站台定位接收器，站台定位接收器检测到此信号并将其译码，使地面"列车停站"继电器工作。此时车站轨道电路 ATP 发送器发送允许打开左车门（或右车门）的调制频率信号。车辆收到允许打开车门信号，相应的门控继电器工作，并提供相应的广播和允许开门的信号显示，这时司机按压与此信号显示相一致的门控按钮，才可以打开规定的车门。

有了车门打开信号以后，车辆定位发送器改发打开安全门信号，当站台定位接收器收到此信号后，打开安全门继电器吸起，使与列车车门相对的安全门打开。

列车停站时间结束（或人工终止）后，地面停站控制单元启动车站 ATP 模块，停发开门信号，车辆收不到开门信号，门控继电器落下。司机按压关门按钮，关闭车门。与此同时，车辆停发打开安全门信号，车站打开安全门继电器落下。车站在检查了安全门已关闭及锁闭好以后，才允许 ATP 系统发送运行速度命令信息。车辆收到运行速度命令信息的同时，检查车门是否已关闭和锁闭、ATO 发车表示灯是否点亮，最后列车按 WATP 收到的速度命令进行出发控制。

（五）轨旁 / 列车数据交换

任何情况下控制中心需要与列车通信时，轨旁设备都作为数据交换的接口。

列车发到轨旁的数据包括：分配列车号；目的地；车门状态；车轮磨损表示（从 ATP 到控制中心）；在接近车站时制动所产生的过量车轮滑动；紧急情况或异常情况（比如不

正确的开门）；轨旁发到列车的数据；车辆车门开启命令；列车号的确认；列车长度；性能修改数据；出发测试指令；车门循环测试；主时钟参考信号；跳停指令；搁置命令；申请车载系统和报警状态。

（六）性能等级

性能等级是列车标志的一部分，可以被中央 ATC 修改。列车从轨旁接收到由中央 ATC 确定的性能等级。性能等级由速度限制、命令的加速、预定的减速构成。为了修改当前性能等级，中央 ATC 发送单数字命令。

（七）滑行模式

滑行模式是一种额外的性能等级，其要求是级别 1 到 5 处于有效状态，并且当申请滑行模式时，目标速度应大于 40km/h。滑行模式会使列车在上电的间隙进行滑行，并且允许列车的实际速度在重新上电之前下降 11km/h。

五、ATO 系统与 ATP 系统的关系

在"距离码 ATP 系统"的基础上安装 ATO 系统，列车就可采用手动方式或自动方式进行驾驶。在选择自动驾驶方式时，ATO 系统代替司机操纵，诸如列车启动加速、匀速惰行、制动等基本驾驶操作行为均能自动进行。然而，不论是由司机手动驾驶还是由 ATO 系统自动驾驶，ATP 系统始终执行其速度监督和超速防护功能。可以这样认为：

手动驾驶 = 司机人工驾驶 +ATP 系统

自动驾驶 =ATO 系统自动驾驶 +ATP 系统

ATP 系统是 ATO 系统的基础，ATO 系统不能脱离 ATP 系统单独工作，必须从 ATP 系统获取基础信息。而且，只有在 ATP 系统的基础上才能实现 ATO 系统，列车安全运行才有保证。ATO 系统是 ATP 系统的发展和技术延伸，ATO 系统在 ATP 系统的基础上实现自动驾驶，而不仅仅停留在超速防护的水准上。

第四节　ATS系统的基本原理

ATS 系统主要实现对列车运行的监督和控制，包括：对列车运行情况的集中监视、自动排列进路、自动调整列车运行、自动生成时刻表、自动记录列车运行实迹、自动进行运行数据统计及自动生成报表、自动监测设备运行状态等，辅助行车调度员对全线列车进行管理。

一、ATS 系统的基本概念

ATS 系统主要负责实现对列车运行及所控制的道岔、信号机等设备运行状态的监督和控制，给行车调度员显示出全线列车的运行状态，监督和记录运行图的执行情况，在列车因故偏离运行图时及时做出调整，辅助行车调度员完成对全线列车运行的管理。

ATS 系统在 ATP 系统和 ATO 系统的支持下，根据运行时刻表完成对全线列车运行的自动监控，可自动或由人工监督和控制正线（车辆段、停车场、试车线除外），以及向行车调度员和外部系统提供信息。ATS 系统功能由位于控制中心内的设备实现。

ATS 系统功能主要包括：时刻表编辑、列车运行监视、列车运行自动调整、自动排列进路等。

ATS 系统工作方式为集中管理，分散控制。

ATS 系统能与 ATP 系统、计算机联锁设备配套使用，并有与时钟系统、乘客向导系统和综合监控系统的接口。

ATS 系统负责监控列车的运行，是非安全系统。

二、ATS 系统的组成

ATS 系统由控制中心设备、车站设备、车辆段设备、列车识别系统及列车发车计时器等组成。因用户要求不同，ATS 系统的硬件、软件配置差别很大。

（一）控制中心设备

控制中心设备属于 ATS 系统，是 ATC 系统的核心，用于状态表示、运行控制、运行调整、车次追踪、时刻表编制及运行图绘制、运行报告、调度员培训、与其他系统的接口。

控制中心 ATS 设备主要包括中心计算机系统、综合显示屏、调度员工作站及调度长工作站、运行图工作站、培训 / 模拟工作站、打印服务器、绘图仪和打印机、维修工作站、UPS 及蓄电池。其中，综合显示屏、调度员工作站及调度长工作站设于主控制室，控制主机、通信处理器、数据库服务器、维修工作站设于设备室，运行图工作站设于运行图室，打印服务器、绘图仪和打印机设于打印室，培训 / 模拟工作站设于培训室，UPS 设于电源室，蓄电池设于蓄电池室。

l.中心计算机系统

中心计算机系统包括控制主机、通信服务器（COM）、系统管理服务器（ADM）、时刻表编辑器（TTE）、局域网及各自的外部设备。为保证系统的可靠性，主要硬件设备均为主 / 备双套热备方式，可自动或人工切换。系统能满足自动控制、调度员人工控制及车站控制的要求。

实际的进程映象都是存储在 COM 上的。所有从联锁和外围设备发送来的数据都由

COM 最先得到和处理。一些应用功能也由 COM 激活，并在此服务器上运行，如列车自动调整、自动列车跟踪、自动进路设置等功能。因此，COM 是自动调整功能的核心部分。

ADM 用于系统数据存储、处理所有不受运行事件影响的数据，如系统配置、计划时刻表、计划运行图等，通常在系统启动时或收到一个询问指令时或对某一设备的参数进行设置时才需要。列车自动调整功能所需要的计划时刻表数据，就是在系统启动时从 ADM 中读得的。

TTE 建立离线时刻表的操作平台。时刻表的编译也是 TTE 的任务。ADM 服务器存储的计划时刻表由 TTE 提供。

2. 综合显示屏

综合显示屏用来监视正线列车运行情况及系统设备状态，由显示设备和相应的驱动设备组成。

3. 调度员工作站及调度长工作站

调度员工作站及调度长工作站用于行车调度指挥，与 ATC 计算机系统接口，是实际操作平台，使调度员能在控制中心监视和控制联锁设备及列车的运行，如需要可显示计划运行图和实迹运行图。调度员能将系统投入列车自动调整，必要时可人工干预。

其典型的配置是位台式机、显示器、键盘（带功能键）、鼠标。设两个调度员工作站，它们与正线运转有关。调度长工作站是备用控制台，它能替代或扩大其他两个调度员工作站中任一个的工作。

4. 运行图工作站

用于运行计划的编制和修改，通过人机对话可以实现对运行时刻表的修改及管理。

5. 培训 / 模拟工作站

培训 / 模拟工作站配有各种系统的编辑、装配、连接和系统构成工具及列车运行仿真软件。它可与调度员工作站显示相同的内容，有相同的控制功能，能仿真列车在线运行及各种异常情况，而不参与实际的列车控制。实习调度员可通过它模拟实际操作，培养系统控制和各种情况下的处理能力。

6. 打印服务器、绘图仪和打印机

打印服务器缓冲和协调所有操作员和实时事件激活的打印任务。绘图仪和打印机用于输出运行图及各种报表。

7. 维修工作站

主要用于 ATS 系统的维护、ATC 系统故障报警处理和车站信号设备的监测。

8.局域网

把本地和远程工作站、服务器连接在一起。细缆以太网为各部分间进行高速数据交换（10mbps）。

9.UPS 及蓄电池

控制中心配备在线式 UPS 及可提供 30min 后备电源的蓄电池。

控制中心一般设在城市轨道交通线路的较大车站，它配套现代化、高性能、模块化的控制系统，是基于灵活的工作站结构。工作站的硬件设置相同，所不同的是扩展的内存和接口板，具有与分散的联锁设备、综合自动化系统、乘客向导系统等通信的界面。控制中心与各站联锁设备间由遥控系统联系，完成所有分散接口与联锁装置及 ATO 系统的通信控制，车辆段服务器把车辆段的两台远程 MMI 与控制中心连接起来。

（二）车站设备

车站分集中站和非集中站，它们所配备的设备不同。

1.集中站设备

集中站设有一台 ATS 分机，是 ATS 与 ATP 地面设备和 ATO 地面设备的接口，用于连接联锁设备和其他外围系统，采集车站设备的信息，传送控制命令，使车站联锁设备能接收 ATS 系统的控制，以实现车站进路的自动控制。为从联锁设备取得所需数据，有些系统的集中站配备了可编程控制器型远程终端单元，它采用模块化设计，扩展十分容易。它还控制站台上的列车目的地显示器、列车到发时间显示器和发车计时器（DTI）。

车站 ATS 设备的功能有：①接收、存储其管辖范围内当日的列车计划时刻表；②根据计划时刻表及列车运行情况，自动控制及办理管辖范围内的列车进路，包括进、出正线、终端站折返进路等；③特殊情况下，可以按控制中心设定的运行间隔控制列车运行；④根据计划时刻表自动控制列车到站及出发时刻；⑤采集管辖范围内的所有车站的列车运行信息、设备工作状态，并将这些信息送至控制中心 ATS；⑥实现管辖范围内的列车车次追踪；⑦控制 ATO 地面设备，向列车传送运行控制信息。

2.非集中站设备

非集中站不设 ATS 分机。非集中站的列车识别系统（PTI）、乘客信息向导系统（P1IS）和 DTI 均通过集中站的 ATS 分机与 ATS 系统联系。有岔非集中站的道岔和信号机由集中站的计算机联锁控制，通过集中站的 ATS 分机接收 ATS 系统的控制命令。

（三）车辆段设备

1.ATS 分机

车辆段设一台 ATS 分机，用于采集车辆段内停车库线的列车占用及进／出车辆段的列车信号机的状态，在控制中心显示屏上给出以上信息的显示，以便控制中心及车辆段值班员及车辆管理人员了解车辆段内停车库线上的车组运用情况，正确控制列车进、出段。

2.车辆段终端

车辆段派班室和信号楼控制台室各设一台终端，与车辆段 ATS 分机相连，根据来自控制中心的实际时刻表建立车辆段作业计划。

车辆段联锁设备通过 ATS 分机与控制中心交换信息，实现段内运行列车的追踪监视。

（四）列车识别系统

采用非 CBTC 的线路，有的系统设有列车识别系统（PTI）。PTI 设备是 ATS 车次识别及车辆管理的辅助设备，其由地面查询器环路和车载应答器组成。地面查询器环路设于各站。PTI 设备用于校核列车车组号。当列车经过地面查询器时，地面查询器可采集到车载应答器中设定的列车车组号，并经车站 ATS 设备送至控制中心，校核是否与中心计算机列车计划中的车组号一致，若不相同则报警并进行修正。

（五）列车发车计时器

列车发车计时器（TDT）设备设于各站，为列车运行提供车站发车时机、列车到站晚点情况的时间指示，提示列车按计划时刻表运行。在正常情况下，在列车整列进入站台后，按系统给定站停时间倒计时显示距计划时刻表的发车时间，为零时指示列车发车；若列车晚点发车，则 TDT 增加停站时间的计时。在特殊情况下，若实施了站台扣车控制，TDT 给出"H"显示；如有提前发车命令,TDT 立即显示零；列车通过车站时 TDT 显示"="。

三、ATS 系统的主要功能

（一）列车监视和跟踪

进行在线列车的监视、跟踪、车次的移位及显示。

l.列车监视

列车监视是用计算机来再现列车的运行。列车运行由轨道空闲和占用来驱动。列车由车次号来识别。ATS 系统给人机界面（MMI）、乘客信息显示系统、模拟线路表示盘提供列车位置和车次号。

2.车次号输入、追踪、记录和删除

列车车次号是 ATS 功能的先决条件，必须在固定时间内提出。当列车由车辆段进入正线运行时，ATS 系统将根据计划时刻表自动给计划车加入车次号。列车车次号输入用于修改和确认列车车次号，输入方式有：在读站自动输入车次号、时刻表系统提出车次号、系统自动生成虚假车次号、调度员人工输入。

车次号在该列车通过读站时被记录，出错时调度员可用另一车次号予以替代。

车次号从列车在车辆段开始至全部正线连续追踪，在中心表示盘及显示器上的车次窗内随着列车运行的位置动态显示。调度员可人工修改，并能由车次查出对应车组号。

车次号删除是从 ATS 系统中清除车次号记录，在被监视到离去本区段、被覆盖时删除，也可人工删除。

3. 列车运行识别

列车运行由轨道占用信号从"空闲"到"占用"的翻转来识别。一旦列车运行被监测到，就会在计算机显示。

4. 集中显示

控制中心表示分为大屏表示盘和显示器。在站场布置图上显示正线全线列车运行及信号设备的工作状况，如列车位置及车次号、信号显示、道岔位置、轨道区段状态、进路状态及开通方向、车站控制状态（站控或遥控）、行车闭塞方式（自动闭塞或站间闭塞）、站台扣车状态、信号设备报警等，以及根据调度员的需要在显示器上显示车辆段内列车运用状况及各种报告。

（二）时刻表处理

包括安装、修改、存储时刻表，描绘、显示和打印实迹运行图。

系统提供时刻表编制用的数据库，通过调度员的人工设置如站停时间、列车间隔、轨道区段布置等数据产生运行计划时刻表。每天运营前将当日使用的运行计划时刻表从控制中心传至车站 ATS 分机。

系统储存适合于不同运行情况的多套时刻表，根据时刻表自动完成列车车次号的跟踪与更新，也可自动生成时刻表。

控制中心 ATS 设备根据列车运行的实际情况自动绘制列车实迹运行图。

系统随时对时刻表的状态进行比较。利用车次号和列车位置可以对一列车的计划位置和实际位置进行比较。在发生偏离（早点或晚点）时，系统一方面通过适当的显示通知调度员，另一方面自动产生相应的纠正措施。

（三）自动建立进路

控制中心能对列车进路、信号机、道岔实现集中控制，可根据当日列车运行计划时刻表自动控制列车运行，包括：自动办理正线各种进路并控制办理的时机，自动控制列车驶入、离开正线的时机，自动控制车站列车停车时间及发车时间。必要时，通过办理控制权转移手续，可将控制权转移至车站。

调度员必要时可以人工控制，包括人工建立及取消正线各种进路等。调度员的人工控制命令在执行前均由中心计算机检查其合理性，并给出提示。

自动建立进路的功能是形成控制道岔位置的命令和在适当时间向信号系统发送这些命令。将列车车次号和位置信息、道岔位置和已选信号系统的信息提供给自动建立进路系统，命令的输出由接近列车的监测和进路计划来控制。

（四）列车运行调整

不断地对列车运行计划时刻表与实际时刻表进行比较，通过调整停站时间自动调整列车按计划时刻表运行，在此基础上自动产生列车的出发时间。在装备有 ATO 系统的线路上能通过对列车运行等级的设置实现对列车运行的自动调整。

调度员也可通过人工命令调整列车停站时间以调整列车运行。

（五）乘客信息显示系统

用来通知等待的乘客下一列车的目的地和到达时间。

（六）列车确实位置识别

列车识别码由司机在开始旅程前选定，由列车自动发送。

（七）服务操作

操作员能修改数据库、列车参数、控制与显示数据库信息。

（八）仿真及演示

系统仿真是通过仿真手段，离线模拟列车的在线运行，主要用于系统的调试、演示及人员培训，是一种必不可少的运行模式。它与在线控制模式几乎完全相同，唯一的差别是列车定位信息不是实际获取，而是随车次号的设置而出现。仿真模拟运行能够模拟在线控制中的所有功能，但它与现场之间没有任何表示信息和控制命令的信息交换。

培训/演示系统具有模拟时刻表、模拟列车运行的调度等功能，可记录、演示，据此可以对学员进行实际操作的培训。

（九）遥控联锁

联锁设备由远程控制系统操作，它提供了与运营控制系统的接口界面。

（十）运行报告

ATS 系统能记录大量与运行有关的数据，如列车运行里程数、实迹列车运行图、列车运行与计划时间的偏差、重大运行事件、操作命令及其执行结果、设备的状态信息、设备的故障信息等。ATS 系统具有提供数据备份和恢复功能，并可回放和查询，可提供运行分析报告。

ATS 中心可提供多种报告，辅助调度员了解列车运行情况及系统工作情况。调度员还可调用列车运用计划并对其进行修改，也可登记、记录、统计数据、离线打印。

ATS 系统可按用户的要求提供各种统计功能，以完成各种统计报表（如日报表、周报表、月报表等）。

（十一）监测与报警

及时记录被监测对象的状态，有预警、诊断和故障定位能力；监测列车是否处于 ATP 保护状态；监测信号设备和其他设备结合部的有关状态；具有在线监测与报警能力；监测过程应不影响被监测设备的正常工作。

在相应工作站上，报告所有故障报警的状况并予以视觉提示，直到恢复到正常状态为止。重要的故障以音响报警提示，直到确认报警状况为止。

要报警的不正常状况包括：轨旁 ATC 系统内的故障；轨道电路和轨旁设备内的故障；车载 ATC 系统和车辆设备内的故障；通过 TWC 传送的车载 ATC 状态信息和在 DTS（光纤通信系统）设备内检测出并由 DTS 报告的故障。

四、ATS 系统的基本原理

（一）自动列车追踪

自动列车追踪系统是用来监视受控区域内列车的移动的。不论是自动还是人工方式，每列列车与一个列车车次号相关联。当列车由车辆段进入正线运行时，ATS 系统根据计划时刻表自动给该列车加入车次识别号。根据对来自联锁设备的信息的推断，随着列车的前进，列车车次号在列车追踪系统中从一个轨道区段单元向下一个轨道区段单元移动。列车移动在调度员工作站上的车次号窗内以列车识别号显示出来。车次号按先到先服务的原则显示。

l. 列车识别号报告

每次列车准备进入运营时，它将自动地被分配一个列车标志，根据预先存储的列车时刻表来命名进入系统的列车。根据自动列车追踪系统，显示列车标志并能在显示器上移动列车标志。

列车识别号包括目的地号、序列号和服务号。目的地号规定列车行程终到地点。序列号按每次行程自动累增。服务号将显示在特定的对话框中。

如果某一列车出现在列车追踪系统所监视的区域中，必须将该列车识别号报告给自动列车追踪系统，可采用的方法有：手动输入、用读点（PTI）读入、从列车时刻表中导出、在步进检测中产生。

当无法自动导出列车识别号时必须手动输入。调度员在其监视区的第一个区段输入列车识别号。如果该区段已被某一列车识别号占用，则不能输入列车识别号。

在系统的边界点，例如在车站，可安装检测接近列车的 PTI，当多次读入的车次号被传输时，自动列车追踪系统可以识别出这些读数属于这一列车。

列车运营是由时刻表决定的，时刻表系统建议列车的识别号。将车次号输入到相应进入的区段，按它们的出现顺序调用。

步进是列车号从一个显示区段移动到下一个与列车移动相应的显示区段的前进。当轨道区段发生从空闲到占用的状态变化，或轨道区段发生从占用到空闲的状态变化，或有来自 PTI 的有效列车数据的输入，或有来自 OCC（控制中心）的 MMI 的人工步进命令的输入时都会产生步进。如果由于故障不能自动步进，也可以手动步进。

2. 列车识别号跟踪

自动列车追踪系统要完成：列车号定位、列车号删除、车次号处理。

（1）列车号定位

列车号向轨道区段的分配由下列任一情况所启动：①在列车离开车辆段的地点，一个向正线方向的列车移动被识别，列车号从时刻表数据库取出；②来自 PTI 的有效列车数据输入；③来自 OCC MMI 的一个列车号插入或修改的输入，或在没有列车号能被步进到的位置识别到一个列车移动时，依照时刻表产生一个列车号。

（2）列车号删除

当步进超出自动列车追踪系统的监控范围，或从 OCC 的 MMI 功能输入一个人工删除命令时，列车号被删除。

（3）车次号处理

车次号处理包括：从 OCC 的 MMI 输入一个新的列车号、输入列车识别号、更改列车识别号、删除列车识别号、人工步进列车识别号、查询列车识别号。

（二）自动排列进路

通过列车进路系统，可实现进路的自动排列，这节约了调度员大量的操作工作量，其功能就是将进路排列指令及时地输出到联锁设备中去。

调度员在任何时候都可以绕过列车进路系统，用手动方式办理进路。列车进路系统则在可用性检查中检测这一行动。列车进路系统可由调度员关闭，这一点是必要的，因在调度员人工办理进路时，要避免列车进路系统发出命令的危险。列车进路系统可以因某些信号机、某些列车和某些联锁而关闭。

只有正方向才考虑自动选路，反方向要受到 OCC 的 MMI 的干预。

1. 运行触发点

列车进路系统只是在列车到达某一特定地点时才被启动，该特定地点被称为运行触发点。运行触发点的位置必须进行配置。运行触发点的选择应能使列车以最高线路允许速度运行。但运行触发点又不能发生得太早，否则其他列车可能会遇到不必要的妨碍。为此，可以确定一个延时时间来决定输出列车进路指令的时间，该时间被称为接通时间，由最长指令输出时间、联锁最长设定时间、列车到达接近信号机之前司机看到和做出反应的时间、预留的时间等来决定。

在驶近列车进路始端时，可以确定多个运行触发点。这样就可以保证列车进路系统的可靠工作，即使在出现问题而未发送出列车位置的情况下也能保证其可靠性。对每一条进路，应在其他始端的前方，配置一个附加的运行触发点，称之为"重新建立的运行触发点"。

对每个运行触发点，要对启动列车进路系统的目的地编码予以配置。列车进路由列车初始位置和列车的终到（目的）编码来确定。终到编码必须含在列车识别号中。列车位置、列车号是通过自动列车追踪系统报告给列车进路系统的，它决定了所要求的目的地。

2. 确定进路

当到达运行触发点的列车请求进路时，已配置的数据就确定了进路。为此，应为每个带有效目的地码的运行触发点配置一条进路。

对每一条进路，还可以配置出替代进路。替代进路是必要的，如果该进路已被其他列车占用，那么就可以把替代进路按优先顺序存储到运行触发点处。进路可由两种方法予以确定。第一种，进路由时刻表来确定。前提条件是必须有一个时刻表系统，能提供当天适应于每一列列车的时刻表。列车进路系统利用这些信息确定列车的进路命令，相关的替代进路也被确定。第二种，从地点相关的控制数据中来确定进路。为此有必要在车次号中包含目的地码，然后相应的进路就可以通过目的地码的方式指派到每一个运行触发点。

3. 进路的可行性检查

在进路设定指令输出到联锁设备之前，需进行若干可行性检查，该检查将决定执行或拒绝命令。首先要进行"进路始端检查"，以检查没有排列冲突进路。然后进行"触发区段检查"，检查没有其他列车处于该列车和进路入口之间，确认该列车是否到达进路的始端。接着要进行"进路可用性检查"，目的是防止将不能执行的命令发送到联锁设备。这种检查要经过若干步骤来实施：第一步，检查是否自始端开始的进路已排好；第二步，检查进路的自动办理是否可能；第三步，检查是否有短期障碍（如轨道区段被占用等）。如果所有检查都成功完成，则给联锁设备输出一个进路命令。

在规定的时间间隔之后进行"办理进路检查"，以查明联锁设备是否允许执行选择进路的命令且已办理好进路，并与输出命令相符。

（三）时刻表系统

时刻表系统要完成：时刻表数据管理、向其他 ATS 功能模块提供时刻表数据、向外部系统提供时刻表数据、为停站时间时刻表的在线装载设置界面、为时刻表的离线修改设置界面、为使用中的时刻表增加或删除一个列车行程设置界面、按自动列车追踪系统请求安排列车识别号。

ATS 设备包括时刻表数据库，该时刻表数据库里存储有 ATS 系统要求的所有时刻表信息。时刻表数据库里的信息是由时刻表计算机提供的。

1. 时刻表编辑

时刻表的编制和修改在离线模式下用给定的数据在时刻表编辑器中编辑。基本数据包括：站间旅行时间、车站与折返线之间的旅行时间、在折返线上的停留时间。

时刻表包括到站和离站时间。为了编制时刻表，调度员必须通过时刻表编辑界面输入以下数据：运行始发时间、运行始发地点、运行终到站、每一运行间隔阶段的开始时间和终止时间、每一运行间隔阶段（是一个时间段，在当日对所有列车有效）的运行间隔。

调度员通过时刻表编辑界面输入必要的信息后，时刻表编辑器从该信息中综合出所需时刻表。如果新的时刻表存在冲突就会被显示。调度员可以调整时刻表的结果。如果调度员存储时刻表，时刻表就被确定。为不同类型的运行阶段可存储不同的时刻表。

系统时刻表中列车运行图或列车运行档案通过列车运行图表示器显示出来。

2. 时刻表系统处理程序

手动选择当天运行的时刻表，这样的时刻表当天运行有效。

通过查询时刻表系统可得到列车的计划到达或出发时间及到达下一站的时间。列车自动调整从时刻表系统得到的用于列车调整的时刻表数据。

如果列车识别号在自动列车追踪时丢失，则向时刻表系统询问列车识别号，时刻表系统能给一个列车识别号建议。对此，确定的列车识别号是按当天时刻表预定的地点和时间最适当的车次。

3. 时刻表比较

时刻表比较器用来比较时刻表上预定的到达或出发时间和当前列车的到达和出发时间，为列车运行图表示器和自动列车跟踪提供列车与当前时刻表的偏差，启动列车自动调整列车。若时刻表偏差超过一规定值，时刻表偏差通过 MMI 给以显示，时刻表比较器进而给列车自动调整指令以调整列车的运行，其目标是补偿列车的实际偏差。此时，更新乘客信息显示盘上的列车到达时间。

（四）列车运行自动调整

由于许多随机因素的干扰，列车运行难免会偏离基本运行图，尤其是在列车运行密度高的城市，一辆列车晚点往往会波及许多其他列车。当出现车辆故障或其他情况时，列车运行紊乱程度更加严重，此时就需要从整体上大范围地调整已紊乱的运行秩序，尽快恢复运行，但人工调整很难尽善尽美。

采用自动调整方法可以充分发挥计算机的优势，能比较及时并全面地选出优化的调整方案，使列车运行调整措施更智能化，避免人工调整的随意性。同时，调度员也可以积极发挥主观能动性，尽一切可能主动干预列车运行调整。

l.列车运行调整所需采集的数据

调整列车运行，首先必须实现对列车运行情况及轨道区段、道岔、信号机等设备状况的集中监督。

基本数据包括：车站的顺序和种类、站间旅行时间、各站的停站时间、车站与折返线之间的旅行时间、在折返线上的停留时间和计划时刻表数据等。

实时数据包括调度员下达的控制指令、在线运行列车的实时位置和速度、在线运行列车的限制速度和安全距离。

2.列车运行调整的目标

①减少列车实迹运行图与计划运行图的偏差；②所有列车的总延迟最短；③减少乘客平均等待时间；④列车运行调整的时间尽量短；⑤实施运行调整的范围尽量小；⑥使整个系统尽快恢复正常运营。

3.列车运行调整的系统模式

列车运行调整的系统模式按系统调整列车运行的自动化程度，可分为人工调整和自动调整两种类型。

人工调整模式下，除具有自动排列进路、自动的时刻表和车次号管理功能外，还具有自动调度功能，即能根据时刻表和调度模式，按时自动调度列车从端站出发，但运行调整仍需要人工进行。

自动调整模式除具有人工调整模式的全部功能外，还具有自动调整功能，能根据计划时刻表自动调整列车停站时间和运行等级，使列车尽量恢复正点运行。

调度员应具有通过策略选择程序引用正确策略的能力。对计算机显示的可应用方案和可实施选择方案，什么样的修正动作是最适宜的，调度员应能做出最佳判断，选择最适宜的方案。

4.列车运行调整的基本方法

对列车运行进行调整，实质上是对列车运行图的重新规划，它是在 ATS 系统对列车运行和道岔、信号设备能实时控制的基础上实现的。当列车偏离计划运行图的程度不大时，可以利用运行图自身的冗余时间，对个别列车进行调整即可恢复按图运行；当列车运行紊乱程度较严重时，则需要大幅度调整列车运行。

（1）改变车站停车时间

通过车站 ATS 系统适时发送命令，控制站内列车的停站时间。若列车晚点，可使列车提前出发（但也必须受车站最小停站时间的约束）；若列车早点，则可延长列车停站时间。这种方法可以在一定范围内调整列车正点运行。

（2）改变站间运行时间

根据列车的速度和位置，可以预测列车到达下一站的到站时间。如果预测的到站时间晚于计划到站时间，可以向列车的 ATO 设备发送命令，提高 ATO 运行等级，缩短站间运行时间，从而及时消除可能出现的晚点。

（3）越站行驶如果列车晚点太多，需要快速赶点，可要求列车直接通过下一个车站或多个车站，以尽快恢复到计划时刻表上。

（4）改变进路设置在有股道的车站，可通过改变进路的设置来改变列车运行的先后顺序，从而达到调整的目的。

（5）修改计划时刻表

当列车晚点时间比较多，或者涉及晚点的列车比较多时，可以考虑直接修改计划时刻表，尽可能地减小对整个系统的影响，保证系统的有序运行。修改计划时刻表通常包括加车、减车和时刻表整体偏移等。

5.列车运行调整的算法

（1）线路算法

一旦列车进入运营，线路算法将监视和控制列车的运行性能。线路算法的主要功能是快速和自动地管理由于较小的线路干扰造成的延误。线路干扰是指列车与其时刻表相比提早或滞后的状态，这将影响列车停站时间和在正线上列车的运行。线路算法通过调整列车的停站时间和运行等级，动态和自动地调整列车运行性能和列车运行时刻，使延误的影响减小或消失，以使本站的出发计划误差和下一站的到达计划误差最小。线路算法还可调整受影响列车的前行列车和后续列车的空间间隔，以平稳地脱离线路干扰。当线路算法确定一列车或一组列车不能保持与时刻表一致（在时刻表误差内）时，它将产生一个报警。调度员能从时刻表控制中撤销一列车或一组车或者修正时刻表误差并取消报警，还能终止线路算法的自动运行。线路算法还应用于列车到达车站之前启动车站广播设备和乘客向导系统的控制。

（2）进路控制算法

进路控制算法将监督所有运营中列车的进路。列车上所存储的进路应能被控制中心改变。控制中心能自动地或由控制台发出命令，要求改变目的地，并且能验证列车已收到的新目的地。

（五）列车控制和显示

当调度员通过键盘等输入命令时，列车控制和显示功能将驱动显示和报警监视器，提供运行状态和历史信息，还检查从现场返回的所有状态数据并按要求动态地更新显示和报警消息；允许调度员在授权的情况下，人工向系统输入命令，调用各种显示；处理所有调度员的输入及协调这些输入的执行。列车控制和显示功能不允许不能执行的自动控制请求。

ATS 主机服务器将处理所有送到调度员工作站的输入和来自该工作站的输出，接收从工作站来的命令，包括：登记、退出、显示、硬拷贝、跟踪、列车控制、自动运行调整、数据输入、一般用户信息、报警、报警处理、进入/退出处理、列车和轨旁 ATC 状态请求、诊断信息请求等。

对重要的命令采用命令释放程序，如调度员的命令和确认，进路、保护区段、轨道区段、道岔和信号机的状态，列车位置，时刻表数据库中的每日时刻表，时刻表偏差，所有 ATS 功能的错误信息，以及记录功能中的运营信息和错误信息。

调度员可通过 ATS 控制中心控制联锁设备，借助于设备显示器上的对话框和鼠标来输入联锁指令，然后送到联锁设备中。可实现如下操作：打开/关闭列车进路模式、打开/关闭联锁区域、指定联锁区域、操纵单一道岔。

车辆段内信号机由车辆段信号楼控制，出段信号机由 ATS 系统自动控制。段内调车作业应能自动追踪，并能与 ATS 控制中心交换信息。

操作授权决定调度员可以使用哪些命令和可以访问哪些信息。调度员操作授权由系统管理员决定，并且通过登录过程完成。

线路的现状通过 MMI 以图形方式实时地向调度员显示。全线概况显示由 ATS 系统控制，显示的信息包括列车的位置和进路状况、车站名和站台结构、保护区段、轨道区段、道岔和信号机的状态、所有 ATC 系统状态和工作的动态表示、ATC 报警信息。信息的类型与显示的详细程度可以由调度员的显示控制命令控制。缩放功能允许从全景显示缩放到单个要素的显示。

MMI 可显示调度员对话框和基本视窗。所有的功能、线路的总体情况和详细情况都可以在基本视窗上进行选择。

以下功能可通过基本视窗进行选择：设备和系统的总体概况；对话，例如用于系统登录/退出，或者调度员控制；信息功能，例如操作日志或者用户的登记。

系统的总体概况显示出各种硬件设备及它们的状况。通过这种办法能很快查找出损坏的设备。

列车识别号总体显示表示每一列车的列车识别号。

详细情况显示是详细地表示出一些较小的区域，用于控制决策及用于监督特定列车或功能，如线路地形、列车识别号及道岔编号、信号机编号和详细报警。

（六）记录功能

记录功能包括：按顺序和类别存档从其他 ATS 系统得到的信息，例如操作信息和错误信息；能够通过 MMI 检查记录；记录序列存放在 MMI 工作站上，必要时能够回放。

收到的操作信息和错误信息按事件和起因分类。每个信息的文本和类别按时间顺序存储在操作记录上。

ATS 系统的记录功能允许 MMI 工作站记录显示在监视器上的事件。记录功能只在控制中心的调度员工作站上有效，并在这些工作站记录 MMI 监视器显示的画面。

（七）列车运行图显示

列车运行图在线路 - 时间坐标上显示。横坐标是线路轴，纵坐标是时间轴。线路上的车站按次序描绘在线路轴上。

在计划运行图中，显示预定的到站和离站时间。

在实迹运行图中，显示当天计划运行图，以及当天的相应计划运行图与时刻表的偏差。实迹运行图与相应计划运行图用不同的颜色对比显示。

各种运行图的每一运行线上，都标示了线路标志和列车行程号。时刻表偏差显示在对应该列车的运行线边，该偏差表示相应列车通过该车站的发车时间偏差。

通过列车运行图显示功能可执行下列操作：设置运行图颜色、放大部分运行图、调出时刻表、调出当前运行图。

（八）培训 / 演示

培训 / 演示系统能完整测试 ATC 系统全线的列车运行调整和列车跟踪功能的有效性。此外，模拟应能验证特定时刻表的有效性。模拟功能是交互式的，允许调度员输入。培训 / 演示系统具有两种供学员选择的模式，一种模式是列车运行模式，在该模式下学员可以通过选择某一联锁管辖区，在显示器上观察该区的工作情况，作为系统的初步培训；另一种模式为指令模式，在该模式下，学员可进行各种命令输入，并能通过显示器动态地给出命令响应，如果命令错误，自动给出提示报警，由此可对学员进行实际操作的培训。

I. 培训 / 演示系统的组成

培训 / 演示系统包括一个模拟 MMI（DS）和一个模拟 PC（S-PC）。

DS 是供学员学习的，在培训 / 演示系统中模拟 ATS 部分，包括 ADM、COM 和MMI。DS为一个工作站，带有两台监视器和一台用于打印操作日记和报警表格的打印机。该工作站能执行多达 20 列列车的 ADM/COM 和 MMI 的功能，其操作系统、ATS 软件模块及应用数据通常都与 ATS 系统一样。

S-PC 是供教师使用的，是一个标准的 PC，在培训 / 演示系统中模拟外部设备和处理过程。该 PC 机的性能足以保证能模拟要求的行车间隔内的 20 列列车。

S-PC 和 DS 是通过以太网连接的。

2.DS

在 DS 上只能模拟必需的 ADM、COM 和 MMI 功能。模拟系统无冗余。

学员需用相应的用户名才能进入DS。MMI功能是否全部、部分或完全不对学员开放，取决于这一用户名。

DS 上必要的 ADM 功能都对学员开放。

COM 中用于模拟目的的功能，在 DS 上开放，包括：列车时刻表比较、列车自动调整、自动办理进路、列车监视和追踪、时刻表管理（但不得对时刻表进行修改）。

COM 中的以下功能不在 DS 上开放：PIS（乘客向导系统）、DTI（发车计时器）、BAS（环境与设备监控系统）、FAS（火灾自动报警系统）、车辆段联锁接口、通话。

概况显示在 MMI 上的模拟模式下全部可以实现，概况显示包括轨道概况、列车号概况、细部概况及系统概况。

在模拟模式下学员完全可以实现以下对话：变更责任（全部功能）、记录、变更工作站、联锁对话、列车移动监视、列车自动调整对话。

在模拟模式下学员不具备以下对话：车辆段服务对话、时刻表编辑、列车运行图显示、记录和回放。

3.S–PC

S-PC 模拟全部有关联锁功能、有关外部设备、有关 ATP 功能、有关 ATO 功能、列车运行。S-PC 具有图像操作界面，里面装有用户化的线路平面图。

与 MMI 一样，S-PC 显示线路平面，包括联锁元件及列车运行车次。DS 和 S-PC 的显示因为模拟的局限与实际设备的状态可能不相同。联锁元件的显示也会按实际情况的变化而变化。用这种办法，教师就可在 S-PC 上设置轨道电路是否空闲或被占用，进路是否已办理完毕等。

在正常操作情况下，即无教师输入任何干扰的情况下，在 S-PC 上模拟实际过程时，只需很少的操作。

S-PC 模拟每一个相关的联锁元件（轨道区段、信号机、道岔）的功能，若有状况的变化，则将其用报文形式传送到 DS。模拟联锁元件之后，还模拟相关的联锁功能，实时模拟办理进路，ARS（自动办理进路）的开 / 关及从当地控制转到遥控都属此范围。

S-PC 全部模拟 PTI（列车识别系统）功能。当列车进入或离开车站时或者停在车站时，S-PC 将 PTI 报文（到达、停车和出发报文）发送给 DS。对那些在车站区域以外的 PTI，PC 将在列车通过 PTI 时就产生一个通过报文。

S-PC 还生成 RTU 的生存标志。

DTI 功能仅仅是部分模拟。如果列车在车站停车，那么 S-PC 在停留时间过后，就自动解除停车点的命令，以使列车离开车站。

ATS 与 ATP 功能有关的只有"运营停车点的办理和解除"及车站内紧急停车和反向命令等，因此 S-PC 不模拟其他的 ATP 功能。如果一列车离开车站的轨道区段，S-PC 则办理其运营停车点。如果另外一列车又进站了，而原运营停车点又没被取消，那么该停车点就继续保持下去。在停车点解除之后，列车就继续行驶。停车点还可由 ATS 在列车进入车站之前予以解除。在这种情况下，列车就会实现经车站不停车运行。

ATS 与 ATO 功能有关的仅有"惰行 / 巡航"和给出的列车识别号。因此，S-PC 不模拟其他的 ATO 功能。在 S-PC 的模拟过程中，要给出两站之间的距离。S-PC 通过走行时间和到达目的地车站的距离就可以确定出准点到达目的地车站的速度。与真正的 ATO 不同，该模拟器的速度对整个运行时间都是常数。所确定的速度限制在实际的最大允许速度值内。输入到 S-PC 里的列车识别号可以由 DS 更改。

模拟列车运行时，如果 ATR 被关闭，那么列车则以在 S-PC 中规定的某一速度走行。例如，列车每 15s 就向前移动一个轨道电路。对使用中的 ATR 而言，列车向前移动的速度不是常数。给出旅行时间，S-PC 就计算出列车相对实际速度的向前移动的相对时间。

第五节　基于轨道电路的ATC系统

基于轨道电路的 ATC 系统是依靠轨道电路传递行车信息，进行车地通信，进而完成 ATC 功能的。

一、速度码系统和距离码系统

用于城市轨道交通的音频轨道电路有模拟音频轨道电路和数字编码音频轨道电路两种。采用模拟音频轨道电路的构成速度码系统，采用数字编码音频轨道电路的构成距离码系统。

不论是速度码系统还是距离码系统，其轨道电路都被用作双重通道：当轨道电路区段上无车时，轨道电路发送的是轨道电路检测信号或检测码；当列车驶入轨道电路区段时，轨道电路立即转发速度信号或者有关数据电码。

（一）速度码系统

速度码系统通常使用频分制方法，采用的是移频轨道电路，即用不同的频率来代表不同的允许速度。由控制中心通过信息传输媒体将列车最大允许速度直接传至车上，这类制式在信息传递与车上信息处理方面比较简单，速度分级是阶梯式的。

当列车进入某一轨道电路区段后，检测继电器落下，向轨道电路改发来自控制中心的速度信息。调制频率各代表不同的允许速度，显然，这种速度分级是比较粗略的。

速度码系统从地面传递给列车的允许速度（限速值）是阶梯分级的，在轨道电路区段分界处的限速值是跳跃式的。

各轨道电路区间采用不同的频率，车载设备的自动调谐（频率跟踪）能使列车接收装置自动适应所在轨道电路的传输频率。

（二）距离码系统

距离码系统采用数字编码音频轨道电路。从地面通过轨道电路传至车上的是前方目标点的距离等一系列基本数据，车载计算机根据地面传至车上的各种信息及储存在车载单元内的列车自身的固有数据可实时计算出允许速度曲线，并按此曲线对列车的实际运行速度进行监控。

距离码系统的速度监控是实时、无级的，可以构成准移动闭塞，有效地实现平稳驾驶与节能运行及较高的行车效率。

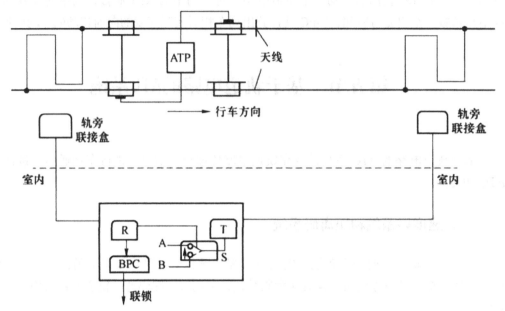

图 5-1　用数字编码音频轨道电路实现连续式列车速度监控原理图

R- 接收；T- 发送；BPC- 比特－致校核；A- 轨道电路发码；B-ATP 信息发码；S- 转换继电器

图 5-1 为用数字编码音频轨道电路实现连续式列车速度监控原理图。当列车进入该轨道区段时，转换继电器落下，一方面向联锁装置给出有车占用的表示，另一方面由转换继电器接通列车速度控制系统的发码装置，通过轨道电路的发送电路将有关列车控制的地面信息送上轨面，这些信息将由位于列车最前部的车载天线接收。当列车驶离该轨道区段时，转换继电器吸起，导致轨道电路发送轨道检测码，使轨道继电器吸起。

当列车进入轨道区段时，轨道电路以频移键控方式向车载设备传送信息。该信息以按协议约定的报文电码形式传送。

报文电码数据是串行传输的，电码分为起始同步码、信息码、安全监视码、终止码四大部分。起始同步码用来识别一组电码的开始，车上、地下实现同步。终止码用来识别一组电码的结束。信息码的内容与报文结构应按照协议构成。

通常，信息码包括以下内容：①车站停车点（用以构成列车停站后开启车门的一个条件）；②列车运行方向；③开启哪一侧的车门（车站站台的位置，左侧或右侧）；④下一段轨道电路的入口允许速度；⑤区间最大速度（取决于线路状态）；⑥下一段轨道电路区段的坡度；⑦至限速区间起始点的距离（指列车所在轨道电路区段的始点至限速区间起始点的距离）；⑧限速区间的允许速度；⑨目标距离（指列车所在轨道电路区段的始点至目标点的距离）；⑩目标速度（目标点的允许速度，如目标点为停车点，则目标速度为零）；

⑪ ATP 系统的开始与结束；⑫ 列车所在轨道电路的编号确认；⑬ 列车所在轨道电路的长度；⑭ 下一段轨道电路的编号；⑮ 下一段轨道电路的载频频率（用于车载设备预调谐）。

二、基于轨道电路的 ATC 系统举例

曾经有多种制式的基于轨道电路的 ATC 系统在我国城市轨道交通中被运用，现介绍 ALSTON 公司的 ATC 系统。

（一）ATC 系统基本配置

一条线路划分为若干个 SECTOR 区，每个 SECTOR 区包括 2 ~ 4 个车站。车站按设备设置分为主设备站（MES）、CBI（计算机联锁）站和无岔站三种。

1. 主设备站

主要的信号设备集中在 SECTOR 区的特殊车站，这些车站称为主设备站。每个 SECTOR 区包括 2 个、3 个或 4 个车站及相关的站间轨道电路。一个主设备站包括轨道电路机架、SACEM 的 SECTOR 设备及车站 ATS 设备。

2. CBI 站

有联锁设备和车站 ATS 的车站称为 CBI 站。一个 CBI 站包括轨道电路机架和车站 ATS 设备。在每个 CBI 站及主设备站设有防雷架，用来保护与轨道设备相连的电缆。

3. 无岔站

没有道岔的车站称为无岔站。无岔站只有 DI 和 PEP，它们由控制无岔站的联锁设备远程控制，没有其他信号设备。

试车线完全与正线分开。该试车线包括一套 SECTOR 设备、一个轨道电路机柜和测试车载 SACEM 功能所必需的信标。

（二）主要设备

1. 控制中心 ATS

控制中心 ATS 提供线路管理所需要的所有功能。主要功能有：线路监督（包括列车跟踪、定义任务和相应的时刻表）、自动和人工排列进路、全线运行管理、报警管理、统计。

控制中心设有中央 ATS 设备，还包括中央冗余 ATS 应用服务器（热冗余）、前端处理器（热冗余）、不同操作员的工作站（2 个调度员工作站、1 个主调度员工作站、1 个维护 / 工程工作站、1 个培训工作站）、全线视频显示器、打印机及必要的通信设备。

应用服务器、前端处理器、操作员的工作站和全线视频显示器通过双以太局域网（TCP/IP）交换数据。

应用服务器执行控制中心 ATS 功能的处理。

前端处理器执行与外部系统之间的通信，与车站 ATS 的通信及与车辆段 ATS 的通信。

控制中心 ATS 与车站 ATS 通信以获得所有的数据信息，并把选定的调度员命令发送给信号设备。

ATS 监督属于 ATS 配置下的操作员工作站（OCC、主设备站、CBI 站）的状态、控制中心 ATS 应用服务器和前端处理器的两个单元的状态、每个车站 ATS 应用服务器和前端处理器的两个单元的状态、车辆段 ATS 前端处理器的状态、与外部系统的链接状态。这些状态显示在控制中心的调度员工作台上（以报警和 / 或图形符号的形式）。

全线视频显示器显示整个线路的视图，在显示器上显示的设备状况与运行显示器上显示的一样，不能在显示器上进行任何控制。在显示器上显示的能活动的符号有：轨道电路、道岔、进路、信号机、站台紧急按钮、列车确认号、接触网状况、火灾报警。全线视频显示器还用来显示 CCTV 系统提供的 CCTV 图像。

2. 车站 ATS

车站 ATS 的主要功能是：人工控制信号、自动排列进路、报警管理。

车站 ATS 是建立在分散的处理器上的，它为其他信号子系统（SACEM、VPI2）与控制中心 ATS 接口提供了非常高的可用性。

每个 CBI 站和主设备站均设有一个冗余的车站 ATS 应用服务器和前端处理器、一个车站值班员工作站和必需的通信设备。车站 ATS 应用服务器、前端处理器、值班员工作站通过双以太局域网（TCP/IP）交换数据。

车站 ATS 应用服务器通过冗余的串行线与计算机联锁、本地轨旁 SACEM 设备相连，串行线通过串行连接开关自动连接到运行的计算机上。

每个车站 ATS 与本站的联锁设备和中央 ATS 进行通信，车站 ATS 主要设备同 SECTOR 通信，所交换的数据包括进路管理、运行控制所需的信息和轨旁设备的状态信息和维修数据。

3. 车辆段 ATS

车辆段 ATS 包括：一个非冗余的前端处理器（PEP）和两个操作员工作站。

PEP 服务器完成本地功能的处理，并且完成与外部系统的通信及与中央 ATS 的通信。操作员工作站是信息获得和显示设备。

4.SACEM

SACEM 是基于"目标距离原则"的 ATP/ATO 系统。

SACEM 是建立在分布在线路上的轨旁计算机和车载计算机基础上的。

每个轨旁计算机控制线路上一个区域内的列车，一个区域包括一个或几个车站。这个区域称之为一个 SACEM 区。为了保证能连续不断地控制线路上的列车，相邻 SACEM 区的计算机也不断地交换信息。

轨旁 SACEM 管理相关的安全功能（ATP）和运行功能（ATO）：与联锁设备的接口、轨道描述和数据描述的安全信息、精确调整、主动的列车识别。

（1）轨旁 SACEM 设备

轨旁 SACEM 设备放置在主设备站的信号设备室中，称为 SECTOR 设备。它的作用相当于一个邮箱。

它从联锁设备接收轨道状态信息和站台紧急按钮 PEP 信息，从 ATS 接收运行调整命令。

它发送给列车的信息包括：按照进路地形图原理的轨道描述和轨道状态信息、从 ATS 接收到的运行调整命令、临时限速信息。

它执行数据登录和维修数据，并将这些数据发送给 ATS。

它从列车接收维修数据和 PTI 信息，并将它们发送给 ATS。

它向相邻的 SACEM 的 SECTOR 设备传送已发送给列车的有关信息，使列车能越过其管界。

（2）车载 SACEM 设备

车载 SACEM 设备确保下列功能：列车定位，基于安全里程计和轨旁信标；紧急制动控制，决定防护区域，并采取安全措施防止任何情况的危害。

每个驾驶室中都安装有一套车载 SACEM 设备。车载 SACEM 设备通过接收线圈接收来自轨旁 SACEM 设备的信息。所接收的信息包括：进路地图、轨道状态、临时限速、运营调整指令，这些信息使得列车能够计算出前方下一个停车点。车载 SACEM 设备向轨旁 SACEM 设备发送维修数据和 PTI 信息。车载 SACEM 设备与驾驶室显示单元 DDU 相连接，可向司机进行信息显示并采集来自司机的信息。车载 SACEM 设备与机车控制台相连接，以选取驾驶模式并通知司机，并且将速度限制和实际速度在显示单元 DDU 上显示给司机，并采集来自司机的信息。每个司机室设置一套冗余 ATP 系统。

车载 SACEM 设备安装在每个司机室内，并与它的外围设备、天线、接收线圈及编码里程计相连接。

车载计算机通过信标和它们之间的位移测量，能够使列车在轨道上定位。

ATP 系统控制紧急制动，它能够决定防护的位置，并且采取安全措施以防止当时情况下的任何危险。

ATO 系统控制列车，它生成列车牵引和制动命令。

TDMS 系统完成数据记录、维修数据和 TIMS（列车信息管理系统）接口。

5. 数字轨道电路

数字轨道电路（DTC）用来确保列车检测和地对车通信（在轨旁 SACEM 设备和列车之间连续不断地通信），它实现安全性列车占用检查和断轨检测功能。

连续的地对车通信提供给列车安全的编码信息，这些编码描述了轨道信息及道岔、信号机的状态、闭塞区间的信息。连续的地对车通信还为 ATO 及运行间隔的调整传送非安全信息。

DTC 与轨旁 SACEM 设备接口以实现地对车通信，它与 VPI 系统设备接口以实现列车占用检测。

DTC 机架位于车站的信号设备室。室外设备有调谐单元及与其相连的 S 棒及箱盒。

6. 点式传输的信标系统

信标系统确保从车载 SACEM 到轨旁 SACEM 的通信，接收来自列车的维修数据和 PTI 信息。当列车行驶过信标时，信标所收到的信息由相应的 SACEM 的 SECTOR 设备接收。

当列车穿过或停在信标上方时，特殊信标（称之为"初始化信标"）允许列车初始化车载 SACEM 设备的位置。

初始化结束后，列车的位置信息将由编码里程计测量位移来更新。在任何情况下，列车必须不时地重新定位，这是在列车驶过重定位信标时实现的。

这些信标采用的是 EUROBALISE 类型的信标。

列车对轨道的传输使用 EUROBALISE 向下链接信标（TWC 信标）。列车通过信标时，TWC 信标接收的信息由相应的轨旁 SACEM 设备收集，它接收来自列车的维修数据和 PTI 信息。

（1）静态列车初始化信标（STIB）

STIB 位于线路中间，长 4m，黄色，位于每个站台的头部和折返信号机前方。STIB 主要用来对车载 SACEM 进行初始化。

（2）重定位信标（RB）

RB 位于线路中间，长 53cm，黄色，站台和区间都有。RB 主要为车载 SACEM 进行定位所用。

（3）移动列车初始化信标（MTIB）

MTIB 由两个 RB 组成，相隔 21m，只有区间有（一个区间一个）。MTIB 有三个作用：对车载 SACEM 进行初始化、列车定位、校准编码里程器。

7. 轨旁信号设备

轨旁信号设备还包括阻抗棒等。

第六章　城市轨道交通运营管理

第一节　城市轨道交通建设运营模式

一、城市轨道交通建设模式

众所周知，城市轨道交通建设周期长、工程技术复杂、投资巨大，需要政府不断投入较大数额的财政资金。城市轨道交通一经建设，不会轻易停运，需要政府持续不断的财政支持，这将带来城市财政收支平衡的风险和压力。因此，城市轨道交通建设不仅要坚持量力而行、有序发展，而且更重要的是应探索行之有效的城市轨道交通建设模式。这是涉及我国城市轨道交通可持续发展的更深层次的问题。

（一）城市轨道交通投融资模式

根据资金来源和不同投融资工具的应用，城市轨道交通产业的投资融资模式可分为三类基本模式，即完全政府投资模式、政府主导的债务融资模式和多元化投融资主体模式。

l.完全政府投资模式

由于城市轨道交通建设项目盈利能力低、正外部效应强、难以吸引社会投资，因此很多城市，特别是较早期建设城市轨道交通项目的城市都采取了完全政府投资模式。在该模式下，政府是唯一的投资主体。因此具有管理体制简单、公益性较强和融资成本较低等优点。但缺点也较为明显：一是由于工程造价的不断上涨，以及城市轨道交通建设的快速发展，政府财政资金难以满足基础设施建设的需要；二是不利于城市轨道交通运营企业引入先进的公司管理模式；三是缺乏对经营者有效的激励约束机制，运营效率不高。

2.政府主导的债务融资模式

该模式是城市轨道交通建设较为普遍采用的模式。在该模式下，政府仍然对城市轨道交通建设资金的融资起着主导作用。首先，政府需要投入一定比例的资本金；其次，由于城市轨道交通经营的公益性，企业债务融资的还本付息实际上还是由政府承担；最后，在企业进行债务融资的过程中，金融机构和利率事项等具体的投融资相关事宜的安排也往往由政府主导。

政府主导的债务融资模式有着资金筹措程序简单、到位快等优点，对满足当前我国地方经济发展对城市轨道交通的迫切需要，缓解财政建设资金不足等方面起到一定的积极作用。但其存在的问题是，如果城市轨道交通运营企业无法成功构建城市轨道交通的盈利模式，城市轨道交通项目未来的还本付息还将由政府以财政资金或者划拨土地等资源方式解决，无法从根本上解决城市轨道交通建设运营资金短缺的问题。另外，在这种模式下，企业股权结构依然单一，难以引入先进的公司管理模式，企业经营绩效往往不高。

3. 投融资主体多元化模式

政府主导下的债务融资模式只是减轻了政府即时的资金压力，在盈利机制不健全的情况下，城市轨道交通项目贷款的还本付息压力最终还是由政府承担，只不过在政府资金的投入时间上往后推移了，并没有减少财政资金对城市轨道交通建设的总投资量，因为以上两种投融资模式投融资的主体仍然是政府。只有实现城市轨道交通投融资主体的多元化，改善企业治理结构，提高企业管理水平，吸引社会资本进入城市轨道交通建设，形成城市轨道交通投融资、建设和运营的良性循环，才能从根本上解决城市轨道交通投融资问题。

（二）城市轨道交通线网规划模式

城市轨道交通线网规划是在确定的规划期限内，对整个城市轨道交通线网的总体结构、线路规模、站点布局、用地控制、车辆段及枢纽站的配置等所做的规划。线网规划是城市轨道交通建设、运营和相关资源开发利用的前提，其质量直接决定着城市轨道交通系统的优劣程度和经营效率。

从城市轨道交通与土地开发先导关系角度分类，目前，世界大城市轨道交通线网规划模式可以分为以解决目前交通紧迫问题，符合现状最大客流的"客流紧随型"SOD（Service-oriented Development）模式和引导土地开发导向、支持新区建设的"规则引导型"TOD（Transit-oriented Development）模式。从政府在城市轨道交通规划中所起的作用角度分类，可以将城市轨道交通规划分为"政府主导型"和"政府引导型"两种模式。

SOD模式的主要优点：首先城市轨道交通客流预测有现成的城市客运量、居民出行数据为基础，线网规划可以沿着城市主要交通走廊进行布置，因而不确定性小、风险性小。其次，这种模式的时效性比较显著，经济和社会效益比较可观。最后，在客流密集地区建设城市轨道交通项目，容易赢得社会各方面的支持。

SOD模式的主要缺点：城市轨道交通经营成本较高，可持续发展能力不足。此外，由于在城市主要建成区施工，会给城市生活带来相当长一段时间的交通拥挤和紊乱，对城市轨道交通经营带来一定的负面影响。

在TOD模式下，要求城市发展以轨道交通的发展和完善为基础，城市轨道交通站点周边的各类商业民用设施的开发均以城市轨道交通的社会效益最大化为基本原则,最终形成城市的集约化、可持续的发展模式。因此,在一定程度上有着"人跟线走"的特征。这种规划模式强调城市轨道交通建设的土地要综合利用,将居住、零售、办公和公共空间组织置于以城市轨道交通站点为核心的社区步行环境中,从而为城市发展带来更好的社会效益、经济效益和环境效益。

TOD 模式的缺点:由于 TOD 模式是基于预测的规划模式,它依赖于未来城市发展目标、定位、城市规划以及相关社会资源的配套与支持,是多目标的价值取向和多种公共政策共同的结果。因此,存在较大的不确定性。一旦引导功能未实现,会导致城市轨道交通后期运营的困境和发展的障碍。此外,由于城市轨道交通建设后的初期客流量会比较小,因此项目投入运营的初期经济社会效益也不明显,线路开通后的一段时间内在线路运营方面难以实现财务收支平衡。

"政府主导型"模式是我国目前大多数城市采取的城市轨道交通线网规划编制方式,政府在规划领域中起着主导作用。"政府引导型"模式是目前世界上多数先进城市编制城市轨道交通线网规划时通常所采取的方式。

(三)城市轨道交通线路建设工程管理模式

工程项目管理模式是指一个工程项目建设的基本组织模式以及在完成项目过程中各参与方所扮演的角色及合同关系。经过多年的发展,项目管理模式不断创新与完善,国内外衍生出灵活多样的项目管理模式。根据工程项目的合同关系与组织管理关系的不同,现代项目管理大致可分为传统的项目管理模式、工程总承包项目管理模式、由专业化机构进行项目管理模式和公共设施及服务私营化模式四大类。

二、城市轨道交通运营管理模式

(一)城市轨道交通运营管理模式分类

城市轨道交通系统的运营管理是综合利用相关设施为乘客提供优质服务的保证。由于世界各城市轨道交通发展历史与运营条件各不相同,其运营管理模式呈现出多样化特点。城市轨道交通采用何种运营管理模式,与行业性质、产品性质、经营权与所有权的关系,以及运营与投资、建设的关系等密切相关。按资产属性及运营企业性质划分,世界城市轨道交通的运营管理模式主要可分为以下六种。

1. 有竞争条件下的官办官营模式

这种模式下,城市轨道交通系统的线路(含线路上的所有交通设备)归政府所有,其经营权由两家或两家以上的国有运营单位通过招标方式获得。

该模式的特点是带有计划性质的市场竞争，此时政府作为业主给企业的补助较为优厚。一方面官办性质的企业不能过分重视盈利，所以票价的制定不会盲目追求利润，带有一定的福利性。但是由于创造了一定的竞争环境，客观上提高了企业的主观能动性。

2. 无竞争条件下的官办官营模式

这种模式下，城市轨道交通系统的线路归政府所有，并由一家单位独家运营，或由两家以上的单位按照行政区域划分运营范围。

此种模式的特点是城市轨道交通的运营者由政府指定，并给予相应的补贴。欧美国家多采用此种模式，主要是因为欧美国家的城市轨道交通系统客流密度比较低，盈利可能性较小，那么就由非营利的公共团体代表政府进行管理。其票价的制定带有很大的福利性，运营收入不能抵偿运营成本，日常开销也主要靠补助来维持。

3. 官办半民营模式

在这种模式下，轨道交通的线路为政府所有，而运营权交给由政府占主导地位的上市公司。

香港地铁的运营管理就属于这种模式。香港地铁公司是上市公司，特区政府是其第一大股东。特区政府委任有关人员组成香港地铁公司董事局之后，让其按照商业原则进行运作，政府对市场主体的规范则依靠法律手段。

4. 官办民营模式

在该模式下，轨道交通的线路为政府所有，并交由民间股份公司或以民营资本为主的上市公司运营管理。

它的主要特点：轨道交通作为福利由政府投资建设，在运营期间政府不干涉运营收入，也不对运营开支进行补贴，只是指定运营水平和规则，以此保证城市轨道交通的公共福利性；运营公司无线路所有权，但对其经营负责所有的经营成本与收益管理。

5. 公私合营模式

在此种模式下，轨道交通的线路归政府和地方公共团体所有，其经营权也由政府和地方公共团体共同组织人员运营管理。其特点是轨道交通是由政府和地方公共团体共同投资建设，运营期间的补助金也来自政府和地方团体。

6. 私办私营模式

私办私营模式中线路的投资、兴建、运营均由私人集团承担，政府无权干涉。

这种模式下，私人投资者的兴趣被最大限度地激发，但是政府与私人投资者在线路走向与票价等敏感问题上会不可避免地发生冲突，政府难以保证城市轨道交通作为公共福利事业的本质。由于城市轨道交通的投资回收期长，私人投资者要有在运营期间偿还贷款利息的心理准备。此时，私人投资者会严格控制城市轨道交通系统的建设和运营成本。曼谷轻轨的建设和运营就是属于此种模式。

（二）城市轨道交通运营管理模式的适用性

城市轨道交通的运营管理模式在世界各国呈现出多样化的格局。由于不同的管理模式是在不同的社会环境下发展起来的，在具体选择时应立足城市的实际状况，设计和选择适应具体城市的管理模式，以有利于城市轨道交通的可持续发展。不同的运营管理模式均存在自身的优势与不足，有自己的适应范围。

第二节　运输计划

运输计划是城市轨道交通系统运输组织的基础。从社会服务效益看，轨道交通系统应充分发挥运量大和服务有规律的特点，安全、迅速、正点和舒适地将乘客运送至目的地。从企业经济效益看，轨道交通系统的运营应实现高效率和低成本。为了达到这个目标，轨道交通系统的运输组织必须根据客流的特点，合理编制运输计划，合理调度指挥列车运行，实现计划运输。

运输计划的内容包括行车计划、列车运行交路、列车停站设计和车辆运用计划等。运输计划的编制基础是客流、技术设备及其能力等相关因素。

一、客流计划

客流计划是运输计划期间轨道交通线路客流的规划，是编制全日行车计划、车辆配备计划和列车交路计划等的基础。

（一）客流变化特点

城市轨道客流是指在单位时间内，某条线路上特定方向的乘客人数。客流的概念既表明了乘客在空间上的位移及其数量，又强调了这种位移带有方向性和具有起讫位置。

客流可以是预测客流，也可以是实际客流。客流是动态流，随天、时、地的变化而改变，这种变化是城市社会经济活动、生活方式在轨道交通系统的反映。客流变化主要体现在空间分布和时间分布的变化两个方面。

客流的变化特点包括以下几个方面：①一日内每小时的客流变化；②一周内每日客流的变化；③季节性或短期性客流的变化；④每条线路客流的分布变化；⑤每个方向客流的分布变化；⑥每个断面客流的不均衡；⑦每车站乘降人数的不均衡。

（二）客流计划的编制

在新线投入运营时，客流计划根据客流预测资料进行编制；在既有运营线路的情况下，客流计划则根据客流统计资料和客流调查资料进行编制。

客流计划主要包括站间到发客流量，车站双方向上下车人数，小时的断面客流量，全日分时最大断面客流量等。

客流计划以站间到发客流量数据作为原始资料，通过计算得到各站方向分别上下车人数和全日分时最大断面客流量等客流数据。在客流计划编制过程中，高峰小时的断面客流量可以通过高峰小时站间到发客流数据来计算，也可以通过全日站间到发客流量数据来估算。在用全日站间到发客流数据时，在求出全日断面客流量数据后，高峰小时的断面客流量按占全日断面客流量的一定比例来估算。

二、全日行车计划

全日行车计划是营业时间内每小时开行的列车对数计划，它规定了城市轨道交通线路的日常运输任务，它是编制列车运行图，计算运输工作量和确定车辆运用的基础数据。全日行车计划编制的基础是客流计划。

（一）全日行车计划编制资料

1. 运营时间

大多数城市的轨道交通系统运营时间在 18 ~ 20h，个别城市为 24h 运营，如美国的纽约和芝加哥。运营时间的长短在一定程度上体现了城市轨道交通系统服务水平高低。

2. 全日分时最大断面客流量

全日分时最大断面客流量通常是在高峰小时断面客流量的基础上，根据全日客流分布模拟图来计算确定。如条件许可，采用分时断面客流量分布计算所得的全日分时最大断面客流量数据更为准确可靠。

3. 列车定员数

列车定员数是列车编组辆数和车辆定员数的乘积。列车编组辆数的确定以高峰小时最大断面客流量作为基本计算依据。

4. 线路断面满载率

线路断面满载率是指在单位时间内特定断面上的车辆载客能力利用率。线路断面满载率在实际工作中通常是指早高峰小时，单向最大客流断面的车辆载客能力利用率。在编制全日行车计划时，轨道交通系统可采用列车在高峰小时适当超过列车定员的做法。

（二）全日行车计划编制步骤

l. 计算全日分时最大断面客流量

根据全日客流分布模拟图，计算全日分时最大断面客流量数据。

2. 计算营业时间内各小时应开行的列车数

计算公式如下：

$$n_i = \frac{P_{\max}}{P_{列}\beta} \tag{6-1}$$

式中 n_i ——分时开行列车数（列或对）；

$P_{\max}$ ——分时最大断面客流量（人）；

$P_{列}$ ——列车定员数（人）；

β ——线路断面满载率。

3. 计算行车间隔时间

计算公式如下：

$$t_{间隔} = \frac{3600}{n_i} \tag{6-2}$$

式中 $t_{间隔}$ ——分时行车间隔（s）。

4. 确定全日行车计划

在编制轨道交通系统全日行车计划时，应把方便乘客、提高服务质量作为重要因素，调整开行间隔，并最终确定全日行车计划。

在已经计算得到每小时应开行列车数和行车间隔时间的基础上，应检查是否存在某段时间内行车间隔时间过长的情况。行车间隔时间过长，会增加乘客的候车时间，降低乘客的出行速度，不利于吸引客流。为方便乘客、提高服务水平，轨道交通系统在非高峰运营时间内，应视轨道交通线路沿线的客流状况合理确定行车间隔，最终确定的行车间隔时间不宜大于 10min。

三、列车开行方案

（一）列车交路计划

列车交路计划是根据运营组织的要求及运营条件的变化，按运行图或由调度指挥列车按规定区间运行、折返的列车运行计划。列车交路计划规定了列车运行区段、折返车站以及按不同交路运行的列车数量。

I. 列车折返

列车折返是指列车通过进路改变、道岔转换，经过车站的调车进路由一条线路至另一条线路运营的方式。具有列车折返条件的车站称为折返站。列车折返分为站前折返和站后折返。

（1）站前折返

列车在中间站或终点站利用站前渡线进行折返作业称为站前折返。由于渡线设置在站前，可以减少项目建设的土建投资，缩短列车的运行距离，但列车折返会占用区间线路，从而影响后续列车的运行，并且行车安全保障要求比较高，所以城市轨道交通行车组织中较少采用这种折返方式，特别是在行车密度高、列车运行间隔短的条件下，如图6-1所示。

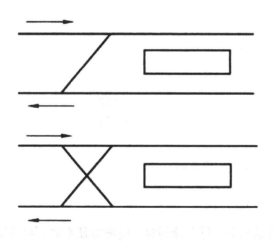

图6-1 站前折返示意图

（2）站后折返

列车在中间站、终点站利用站后渡线进行折返作业称为站后折返。由于车站接发车采用平行作业，不存在进路交叉，行车安全，有利于提高列车的旅行速度，这是城市轨道交通行车作业中的常用折返方式，如图6-2所示。

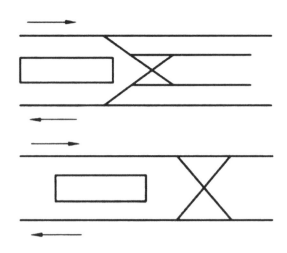

图 6-2　站后折返示意图

2.列车交路计划

在列车开行计划中，列车交路规定了列车的运行区段、折返车站以及按不同列车交路运行的列车对数。在线路各区段客流量不均衡程度较大的情况下，采用合理的列车交路，能在不降低服务水平的前提下提高车辆运用效率，避免运能虚靡。

列车交路分为长交路、短交路和长短交路三种。长交路是指列车在线路的两个终点站间运行；短交路是指列车在线路的某一区段内运行，在指定的车站上折返；而长短交路是指列车在线路上运行，既能够在两个终点站间折返，也能够在某一中间站折返。

在线路各区段客流量不均衡程度较大的情况下，可以采用以长交路为主、短交路为辅的列车交路形式，组织列车在线路上按不同的密度行车。同样，当高峰期间客流在空间分布上比较均匀而低谷期间客流在空间上分布悬殊时，也可以在低谷时间采用长短交路列车运行方案，组织开行部分在中间站折返的短交路列车。

在我国城市轨道交通的运营实践中，列车运行交路通常是采用长交路，偶有采用长短交路（如深圳轨道交通 1 号线、3 号线），很少采用短交路。采用长短交路时，为加速中间站折返作业，不影响线路通过能力，对折返站的折返作业设备客运组织工作提出了较高的要求。

（二）列车编组方案

1.大编组方案

大编组是指在运营时间内列车编组辆数固定且相对较多，如地铁列车采用的 6 或 8 辆编组的情形。

2.小编组方案

小编组是指在运营时间内列车编组辆数固定且相对较少，如地铁列车采用的 3 或 4 辆编组的情形。

3.大小编组方案

大小编组是指在运营时间内列车编组辆数不固定。大小编组有两种情形：一种是在客流非高峰时段编组辆数相对较少，在客流高峰时段编组辆数相对较多，如在客流非高峰和高峰时段，地铁列车分别采用 3/6 辆编组、4/6 辆编组或 4/8 辆编组的情形；另一种是在全日运营时间内采用大小编组，如地铁列车采用 3/6 辆编组或 4/6 辆编组的情形。采用大小编组方案时，与 4/6 辆编组方案相比，3/6 辆编组方案更具有乘客服务水平较高、可根据客流量灵活编组以及车辆检修周期一致等优点。

应该指出，离开一定的客流条件来讨论列车编组方案的比选是无意义的。例如，在线路的分时客流比较均衡时，大小编组方案失去了比选的必要性；在客流已经接近远期设计客流量时，小编组方案失去了实施的可能性。因此，只有在客流尚未达到远期设计客流量并且分时客流不均衡程度较大的情况下，才有必要对列车编组方案进行比选。

（三）列车停站方案

I.站站停车

列车在全线所有车站均停车，如图 6-3 所示。与非站站停车相比，线路上开行列车种类简单、不存在列车越行，乘客无须换乘，也无须关注站台上的列车信息显示。在跨区段、长距离出行乘客比例较大时，站站停车在车辆运用与服务水平方面均未达到最佳状态。

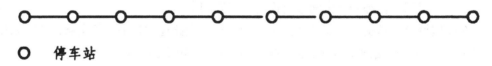

○　停车站

图 6-3　站站停车方案示意图

2.区段停车

区段停车在长短交路情况下采用，长交路列车在短交路区段外每站停车，但在短交路区段内不停车通过；而短交路列车则在短交路区段内每站停车，短交路列车的中间折返站同时又是乘客换乘站，如图 6-4 所示。与站站停车相比，区段停车方案中的长交路列车在短交路区段内不停车通过，列车停站次数的减少使长交路列车的停站时间及起停车附加时间总和也相应减少，提高了列车旅行速度、压缩了列车周转时间。因此，采用区段停车方案有利于压缩长距离出行乘客的乘车时间和减少车辆运用、降低运营成本。但是，区段停车方案也存在若干问题：首先，在行车量较大的情况下，有可能会产生列车越行情形，需要在部分中间站修建侧线；其次，在不同交路区段间上下车的乘客会增加换乘时间，而在短交路区段内上下车的乘客则会延长候车时间。

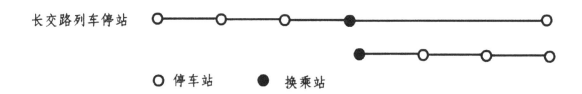

图 6-4 区段停车方案示意图

3. 跨站停车

列车跨站停车在长交路的情况下采用，将线路上开行的列车分为 A、B 两类，全线的车站分为 A、B、C 三类，其中 A、B 类车站按相邻分布的原则设置，C 类车站按每隔 4 或 6 个车站选择一个的原则设置。A 类车在 A、C 内车站停车、在 B 类车站通过；B 类车在 B、C 类车站停车，在 A 类车站通过，如图 6-5 所示。与站站停车方案相比，跨站停车方案的优点类似于区段停车方案。由于 A、B 两类车站的列车到达间隔加大，在 A、B 两类车站上车乘客的候车时间有所增加；此外，在 A、B 两类车站间上下车的乘客需要在 C 类车站换乘，会增加换乘时间及带来不便。因此，跨站停车方案比较适用于 C 类车站上下车客流较大，并且乘客乘车距离较远的情形。

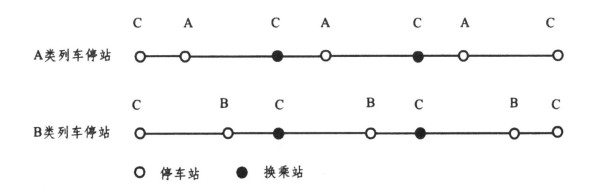

图 6-5 跨站停车方案示意图

4. 部分列车跨多站停车

部分列车跨多站停车是指线路上开行两类长交路列车，即普速、站站停列车和快速、跨多站停列车，快速列车只在线路上的主要客流集散站停车，而在其他站则不停站通过，如图 6-6 所示。该停车方案在提高跨多站停车列车旅行速度的同时，避免了跨站停车方案存在的部分乘客需要换乘问题，做到既能提高运营经济性，又不降低对乘客的服务水平。此外，该停车方案运用比较灵活，运营部门可根据客流特征、按不同比例确定快速列车开行对数。在线路通过能力利用率比较高的情况下，采用该停车方案通常会引起快速列车越行普速列车；如果不安排列车越行，则只能以损失线路通过能力来保证追踪列车间隔时间。

图 6-6 部分列车跨多站停车方案示意图

四、车辆配备计划

车辆配备计划是指在一定类型的设备和行车组织方法条件下，为完成一定的运输任务而必须保有的车辆。车辆保有数包括运用车辆数、检修车和备用车辆数。

（一）运用车

运用车是为完成日常运输任务而配备的技术状态良好的车辆，运用车的需要数与高峰小时开行列车对数、列车旅行速度及在折返站停留时间等因素有关，按下式计算：

$$N_{运用} = \frac{n_{高峰}\, \theta_{列}\, m}{3600} \tag{6-3}$$

式中 $N_{运用}$——运用车数（辆）；

$n_{高峰}$——高峰小时开行列车数（列）；

$\theta_{列}$——列车周转时间（s）；

m——列车编组辆数（辆）。

列车周转时间是指列车在线路上往返一次所消耗的全部时间。它包括了列车在区间运行，列车在中间站停车供乘客乘降，以及列车在折返站进行折返作业的全过程。当列车在折返站的出发间隔时间大于高峰小时的平均行车间隔时，须在折返线上预留一列车进行周转，此时运用车数需相应增加。

（二）检修车

检修车是指处于定期检修状态的车辆。车辆的定期检修是一项有计划的预防性维修。车辆的定期检修分成月检、定修、架修和大修（又称为厂修）等，也有安排双周检与双月检的情形。不同的检修级别有不同的检修周期。车辆检修级别和检修周期是根据车辆各部件使用寿命以及车辆运用环境等因素综合考虑确定的。通过对车辆的不同部件制定不同的技术标准、检修级别和检修周期，使车辆在经过不同级别的定期检修后，能在整个检修周期内保持良好的技术状态。

车辆检修周期是一个与车辆段建设规模和车辆段作业组织关系密切的技术指标，它也是推算检修车数的基础资料之一。检修周期主要是根据车辆运用时间确定，同时还需综合考虑车辆运用时间和走行公里数。在车辆运用时间和检修周期确定的情况下，根据每种检修级别的年检修工作量和每种检修级别的检修停时，可以推算检修车数。

除车辆的定期检修外，车辆的日常检修有日检，检修停时约每日 2h，车辆临修的停时按运用列车平均每年 1 次，确定为每次 2 天。

（三）备用车

为了适应客流变化，确保完成临时紧急的运输任务，以及预防运用车发生故障，必须保有若干技术状态良好的备用车辆。备用车的数量一般控制在运用车数的 10% 左右。备用车原则上停放在车辆段内或线路两端终点站。

列车保有量根据线路远期客流预测结果，远期计划运行行车间隔，可得出所需运用列车数，备用列车数量按照运用列车数量的 10% 取得；检修列车数量需根据运用列车数量综合维修能力、修程修制取得，一般为运用列车数量的 10% ~ 15%。

第三节 列车运行调度指挥

城市轨道交通系统组成复杂、技术密集，各工作环节紧密联系、协同运作，要求城市轨道交通系统必须实行集中领导、统一指挥的原则。运输调度正是实现城市轨道交通系统日常运输工作的指挥中枢，凡与运输有关的各部门、各工种都必须在运输调度的统一指挥下进行日常生产活动。

运输调度的基本任务是：科学合理地组织客流，经济合理地使用车辆及其他运输设备，挖掘运输潜力，提高运输效率和经济效益，组织与运输有关各部门密切配合，确保列车按图运行，完成运输生产任务，为城市经济建设和人民生活服务。

一、轨道交通列车运行指挥

（一）列车运行指挥机构

城市轨道交通系统是一个复杂的、技术密集型的城市公共交通系统。为实行统一指挥，有序组织运输生产活动，在我国的大部分城市的轨道交通系统，通常设立调度控制中心（OCC），由调度控制中心担任城市轨道交通系统的列车指挥工作。调度控制中心实行分工管理原则，按业务性质设置不同的调度工种。如在控制中心大厅通常设有值班主任、轮值工程师、主任调度员、行车调度员、电力调度员、环控调度员、信息调度员。值班主任是 OCC 轮值调度班组长，各调度员由值班主任协调统一指挥，通过各调度员，对全线列车运营和设备运行情况进行总体监视、控制、协调、指挥和调度。OCC 是城市轨道交通运营信息收发中心，代表轨道交通运营分公司指挥运营生产并与外界协调联络轨道交通运营支援工作。

其工作的基本任务包括以下内容：

（1）组织制定行车、电力、环控调度规程，参与运营技术管理、行车组织等规程及突发事件预案，并组织实施；

（2）组织、控制有关行车人员按运行图行车，遇到列车晚点和突发事件时，及时采取调整措施、迅速恢复列车正常运行；

（3）密切注意客流动态，并按规定负责下令和通知自动售检票系统有关单位实行相关运营方案；

（4）负责行车、设备事故及突发事件的救援抢修的调度指挥，采取有效措施防止事故扩大，尽快恢复正常运行；按事故报告程序及时做好上报和下达工作；

（5）负责编制和组织实施正线的施工、抢修以及工程、调试列车的作业计划；

（6）建立、健全生产运营、调度指挥等各项原始记录、统计和分析报表，并按规定向上级主管部门上报；

（7）维护调度纪律，督查各基层单位执行调度命令和有关规章制度的情况，发现问题立即采取相应措施。

（二）行车调度工作

行车调度工作是城市轨道交通系统的核心。它的好坏直接影响乘客运输任务的完成。

行车调度工作的基本任务为：①组织指挥各部门、各工种严格按照列车运行图工作；②监控列车到达、出发及途中运行情况，确保列车运行正常秩序；③随时掌握客流情况，必要时调整列车运行方案；④检查监督各行车部门执行运行图情况；⑤当列车运行秩序不正常时，及时采取措施，尽快恢复正常运行秩序；⑥及时、准确地处理行车异常情况，防止行车事故的发生；⑦当发生行车事故时，按规定程序及时向上级主管部门汇报，并采取措施防止事故扩大，积极参与组织救援工作。

行车调度的工作职责为：①在主任调度员的领导和指挥下，与电调、环调配合，共同完成运营组织工作；②按照行车组织有关规章的规定，协调行车各岗位的运作，组织运营工作的落实，确保整个行车系统的正常运作；③监控列车运行，维持正线列车运行秩序，确保列车运行安全、正点；④组织工程车开行和安排施工作业，指示车站或施工负责人检查施工作业和人员的安全保护措施，尽量满足设备维修需要；⑤听取设备状况报告，及时向维修值班人员通报设备故障情况；⑥传达上级有关运营工作的指令，发布调度命令，布置、检查、落实行车工作计划，确保行车工作顺利进行；⑦处理运营中出现的紧急事件，分析影响程度，记录处理经过，通报故障及延误情况，及时调整列车运行，尽快恢复正常运营，减少损失；⑧监控各种行车设备运作，做好故障记录；⑨收集、填写运营工作有关数据指标，做好原始记录。

二、行车调度控制方式

城市轨道交通系统的基本行车调度控制方式主要与采用的行车调度指挥设备类型有关，主要有调度集中和行车指挥自动化两种。车站控制是在特殊情况下采用的辅助方式。

（一）调度集中

行车调度员通过调度集中控制设备控制所管辖线路上的信号和道岔，办理列车进路，组织和指挥列车运行。这时，基本闭塞方法为自动闭塞法，列车运行以驾驶员操纵为主。在采用非调度集中控制时。可改为车站控制，车站值班员在列车调度员的指挥下，办理列车进路，接发列车作业。

调度集中控制设备是一种远程控制的信号设备。它是区间采用自动闭塞、车站采用电气集中联锁，在控制中心利用电缆引接指挥该线路列车运行。控制中心的行车调度员通过操纵控制台上的按钮集中控制、管辖线路上的信号和道岔，直接办理各车站的接发车进路，指挥列车运行。行车调度员通过区间和车站线路表示盘，可以清楚地掌握线路上列车运行和分布情况、区间和站内线路的占用情况、各种信号机的显示状态和道岔开通位置等。

（二）行车指挥自动化

在行车调度员监控下，由双机冗余计算机组等设备构成的列车自动监控（ATS）子系统完成列车运行的控制任务。这时，基本闭塞方法为自动闭塞法，通常还采用列车自动保护（ATP）和列车自动运行（ATO）子系统，三个子系统构成列车自动控制（ATC）系统，ATC 系统具有列车运行自动化和行车指挥自动化能。在 ATS 子系统因故不能使用时，改为调度集中控制。

ATS 子系统的硬件组成包括：双机冗余计算机组和控制室内的显示盘、工作站、绘图仪、打印机等设备。该子系统的主要功能是跟踪正线列车运行，显示列车车次，根据储存的基本运行图或调整过的计划运行图，行车调度员可用人人机对话生成当前使用运行图，自动排列列车进路，自动进行列车运行调查，自动绘制实际列车运行图和生成各种运行报告。该子系统的主要人工功能包括行车调度员直接办理进路和进行列车运行调整。

三、行车调度组织

（一）正常情况下的列车运行组织

为实现按图行车，行车调度员要努力确保列车正点运行，行车调度员应在列车出场、列车折返方式和客流组织等方面进行组织，确保列车正点始发。由于途中运缓、设备故障等原因，会造成列车运行晚点。此时，行车调度应根据列车运行点和行车安全的原则，尽快使晚点列车恢复正点运行。

列车运行调整的主要方法如下：

（1）始发站列车提前或推迟出发列车。

（2）根据车辆的技术状态、线路允许速度，改变列车速度，恢复正点。

（3）组织车站快速乘降作业，压缩停站时间。

（4）组织列车越站运行。行车调度员应严格掌握列车跳停原则：客流较大车站原则上不安排通过，不允许办理连续两列车通过同一车站，列车以规定运行等级速度通过车站，通过车站的计划原则上在始发站安排。

（5）变更列车运行交路，组织列车在具备条件的中间站折返。

（6）扣车。当一条线路的列车由于车辆或其他设备故障引起运行不正常，造成乘客拥挤时，调度员可采取扣车措施，将列车扣在附近车站，以缓解压力确保列车间隔。

（7）停运列车。当线路某区段中断，已不能满足在线列车运行时，调度员可适当抽调部分列车下线，拉大列车时间间隔运行。

（二）特殊情况下的列车运行组织

非正常情况下的列车运行组织是相对上述正常情况下的列车运行组织而言的，它是在基本列车运行控制方式由于信号故障、道岔故障等原因而不能继续采用时的情况下的列车运行组织。下面选取部分特殊情况下的列车运行组织进行分析。

1. 列车自动控制系统故障时

在采用 ATC 系统情况下，由 ATS 子系统完成列车运行的控制任务，行车调度员只起监控作用；列车根据 ATP 子系统提供的信息，由 ATO 子系统自动驾驶运行。

在 ATC 系统发生故障时，行车指挥方法和列车运行控制方式改变如下：

（1）ATS 子系统发生故障，改为调度集中控制，由行车调度员人工控制全线的信号与道岔、办理列车进路和调整运行秩序。

（2）ATP 地面设备发生故障，因 ATO 车载设备接收不到限速命令，无法按自动闭塞法行车。在小范围的设备故障时，可由行车调度员确认故障区间空闲后，向驾驶员发布命令，列车在故障区间限速运行；如发生大范围的设备故障时，须停止使用自动闭塞法而实行电话闭塞法行车，改为由车站控制。

（3）ATP 车载设备发生故障，因故障列车无法接收限速命令，该列车驾驶员应按调度命令，人工驾驶限速运行。

（4）ATP 子系统和车站通信设备同时发生故障，采用时间间隔法行车。

（5）ATO 子系统发生故障，列车改为人工驾驶，在 ATP 车载设备的监护下，按车内速度信号显示运行。

2. 改为车站控制时

凡发生下列情形之一时，根据行车调度员的命令，由调度集中控制改为车站控制：①对所管辖的道岔或信号失去了控制作用时；②表示盘上失去了复示功能或不能正确复示时；③停止使用自动闭塞法时；④清扫道岔时；⑤列车运行或调车有关工作必须由车站办理时。

当调度集中控制改为车站控制时，在行车调度员的指挥下，由车站行车值班员办理闭塞、准备进路、开闭信号相接发列车。

3. 改用时间间隔法行车时

由于自然灾害或其他原因使车站一切电话中断，车站行车值班员无法与控制中心、邻站取得联系，为了不间断行车，双线区间可改用时间间隔法行车。

此时，行车作业办法与要求如下：①车站行车值班员指定改用时间间隔法的第一趟列车驾驶员，将实行该情况通知有关车站；②除线路两端折返站外，中间站道岔一律置于正线列车运行位置，如车站行车值班员无法在控制台上确认道岔位置或转换道岔，必须随车就地确认或办理；③出站信号机置于停车信号显示，列车进入区间的行车凭证为红色许可证，手信号发车；④两列车的间隔时间和列车运行速度应符合要求。

4. 夜间施工时

夜间施工是城市轨道交通系统生产活动的重要组成部分。运输调度部门既要按照批准的施工计划，保证设备维修更换、线路扩建工程等夜间施工任务顺利完成，又要保证次日运输生产能正常进行，为此，夜间施工时的行车应按有关作业办法与要求组织。

行车调度员应认真核对当夜施工计划，对施工内容、地点和方法做到心中有数。目前上海规定：如施工负责人在 23 点前未与行车调度员确认夜间施工，视为施工计划自行取消，行车调度员不予安排。

行车调度员在规定时间内将施工命令下达给有关车站值班员和信号楼值班员，相应车站应做好相关准备和布置工作。行车调度员应保证施工时间，并在施工过程中与施工负责人或车站值班员保持联系。

需向施工封锁区间开行施工列车时，列车进入封锁区间的行车凭证为调度命令。调度命令中应包括列车车次、运行速度、停车地点和停车时间等有关事项。向施工封锁区间开行施工列车，施工地点每一端只准进入一列。施工列车进入施工地段时，应在施工防护人员显示的停车手信号前停车，并按照施工负责人的要求，采取调车方式，进入指定地点。

施工列车应按闭塞方式运行。当一个区段一条线路上，只有一个列车往返多次运行时，可采取封闭区间运行的办法。

四、列车运行调整

在轨道交通运营过程中，当发生突发事件、设备故障造成列车晚点或运行秩序紊乱时，行车调度人员应及时介入，根据实际情况合理组织、灵活应变，运用各种手段对列车进行调整，在确保安全的前提下维持有限度的运营服务，降低对乘客造成的影响，尽快恢复正常的运营秩序，实现按图行车。

（一）列车调整原则

列车调整的目的是尽量降低故障、事件对乘客服务所造成的影响，尽快恢复按图行车。调整列车应在确保安全的前提下，做到全面、快速、有效，从而做到尽量缩小影响范围，保证运营的服务质量。

（1）安全是轨道交通运营的生命线，行车调整必须把安全放在首位，确保行车、设备及乘客生命财产的安全。

（2）在人工调整列车时，行车调度员要做到全面掌控，不能只顾突发事件、设备故障本身的处置，而是应充分评估事件、故障对全线运营的影响，尽量确保事件、故障发生区域以外的其他线路不受影响，从而减小影响范围。

（3）在故障、事件发生后，行车调度员应做到快速反应、及时处置，把握事发初期的关键时间，及时介入调整，掌握主动权，尽量降低对乘客造成的影响。

（4）为乘客提供优质的服务是轨道交通运营的基本目标，行车调整的根本目的就是降低事件、故障对乘客造成的影响。因此，行调进行人工调整列车时应充分考虑对乘客的影响，采取合理、有效的调整措施，维持故障区域的有限度运营，尽量确保其他区域不受影响。

（二）人工调整列车的方式

通常情况下，列车延误时间在 ATS 系统自动调整范围以内时，ATS 系统可对列车运行速度、停站时间进行自动调整，使列车恢复按图运行。但在列车延误超过自动调整的范围时，就需要行车调度员人工介入进行调整。常用的人工调整列车的方式主要有以下几种。

l. 扣车

行车调度员通过信号系统执行相关扣车命令（中央控制时）或直接向司机和车站发布扣车指令将列车扣停在车站。扣车主要用于当前方列车或车站发生突发事件、故障导致列车晚点时调整列车运行间隔或防止后续列车在区间停车。扣停列车原则上遵循"谁扣谁放"的原则。

2. 人工限速

行车调度员通过向司机发布降低运行速度的口头命令以达到列车限速运行的目的。限速主要用于行车调度员临时调整列车运行间隔、安排相关人员查看某段线路设备状态或线路设备故障等原因需临时限速时。

3. 越站

行车调度员通过信号系统执行相关跳停指令或向司机发布指令来实现列车在某个车站不停站通过（也称跳停）。越站主要用于车站周边地面客流管制、车站发生突发事件暂停服务。组织列车越站时，必须充分考虑对乘客的影响，及时通知相关车站及司机必须做好乘客服务工作，载客列车越站应得到主任调度员同意后方可执行。

4. 放空列车（追线）

当列车出现较大延误造成后续列车堵塞时，行车调度员可组织某列车在终点站完成折返作业后空车不停站运行至某个车站后重新投入载客服务或组织中途加开的列车空车运行一段距离后再投入载客服务，确保列车运行间隔相对均衡。连续放空列车会对乘客造成较大的影响，因此原则上不应连续放空两趟列车。

5. 调整发车时间

（1）后续列车预计将出现较大延误时

行车调度员在充分考虑客流压力和设备能力的情况下可适当推迟载客列车在始发站的发车时间，从而保证列车间隔相对均匀，均衡各列车的客流压力。

（2）行车密度较大时

如因加开列车的原因造成折返站的折返能力紧张，行车调度员可视情况适当组织某次列车早发，确保后续列车正常折返。某次列车因故退出服务造成行车间隔加大时，行车调度员可组织前发列车晚发或后续列车早发，确保列车间隔相对均匀。

6. 抽线

抽线是指列车延误较多或因故退出服务时，行车调度员根据实际情况取消某次图定列车的运行计划。抽线主要用于以下情况：

（1）列车因故出现较大延误时

终到折返完成后的比照图定发车时间延误一个行车间隔以上时，如在当前运行单程无法安排备用列车投入服务或备用列车数量不能完全填补延误造成的间隔时，行车调度员可根据实际情况取消某次图定列车的运行计划，此时行车调度员可以通过控制前发列车的运行速度来适当调整间隔。

（2）某列车在运行途中因故退出服务时

本次列车的下一个单程无法安排备用车顶替时，行车调度员可视情况停运下一个单程的图定车次。

7. 加开（图外）列车

加开列车是指行车调度员根据实际情况安排备车开行图外车次或安排原计划退出服务的列车开行图外车次继续服务。出现大客流或列车故障延误较多时，行车调度员安排加开列车以缓解客流压力。

8. 反向运行

当出现运营线路中断或列车严重堵塞时，行车调度员可组织某一时段的部分列车经辅助线转到另一方向的线路上反方向运行至终点站（或反方向运行一段线路后再转回原方向运行至终点站），维持中断或堵塞方向的列车服务，均衡双方向列车的运行间隔。

9. 小交路运行

小交路运行是指列车在中间站清客后，经辅助线折返至另一方向的线路后继续运营。当列车或其他设备故障造成某段线路严重堵塞时，行车调度员可根据实际情况适当组织列车在中间站清客后执行小交路运行，均衡列车间隔。

10. 单线双向运行

单线双向运行（俗称"拉风箱"）是指在某段单方向运营的线路上固定一段时间内组织列车执行双方向运营。主要用于当某单方向区段严重堵塞时，为避免运行中断，行车调度员可安排列车在与该区段线路平行的另一方向线路区段上执行单线双向运行，通常在执行单线双向运行时应结合小交路运行，两种调整方式共同配合。单线双向运行时对车站的客流组织能力要求较高，行车调度员应提前决策并及时下达调整方案，与车站做好沟通。

11. 赶点

赶点是指在出现列车延误时，行车调度员通过安排车站对晚点列车进行针对性的客流组织、组织司机在折返站加快折返作业提前发车等一系列手段压缩列车停站作业时间，从而达到减少列车延误，尽快恢复按图行车的目的。

12. 变更路径

变更进路是指行车调度员通过信号系统以人工排列进路的方式改变某次列车的计划运行进路。变更进路通常用于某段线路因故中断时，行车调度员利用辅助线改变列车计划运行进路维持运营，或折返站因设备故障等原因行车调度员需改变列车的计划折返进路时。

第四节　客运服务

一、客运服务流程

城市轨道交通系统的运行目的是不间断地运送乘客安全、准时地到达目的地。

城市轨道交通客运组织流程根据乘客"购票、检票、候车、乘车、验票、离站或换乘"车站活动，可以分解为以下具体作业流程。

（一）进站

乘客搭乘城市轨道交通，首先需弄清附近城市轨道交通车站的位置，然后通过出入口进入。为此需要明确乘客需求，以确定设施设置原则和具体位置。

1. 乘客需求

车站位置合理，方便到达；到城市轨道交通车站的走行距离短；城市轨道交通出入口易找到；城市轨道交通引导系统指示明确。

2. 设施设置原则

出入口以最大限度吸引客流为准则；出入口与公交车站换乘方便；城市轨道交通标志醒目，指示牌设置合理。

（二）问询处

搭乘城市轨道交通的乘客可分为一般购票乘客、老人、学生等特殊乘客及残障人士。其中购票乘客可分为熟悉城市轨道系统的乘客，如购 IC 卡的本地乘客；不熟悉城市轨道系统的乘客，如购单程票的外地乘客、旅客、搭乘城市轨道交通次数不多的本地乘客。一般情况下，询问的乘客多为不熟悉城市轨道交通的乘客。

1. 乘客需求

位置合理、醒目；引导指示明确，标志醒目；规模结合乘客特点；询问人流不干扰其他人流。

2.设施及服务要求

问询处服务窗口的多少、等候面积；需根据不同车站的乘客特点，设计不同问询处的形式；服务人员要服饰整洁、热情周到、礼貌待客、服务规范。

（三）购票

进入车站付费区的乘客均需持有城市轨道交通车票，持单程票的乘客每次进入车站均需购票。持储值卡的乘客，需根据实际情况进行扣款。

1.乘客要求

非付费区设有售票机、票务亭；位置合理，处于进站的流线上；引导指示明确，标志醒目；最好设有零钞兑换机；售票机、人工售票工作台数量合理，购票等待时间不长。

2.设施的设置

售票机、票务室设置的数量；根据不同车站的乘客组成特点及乘客舒适的购票时限而设计所需的空间，设计前需分析乘客组成特点。

（四）检票

乘客购票后，将所持车票送入闸机检票口；经检票无误后，闸机开放，让乘客通过闸机进入付费区。

1.乘客需求

迅速找到闸机；能快速通过闸机。

2.对设施的要求

位置醒目，指示明确；闸机的通过能力与客流量相匹配；闸机数目、进出的配置需根据不同车站的乘客组成特点。

（五）候车

乘客过闸后，进入付费区，到站台等候列车到达。

1.乘客需求

方便到达站台，舒适候车；清楚明了现在所处的位置及需搭乘列车的方向和车次。

2.对设施的要求

（1）站台应设有明显的候车安全线
广播提示乘客在列车未进站停稳、车门未完全打开之前，不要越过安全线，以防发生意外事件。

（2）采用广播系统预报

车站通过广播为乘客预报下次进站列车的方向。已经有两种新的设备投入运用，一种为自动广播系统，当后续列车驶入接近区段时，广播系统自动工作；另一种为在站台设置同位显示器，向乘客预告列车运行情况。

（3）安装屏蔽门

屏蔽门可为乘客提供一个舒适的候车环境，又能保障乘客在站台的候车安全。

（4）舒适的候车环境

空间宽阔、压抑感少，灯光照明配置合理，减少噪声干扰，空调气流组织舒适；引导指示系统醒目清楚；广告位置合理，不干扰引导指示系统。

（六）列车旅行

1. 乘客需求

列车运行平稳；车内整洁舒适；能随时了解列车的运行情况。

2. 客车要求

客车外部运行方向标示明显；客车内要有列车运行路线图展示，并标示站名；客车内要有与该线路相交叉的轨道交通网图及相交路线的运行时刻；客车上的管制标语（如禁止吸烟等）应该清楚标示；客车符合运行标准，车内灯光配置合理，座位舒适；客车广播信息及时、准确。

（七）验票

乘客乘坐轨道交通到站后，下车持票到闸机，验票出闸。出站闸机的设置应与乘客行走路线一致，并反映乘客的需求。

（八）补票

乘客到站验票过程要求手续简单。乘客对设施的要求：在付费区内设置；引导指示明确，容易找到；车票损坏或补车资等情况，需到票务室等候时间短。

（九）出站

乘客验票出站后，通过出入口离开车站。

1. 乘客需求

方便出入；方便到达目的地。

2. 乘客对设施的要求

车站在不同街区设有出入口，出入口兼作过街隧道或天桥；出入口靠近公交车站；出入口设在人流主要活动区。

（十）换乘

换乘的乘客从一个车站到另一个车站，通过通道、扶梯或站厅换乘。

1. 乘客需求

换乘距离短、快捷；换乘方向明确；通道照明适度、环境舒适；地下通道通风良好。

2. 设置要求

换乘通道短、直接；引导指示清晰、明了。

二、客运服务质量

城市轨道交通系统虽然复杂，但只有客运服务工作才直接面对广大乘客，客运服务工作是直接反映系统运营管理水平的重要标志之一，也是反映城市文明程度的窗口。

（一）乘客的位移需求及其对设施、服务的要求

无论从企业的角度看，还是从乘客的角度看，要实现乘客满意，都需要完整地理解乘客需求。从运营实践中来看"乘客需求"有以下3个特点：

1. 乘客需求是多方面的

乘客选择城市轨道交通出行，要求购票方便，候车舒适、安全、便捷、车站服务良好等。显然，其中安全与便捷是乘客出行最主要考虑的需求。在市场经济条件下，乘客总是选择最安全便捷、服务质量最好、价格相对便宜的交通路线作为出行首选，当这些指标都比较接近时，服务质量就成为主要因素。

2. 乘客需求是有层次的

需求层次理论表明，不同层次用户有不同的需求期望值，同一层次不同用户、不同消费群有不同的爱好和需求，即使同一用户群在不同场合也会有不同的需求，需求的变化多体现在心理上的满足。

3. 乘客需求是不断发展的

随着生产水平的发展，乘客需求是不断变化、提高的。在市场经济条件下，乘客的出行促进了城市轨道交通企业的生产和发展。企业既要重视乘客当前主要层次的显性需求，

更要着眼于即将到来的潜在需求，同时要认真清理出行需求量骤降的服务，从中总结出过去—现在—将来的需求发展规律。

（二）客运服务艺术

在满足了客运服务的基本要求之后，企业追求的是更高的服务质量，更高的乘客满意度。要达到这一目的，就需要有技巧地提供服务，即讲究服务艺术。

"服务艺术"，实际是指在劳务活动中为满足服务对象某种特殊需要所运用的具体方法。讲究服务艺术，即讲究服务方法，它追求的是良好的服务动机与良好服务效果的统一。

l. 掌握乘客的心理

科学的服务方法来自对服务工作客观规律的正确认识。客运服务人员的服务对象是乘客，在乘客旅行过程中，乘客的各种愿望和要求是受心理支配的，各种外界的条件变化又直接影响着乘客心理，客运服务人员需要掌握乘客的心理活动规律，增加服务工作的有效性，提高服务工作的预见性。

（1）让乘客及时乘上车是乘客最基本的需要

乘客的基本需要是及时乘上车，因此，城市轨道交通的客运服务都要从满足乘客的基本需要出发，急乘客所急，想乘客所想，尽责守职，做好本职工作，满足乘客及时乘上车的愿望，体现一心为乘客着想的良好的职业道德品质。

（2）关心安全，方便乘行，满足乘客的普遍性需要

乘客的普遍性需要是安全和方便，对城市轨道交通客运服务人员来说，要时刻关心乘客的出行安全，尽力为乘客提供各种乘行过程中的方便，以此满足乘客的普遍性需要。

客运服务人员要时刻留意乘客的动态，及时发现不安全因素，对乘客的不安全行为给予必要的提醒和劝阻。列车进站时要提醒乘客不要拥挤，劝阻抢上抢下；开关车门时要提醒乘客不要手扶车门，尽自己所能，积极防止因各种原因造成的乘客跌伤、压伤、挤伤等事故。总之，客运服务人员在任何情况下都要以对乘客高度负责的精神，关心乘客的乘行安全。

客运服务人员为乘客提供乘行方便，需要做好在乘行中购票、等车、上车、乘车、下车、进站和出站等一系列乘行环节的服务工作。

（3）体贴照顾，热情周到，满足乘客的特殊需要

老、弱、病、残、孕及怀抱小孩或其他一些特殊困难人群是客运服务人员重点服务的对象。由于这些乘客的自理能力或活动能力不及一般乘客，对乘行的方便往往都有特殊的需要，因此，需要热情而周到地为他们服务，城市轨道交通客运服务人员应尽力满足他们的需要。

满足乘客的特殊需要，要求客运服务人员首先要能了解这些特殊乘客的困难和不便，体贴他们的难处，从感情上激发起为他们服务的热情，其次还要尽力设法予以特殊照顾，积极为他们排忧解难。对老、弱、病、残、孕等特殊乘客，客运服务人员要特别注意他们

的上下车安全，有条件的最好能搀扶一下；由于他们的行动都比较迟缓，其中有些耳目不便的，客运服务人员就更要对他们多留心一些。对一些残疾乘客，客运服务人员还要注意说话用语，不要伤害他们的自尊心，以免产生不快。这些乘客的特殊需要，对客运服务人员来说虽然较麻烦，但它却最能体现我们社会主义社会人与人之间相互关心、相互照顾、团结友爱的平等互助关系，不仅是我们服务工作的需要，也是社会主义精神文明建设的需要和社会主义核心价值观的要求。

2.讲究语言技巧

规范用语是讲究语言技巧的前提，是服务岗位的基本要求。而运用技巧性的语言满足乘客的服务需求是讲究服务艺术，提高服务质量的要求，是在规范用语的基础上所能提供的高水平的服务。

（1）语言亲切

客运服务人员的服务是否到位，一方面要看服务是否主动周到，另一方面就要看客运服务人员的说话语气是否亲切、热情。

（2）商量口气

客运服务人员与乘客是服务和被服务的关系，因此，客运服务人员对乘客说话应避免"命令式"口气，应用商量的口气希望乘客配合自己的工作。

（3）言辞委婉

客运服务人员在向乘客解释一个问题的时候，言辞不能有责备的口气，应以委婉的言辞提醒乘客，让乘客得到理解。

（4）恰到好处

客运服务人员在处理乘务矛盾时，说话办事要恰到好处，不该说的话不说，不该做的事不做，不该多说话的时候要控制少说几句。

（5）留有余地

客运服务人员在乘务活动中说话办事，都要给乘客或自己留有余地，不说绝对的话，不要产生被动的局面。

（6）语言幽默

幽默语言是要求客运服务人员在向乘客解释问题的时候，能让乘客听了感到心情愉快、容易理解、乐意接受。

（7）注意自责

客运服务人员在乘务活动中出现乘务矛盾时，不要首先责备乘客，而应先讲自己有什么不足之处，然后再向乘客解释问题，从感情上化解矛盾。

（8）顾全大局

客运服务人员在处理自己与乘客发生的乘务矛盾过程中，要从保护乘客的利益、维护公交企业信誉这个大局出发，宁可自己受点委屈，也要妥善处理好在工作中发生的一些乘务矛盾。

3.坚持"以理服人，得理让人"的服务原则

乘客与客运服务人员之间发生的矛盾，部分是由于误会或是客运服务人员工作的疏忽造成的，这时，只要我们客运服务人员能耐心解释或虚心道歉，以诚恳的态度取得乘客的谅解，矛盾完全可以消除，对此，大多客运服务人员是知理的，也是能够做到的。

"以理服人，得理让人"是城市轨道交通职工在长期服务工作实践中总结的一条经验。它主张城市轨道交通职工在是非矛盾面前要心平气和，有礼貌地说理；有了理，又要本着缩小矛盾的态度宽以待人，做到得理让人。

客运服务人员在服务工作中坚持"以理服人，得理让人"的服务原则，能有效地避免矛盾的产生，创造文明和谐的乘车环境，促进社会风气的改善。

第五节　主要运营指标

统计指标体系是运营生产管理制度中的一个重要组成部分，对运营质量分析和挖掘运营潜力、提高服务质量具有非常重要的作用。

一、运营指标

（一）客运量

客运量是指报告期内运送乘客的总量，其单位为人次。计算方法：客运量由本线进且本线出客流、换入至本线客流、由本线换出客流、途经客流四部分组成，同时包含可采用统计分析或客流抽样调查等方法进行清分的公务票、老人票、纪念票等非付费客流。特殊情况下人工检票进站人次不作为换乘的客运量统计。计算公式为：

$$线路客运量 = \Sigma（本线进且本线出客流 + 换入至本线客流 +$$
$$由本线换出客流 + 途经客流）$$
$$网络客运量（人次）= \Sigma 线路客运量$$

（二）高峰小时断面客流量

高峰小时断面客流量是指一个高峰小时内，某条轨道交通运营线路在同一方向通过某区段间断面的乘客数量，其单位为人。它指的是正常运营状态下，不包括由于城市大型公共活动或其他突发事件引起的持续影响期小于一周的突发客流情况，在使用自动售检票系

统时由系统运用 OD（交通出行量）表计算得出。

（三）配置列车数

配置列车数是指用于运营服务的全部列车数（包括上线列车、备用列车和检修列车），其单位为列。应注意新增列车经过调试验收后，自正式移交给运营公司之日起算入配置列车数；调出、报废或调作别用的运营列车，自批准之日起不再算入配置列车数。

（四）上线列车数

上线列车数是指列车技术状态经过车辆管理部门确认满足运营要求，交付车务部门使用，并担当正线运营任务的列车数。其单位为列。计算方法：凡因运营服务需要当日上线运营过的列车均计为上线列车。

（五）备用列车数

备用列车数是指列车技术状态经车辆管理部门确认满足运营要求，交付车务部门使用，但在车辆段或车站备用线上停放备用，随时可以担当正线运营任务的列车数。单位：列。

（六）检修列车数

检修列车数是指列车由于故障或计划维修所需，由车辆维修部门安排在库内进行检修作业的列车。单位：列。

（七）开行列次

开行列次是指城市轨道交通列车为运送乘客而行驶的单程次数，包括空驶列次和载客列次。其中空驶列次为运营开行的不载客列车数。其单位为列次。计算方法：城市轨道交通列车在运营线路上行驶一个单程，不论线路长短，全程或是区间，同一车次号均做一列次计算。

（八）清客列次

清客列次是指在运行图计划执行过程中，已进行载客的列车因故无法按计划继续执行载客业务，需要在车站（始发站除外）、区间将乘客由车厢中清出至站台的列次数。其单位为列次。衡量清客列车的唯一标准是列车已按照计划执行了载客作业，但因故需要将乘客清空。

（九）乘客最大等待时间

乘客最大等待时间是指在运营时间内，由于技术设备不良或者作业人员未按标准流程处理，造成乘客在车站等候列车的最大等待时间。其单位为分钟。计算方法：同一车站、同一运行方向载客列车与前一列载客列车的最大行车间隔减去图定行车间隔后的时间，计为乘客最大等待时间。

（十）列车下线次数

列车下线次数是指在运营时间内，发生列车下线的次数总和。单位：次。计算方法：运营时间内，载客列车因故障达到下线标准需要退出服务的，均计为下线。

（十一）列车停运（抽线）次数

列车停运（抽线）次数是指在运营时间内，列车停运的次数总和。单位：列次。计算方法：在运行图计划执行过程中，图定运行计划因故无法得到执行的均计为停运。

（十二）载客运营里程

载客运营里程是指运营列车为运营业务在线路上的载客行驶里程（站后折返距离不计算在内）。单位：车公里。计算公式为：

$$载客运营里程 = 运营线路总长度 \times \Sigma 载客开行列数 \times 列车车厢数$$

（十三）空驶运营里程

空驶运营里程是指运营列车为运营业务在线路上的空车行驶里程，它等于除载客运营里程外的其他运营里程。单位：车公里。计算公式为：

$$空驶运营里程 = 空驶线路总长度 \times \Sigma 空驶列数 \times 列车车厢数$$

（十四）运营里程

运营里程是指运营列车为运营在线路上行驶的全部里程。它包括载客行驶和空车行驶的全部里程。单位：车公里。计算公式为：

$$运营里程 = 载客运营里程 + 空驶运营里程$$

（十五）运营速度

运营速度是指城市轨道交通列车在运营线路上运行时的平均速度。单位：km/h。计算公式为：

$$运营速度 = \frac{2\times 运营线路长度 + 站后折返线长度}{往返行驶时间 + 上下行终点折返时间 + 中间站停站时间}\times 3600$$

注：往返行驶时间、单程时间、折返和停站时间均以"秒"计算。

（十六）运送速度（旅行速度）

运送速度（旅行速度）是指城市轨道交通列车在运营线路上运载乘客时的速度（包括列车在各中间站的停站时间）。单位：km/h。计算公式为：

$$运送速度 = \frac{运营线路长度}{单程行驶时间 - 中间站停站时间}\times 3600$$

注：单程行驶时间不包括折返时间，但包括中间站停站时间，以"秒"计算。

（十七）技术速度

技术速度是指城市轨道交通列车在运营线路上自起点至终点不计停站时间的运行速度。单位：km/h。计算公式为：

$$技术速度 = \frac{运营线路长度}{单程行驶时间 - 中间站停站时间}\times 3600$$

二、安全指标

（一）运营事故次数

运营事故次数是指在某时期内，凡符合《运营事故处理规则》规定列为行车事故的事故次数总和。单位：次。计算方法：运营事故按性质、损失及对运营造成的影响，分为特别重大事故、重大事故、较大事故和一般事故分别统计。

（二）运营责任事故次数

运营责任事故次数是指在某时期内，凡符合《运营事故处理规则》中"运营事故的责任判定和处理"规定列为运营责任事故的事故次数总和。

三、客运服务指标

（一）乘客有效投诉率

乘客有效投诉率是指统计期内，有效乘客投诉次数与客运总量之比。单位：件/百万人次。计算方法：有效乘客投诉是指运营单位接到并确认属实的乘客投诉。计算公式为：

$$乘客有效投诉率 = \frac{有效乘客投诉件（条）}{客运量数} \times 10^6$$

（二）责任乘客投诉率

责任乘客投诉率是指报告期内每运送百万人次客运量受到乘客投诉，其投诉事件属本企业责任（乘客投诉包括乘客来信、来访、电话）的件数。计算公式为：

$$责任乘客投诉率 = \frac{责任乘客投诉率（条）}{客运数量} \times 10^6$$

（三）列车可靠程度

列车可靠程度是指报告期内列车运营里程与晚点次数之比率。计算公式为：

$$列车可靠程度 = \frac{运营里程}{晚点次数}$$

（四）列车服务可靠程度

列车服务可靠程度是指列车每行驶一定里程遇到一次 5 分钟以上的延误，用以表示列车服务的可靠程度。计算公式为：

$$列车服务可靠程度 = \frac{报告期内运营里程}{报告期内晚点5分钟或以上次数}$$

第六节　票务管理

一、票务管理体系

票务管理体系包括收益管理、车票管理、AFC 系统设备设施管理等。

票务规则制定：公司定期修订票务规则、票务政策，线路中心和车站负责执行最新版票务规则。

车票管理：线路中心对车票的储存、保管、配发、监控等工作。

收益管理：主要是通过设备交易数据、设备寄存器数据和统计数据、人工台账数据对设备和BOM操作员的收益情况进行核对，查找差异并分析原因，同时指导车站票务运作。

AFC 系统运维管理：系统维护人员对线路中心 AFC 系统的运维工作。包括系统定期巡检、日常系统维护等。

中心 AFC 维护维修管理：维修中心对各线路 AFC 备品备件的库存管理，以及对中心部件维修工作的监管。

车站票务运作管理：监管车站人员所参与的车站票务运作工作，包括现金、车票、AFC 系统、设备及报表等管理。

二、票卡分类

自动售检票系统是封闭式收费系统，由设置在入口或出口处的检票机对车票进行校验。按车票的介质来分，城市轨道交通系统使用的有两种：磁卡车票和非接触式智能卡（CSC）。

（一）磁卡车票

磁卡车票由聚酯塑料制成，信用卡大小，磁性编码。

在自动售检票系统中，磁卡车票是聚酯塑料制成的，在恶劣温度和湿度环境下能经久耐用、大小为信用卡尺寸，是可循环使用的车票。车票上的定位孔保证车票正确地插入设备。车票具有供印刷使用的条件，车票的正面可印制使用方法等信息，车票的背面可根据需要留作广告。

车票的磁性特征决定了选择全部背面覆盖磁性材料的车票是最耐用的。磁条车票的弱点在于磁条本身，磁条车票在连续使用之后，磁条就容易损坏。全覆盖的车票是最经济的。因为整个背面上涂覆较之背面仅粘贴两条磁条，在工艺上更容易实现。

（二）非接触式智能卡（IC 卡）

非接触式智能卡是将射频技术和 IC 卡技术结合起来，解决了无源及免接触等问题而形成的一种票卡。非接触式智能卡是一张像信用卡大小的卡片上封装着微处理器和天线等元件，具有人工智能卡的特点，智能卡读写器之间的通信联系通过天线接收无线电波来实现，智能卡读写器之间的数据交换时间小于 0.2s。使用智能卡时，只需将卡靠近读卡设备，距离智能卡读写器 0 ~ 8cm 即可，不要求直接接触，操作十分简单。

智能卡的电器部分由无线电天线、RS 接口、控制单元及存储器等组成。智能卡的控制单元是一个微控制器，这种微控制器提供通信协议来达到高度保密，同时还加快了读写速度，一般比用软件解决的方案快 400 ~ 500 倍。智能卡的读写器是固态设备，它是对智能卡进行读和写的接口。智能卡读写器安装在智能卡 AFC 设备内或设备上，并通过 RS232 接口进行。非接触式智能卡的技术难点主要是在芯片制造和封装方面。智能卡是一种无源卡，其电源是由读写器所发射出来的无线电波进行能量转换而来，因此智能卡的设计可以做到能耗低，处理速度快，当无电时，内存数据也不会丢失，智能卡储存了更多的数据并具有更高的安全性。

非接触式智能卡仅由票房人员通过 BOM 机来发售。在首次购买非接触式智能卡时，要求付押金。仅当非接触式智能卡储值为非零或正值时，才允许乘客通过进口检票机。当给非接触式智能卡充值时，所加的值要支付卡上的负值。非接触式智能卡充值后可多次反复使用，它按单程票收费标准进行扣费。

（三）非接触式智能储值卡即公共交通卡（CSC 卡）

CSC 卡的性能基本上与 IC 卡相同。CSC 卡上的储值用尽时，可随时随地充值，对公共交通卡（CSC 卡）来说充值金额最小为 10 元，一般的充值金额为 10 元的倍数，卡内最高金额可达到 1 000 元。充值的基本方法同上。随着收费系统的不断完善，非接触式智能储值卡可发展为具有电子自动转账充值特点的多功能票卡。智能储值卡使用寿命为 8 年左右。

根据是否可回收，又可分为回收类车票与非回收类车票。

I. 回收类车票

（1）单程票

供成人乘客单程乘坐列车计费之用，经过发售、入站检票环节，在乘客出站时予以回收的车票。单程票仅限于在车票销售当日使用，限单人、单次、限时使用，限于购票车站进站。乘客持票超程或超时出站，需按规定补票出站。

（2）出站票

出站票为乘客补票出站时的车票。限在车票销售当日、单人出补票车站使用。

（3）预赋值单程票

为满足日常客流高峰时段和节假日大量购票的需求，预先赋值的单程票。

（4）儿童单程票

供儿童乘客单程乘坐列车计费之用，经过发售、入站检票环节，在乘客出站时予以回收的车票。儿童单程票仅限于在车票销售当日使用，票价为单程票半价，限儿童单人、单次、限时使用，限于购票车站进站。乘客持票超程或超时出站，需按规定补票出站。

（5）免费单程票

供特殊乘客（老人、残疾人等）单程乘坐列车计费之用，经过发售、入站检票环节，在乘客出站时予以回收的车票。免费单程票仅限于在车票销售当日使用，票价免费，限特殊乘客单人、单次、限时使用，限于购票车站进站。

（6）机场专用车单程票

供乘客单程乘坐机场专用列车计费之用，经过发售、入站检票环节，在乘客出站时予以回收的车票。机场专用车单程票仅限于在车票销售当日使用，票价为机场专用单程票票价，限单人、单次、限时使用。乘客持票超程或超时出站，需按规定补票出站。

（7）往返票

供成人乘客往返乘坐列车计费之用，经过发售、入站检票环节，在乘客返程出站时予以回收的车票。往返票仅限于在车票销售当日使用，限单人、单次限时往返使用，限于往返车站进站。乘客持票超程或超时出站，需按规定补票出站。

2. 非回收类车票

（1）区段票

①区段计次票

区段可定义为指定区段或全线网。区段计次票在有效期内、规定区段内单人计次使用。如乘客超时超乘出站，需按规定补票出站。根据运营需要，可发行计次纪念票、区段计次工作票等。

②区段定期票

区段可定义为指定区段或全线网。区段定期票在有效期内、规定区段单人不限次使用。如乘客超时超乘出站，需按规定补票出站。根据运营需要，可发行日票、周票、月票、区段定期工作票等。

（2）员工票

运营商内部员工在有效期内记名使用的车票，是可挂失、个人化的一卡通卡。员工票通过检票机时，有特殊的提示。

（3）一卡通普通卡

由一卡通公司按规定发行，可储值消费的公共交通普通票卡。乘客出站时，扣除本程车资，不予回收。一卡通普通卡可以充值循环使用。乘客持票超时出站，需按规定补票出站。

（4）一卡通优惠卡

由一卡通公司按规定发行，可储值消费的公共交通优惠票卡。一卡通优惠卡包括儿童卡、学生卡、老人卡、残疾人卡等。一卡通学生卡提供票价半价优惠，儿童卡、老人卡、残疾人卡提供全免优惠。一卡通优惠卡通过检票机时，有特殊的提示。

（5）城市互通卡

与本市轨道交通实现互通的其他城市互通卡，乘客出站时，扣除本程车资，不予回收。乘客持票超时出站，需按规定补票出站。

3. 其他车票

（1）行李票（纸质）

根据运营相关规定，针对携带大件行李的乘客，进站应购买行李票，仅限于车票销售当日、单人、单次使用。由各运营商协商（互认）发行。

（2）测试票

测试票种包括系统内所有的票种，具有测试票标志。测试票的使用、是否上传等由系统参数进行设定。测试票在系统后台数据库标志状态与正常车票不同，由参数设定测试票交易记录是否进行 OD 统计、清分处理等。

第七章　城市轨道交通运营安全保障体系

第一节　城市轨道交通安全保障体系概述

建立城市轨道交通安全保障体系，是保障城市轨道交通体系安全运行的重要工作之一。城市轨道交通的安全生产管理，涉及城市轨道交通建设与运营的各个环节和部门，是一个复杂的系统工程。为了抓好城市轨道交通的安全生产管理，政府主管部门、城市轨道交通企业要从强化安全意识，建立城市轨道交通安全工作的长效机制等方面入手，从体制、机制上确保安全生产。

一、城市轨道交通发展现状

（一）城市轨道交通建设特点

轨道交通是一项规模大、造价高、技术复杂的系统工程，其中一个显著特点就是，建设大工程的投资动辄几十亿元甚至上百亿元。其地面线建设费用约为3亿元/km，地下线建设费用为5亿~8亿元/km。地铁每公里综合造价是轻轨的2~4倍，是高速公路的6~10倍。通常，为节约城市土地、缓解路面交通压力，城市轨道交通建设尽可能在市区内走地下线，但地下线建设费用显然要比地面线建设费用高出许多。

（二）城市轨道交通运营特点

城市轨道交通的运营成本相对其他公共交通方式的运营成本来说是比较高的，一般来说，超大城市、直辖市及省会城市都是全国或地区的政治、经济和文化中心，每天进出市区的上班族和进行商业活动的人员及各种流动人员数量十分庞大。为了输送如此庞大数量的人员，应该分地区、分区域、分路段，根据客流需要，结合城市总体规划，并综合考虑环保等要求，合理选择相应的城市轨道交通系统。城市轨道交通系统按照轨道建筑物在城市内所处的空间位置以及能够满足的运量大小、运行方式、轨道结构和管理方式的不同，可划分为地下铁道、现代有轨电车、单轨交通、小型地铁以及轨道新交系统。

进入 21 世纪，城市人口激增，城市面积扩张，交通需求总量强劲增长，由此带来城市空间局促、道路拥挤、交通事故频发、交通运营效率降低、环境恶化与能源危机等一系列问题。因此，如何建立一个安全、快捷、方便、舒适、经济并且环境友好的城市轨道交通体系，已不仅仅是满足城市人流、物流的功能需求问题，更重要的是关系到人类的主要居住城市能否可持续发展的问题。

二、建立城市轨道交通安全保障体系的必要性

安全是城市轨道交通运营管理永恒的主题，"安全第一"也是乘客的基本要求和首要标准，同时是城市轨道交通运营中不可忽视的重要问题。运营安全不但反映了城市轨道交通运营管理水平和运输服务质量，而且是城市轨道交通系统实现方便、快捷、高效运营的先决条件。轨道交通运营部门所追求的目标是运营的安全有序，这也是满足乘客需求、获得良好社会和经济效益的根本保证。

城市轨道车站及列车车厢内为公众场所，特别是地下铁道位于地下空间，封闭环境、人流密集、通风和疏散都受到极大限制，这是城市轨道交通十分突出的弱点。一旦发生意外事故，常常会导致非常惨重的人员伤亡，因此，深入开展城市轨道交通重大事故安全保障技术研究，加强城市轨道交通的安全管理，做好城市轨道交通的安全工作，关系到人民生命财产的安全，更关系到国家经济发展、社会稳定和构建和谐社会。城市轨道交通作为现代化城市的生命中枢，一旦发生突发事故，其社会影响力、政治影响力和国际影响力都十分巨大。必须充分认识城市轨道交通安全工作的特殊性、复杂性和重要性，努力提高城市轨道交通的安全程度，保证人民群众生命和财产安全。有效地检测、预报城市轨道交通突发灾害事故，并在对城市轨道交通灾害规律深刻认识的基础上，提出有效的灾害防范、救援措施和方法，建立科学有效的城市轨道交通安全保障体系已成必然趋势，通过安全管理，进而预防和减少重大事故的发生，提升城市轨道交通处置突发事故的手段和能力。

三、影响城市轨道交通运营安全的因素

城市轨道交通系统是一个在时间、空间上广泛分布的，呈动态的开放系统，影响城市轨道交通运营安全的因素很多，而且它们之间的关系错综复杂，既有系统内部因素和外部因素，也有人为因素和自然因素。这些因素归纳起来，分别是人、物、环境和管理。

城市轨道交通系统中"人"分为两部分，第一部分是参与企业运营主体的员工，第二部分是参与企业运营全过程且多为自助式服务的乘客群。"机"是人在运营中所控制的设备，包括固定设备和移动设备。"环境"是指人与设备在运营中共处的特定的工作条件，包括内部环境和外部环境。实现运营安全必须以"安全"作为控制手段，协调人、设备、环境之间的相互关系，并将系统状态的信息反馈给管理系统，从而改进安全管理方法。

在安全问题中，人既是影响安全的一种因素，又是防护对象。人是矛盾的主要方面，即使是高度自动化的系统也不可能完全避免人的介入，不可能完全不受人的操纵和控制；

设备必须由人来设计、制造、使用和维护，即使是技术状态良好的安全设备，也只有通过人的正确使用，才能发挥它的安全作用。"物"既是影响安全的因素，又是保障安全的物质基础。"环境"既可能是影响安全的灾害因素，又可能是应予以保护的社会财富。因此，必须从人、物、环境、管理这四个构成生产系统安全的基本因素出发，对其进行合理的组织管理，以管理因素作为控制、协调手段，协调人、物、环境之间的关系，并将系统状态信息反馈给管理系统，从而改进管理方法，充分发挥各自效能，最终形成更安全可靠的系统。城市轨道交通系统运营安全的影响因素之间的关系如图 7-1 所示。

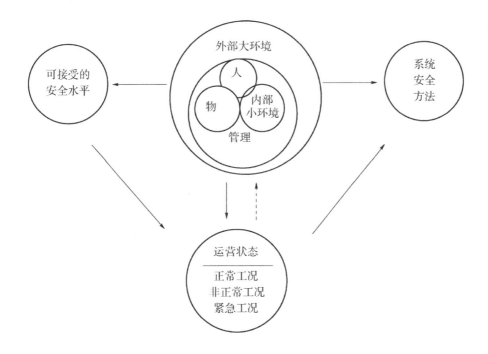

图 7-1　城市轨道交通系统运营安全的影响因素之间的关系

（一）人的因素

人的因素往往是导致事故发生的直接原因。人的因素可以分为人的错误判断、不安全行为、意愿的变化等方面。

人参与城市轨道交通运营工作的每个环节、每项工作中，并处于主导地位。由人操纵、控制、监控、调遣各项设备，完成各项作业，与环境信息交流，与其他作业协调一致。

城市轨道交通运营过程中，导致事故发生的主要原因是"指挥不当、缺乏警惕性和设备维护欠妥等"。

人的因素在城市轨道交通运营安全中起着最关键的作用。系统外人员主要指乘客、城市轨道沿线居民、机动车驾驶员等。这些人员不直接参与运营生产活动，因此，对他们的安全素质要求主要表现为严格遵守城市轨道交通运营安全法规的相关规定，具备较强的安全意识和相应的安全防范与应急技能。

影响城市轨道交通运营安全的人员，其素质与运营安全密切相关。这些素质主要包括文化素质、思想素质、技术素质、心理素质、生理素质和群体素质。

1. 系统内人员安全素质要求

城市轨道交通企业员工安全意识的强弱，各种非正常情况下的作业技能、突发状况下的应对能力以及员工所掌握的安全防范知识，都会直接决定系统内人员行为的安全性，直接影响城市轨道运营的安全效果，对安全生产起决定性的作用。在城市轨道交通运营安全管理中必须首先培养员工的安全素质。

（1）文化素质

主要包括学历、学习能力、表达能力、安全知识等。学历较低是影响操作人员的工作安全的关键要素，学习能力较差导致操作人员对操作手册理解和故障分析能力不够，不能及时有效地避免事故的发生或在事件发生后不能采取有效的救助措施，导致事态扩大；语言表达不清常常导致对事故情况的误判，致使事故处理不及时、不准确；安全知识储备不足，往往会给企业造成无法挽回的后果。

（2）思想素质

主要指职业道德、劳动纪律、安全观念等。安全思想素质不够、责任心不强，是导致"违反劳动纪律、违反劳动规程和违章指挥"等不安全行为的重要因素，特别是生产指挥人员的安全意识不强，"先保安全，再保运营"的思想意识树立不牢，往往会大大制约一个企业的安全状况。

（3）技术业务素质

主要指业务知识、文化素质、安全知识、安全技能，以及各种非正常情况下的作业能力等。打好日常基础，做好日常维护工作是保证城市轨道交通运营安全的坚实支柱，也是预防运营安全事件的前提条件。况且，由于城市轨道交通运营作业经常可能面临各种意外状况，所以城市轨道交通企业员工的紧急应变能力非常重要。对安全质量监督人员而言，还应具备相应的安全管理和质量管理知识和能力。城市轨道交通设备运营时一般不能进行维护和检修，由于设备可检修时间较短，夜间检修交叉作业较多，所以城市轨道交通企业员工必须有较强的技术能力和运营经验，才能对设备、设施进行高质量、高效能的维护和检修，既降低了运营成本，也保障了运营安全。

（4）生理素质

主要指影响运输安全的人体生命活动。其主要包括身体条件和生理状况，主要有年龄、性别、记忆、体力、耐力、视觉、听觉、动作和思维反应时间以及疲劳强度等。

（5）心理素质

指影响运输安全的人的心理过程和个性心理特征。其主要包括个体的气质、能力、性格、情绪、需要、动机、态度、爱好、兴趣、意志等。例如，在气质方面，胆汁质的人往往容易冲动，表现为性急而粗心；多血质的人注意力容易转移，缺乏耐性，都可能成为引发事故的条件；黏液质的人表现为稳定、细心、工作有持久性，比较适合于在安全、质量监督和要害部门工作。在性格方面，表现为勤劳、认真、细致、具有自信心和控制能力的人，以及富有稳定和持久的情绪特征的人，都更擅长于做好各项安全工作。因此，正确判断员工的气质，培养其良好的性格和其他个性心理特征是保障运营安全的重要前提。

（6）群体素质

指影响运营安全的群体特征。其主要包括群体目标、群体凝聚力、群体的信息沟通、群体的人际关系等。由于城市轨道交通运营工作要求多工种协同作业，涉及多个环节，因而它对运营系统内的部门和部门之间、部门内员工之间以及统一作业的不同操作者之间的协调性要求很高，这就更加凸显了群体的作用。群体对运营安全的影响，主要表现在群体意志影响其成员的行为，包括以下 3 个方面。

①社会从众作用

个体在群体中，往往不知不觉地受到影响，表现出与群体内多数人的知觉、判断和行为相一致的现象，即从众现象。社会从众作用表现在运营安全上具有正反两方面的意义。在一个遵章守纪的群体中，个别惯于冒险作业的人会感到群体的压力而改为安全作业。相反，如果在一个不重视安全的群体里，少数一贯遵章守纪的人也会顺从群体的错误行为。

②群体主张作用

一方面，群体的存在可以起到满足个体心理需求，增加勇气和信息的作用；另一方面，群体成员在一起工作，有助于消除单调和疲劳的感觉，激发工作动力，提高工作效率。但是，对某些脑力劳动，特别是创造性思维活动，多数人在一起工作，反而会使注意力很难集中，降低工作效率。

③群体规范作用

群体成员在彼此相互作用的条件下，会发生一种类化现象，个体差异会明显缩小。规范作用的强弱取决于群体意识的强弱。在安全意识较强的群体里，大多数成员能保持安全的操作行为；在安全意识薄弱的群体里，成员为了抢时间、省力气、突击完成任务，往往易做出不安全的操作行为，对这样的群体，必须密切注意、加强管理。

2. 系统外人员安全素质要求

系统外人员主要指乘客、城市轨道沿线居民、机动车驾驶员等。他们不直接从事城市轨道交通运营生产活动，因此，对他们的安全素质要求主要表现在严格遵守城市轨道交通运营安全法规及相关规定，了解城市轨道交通运营安全法律法规和掌握相关知识，具有较强的安全意识和一定的安全防范与应急技能。

（二）物的因素

物的因素是导致事故发生的物质条件，主要是指潜伏在物本身的不安全因素。广义上包括原料、燃料、动力、设备、工具、半成品、成品等。例如：机器设备的不安全因素、易燃易爆物品的危险因素、个人防护用品和用具的缺陷、各种自然物的不可预料的不规则运动等，都是引发事故或造成突发事件的原因，而且常常是直接原因。

影响城市轨道运营的物的因素狭义上指的是各种影响运营安全的设备因素。设备既是影响安全的因素，又是保障安全的物质基础。列车安全运行的基础条件就是要求各种运营设备必须处于安全状态。

从安全关系的角度，可以将城市轨道交通运营设备划分为生产基础设备和安全技术设施。生产基础设备主要包括固定设备（线路、车站、车辆段、城轨相关机电设备等）和移动设备（动车组、列车自动防护子系统 ATP 等）。运营安全技术设施主要包括对员工作业的正确性进行监督的安全监控设备（闭路电视监控系统等），对运营生产基础设备的技术状态进行监测的安全监测设备（楼宇自动化系统 BAS、火灾自动报警系统 FAS 监测系统等），保障乘客人身安全的辅助安全公共设施（屏蔽门、旅客信息系统等），对灾害、事故、突发事件进行抢险救援的救援设备（火灾报警系统、救援车等）。

运营设备状态的良好是保证安全生产的重要条件。运营设备质量好坏，直接关系到城市轨道交通运营安全与否，因此，运营设备的管理、使用、维护相关部门必须采用先进的检测手段，及时发现运营设备隐患，建立维修维护管理信息管理系统，不断提高运营设备的质量，按照设备管理控制体系的要求，正确使用运营设备，科学地进行设备管理工作，提高设备完好率和运营保障力度。避免状态不良的运营设备投入运营，影响列车运行。

（三）环境因素

环境因素是指系统所处的自然环境和社会环境的异常状态。比如暴雨带来的洪水泛滥、暴风雪引起的停电，社会不稳定因素引起的罢工或者怠工，以及恐怖分子制造的爆炸等。

城市轨道交通运营环境是指人、机共处的特定工作条件。一般来说，环境因素是影响安全的间接原因，而且是短时间内不易消除的因素。环境因素包含两方面，分别是内部环境和外部环境。

I. 内部环境

内部环境通常是指作业场所人为形成的环境条件，包括周围的空间和一切生产设施所构成的人工环境。内部环境通常可以分为作业环境和运营系统内部的社会环境。

作业环境是指生产现场的空间和生产设施所构成的人、机环境。在作业环境中，有各种机器、设备、原材料、半成品和成品等，还有机械设备产生的噪声和振动，生产空间的采光照明，泄漏的有害气体、蒸汽、粉尘和热量等。在这样的环境里，管理有缺陷或不符合安全规范、标准要求，都可能给作业人员带来危害。

系统内部的社会环境主要指系统内部的政治、经济、文化、法规等环境。影响城市轨道交通系统运营安全的内部环境不仅仅是作业环境，同时还有运营系统内部的社会环境，也就是运营系统外部环境因素在运输系统内的反映，包括内部的政治、经济、文化、法规等。

2.外部环境

影响城市轨道交通系统运营安全的外部环境包含两个方面，分别是自然环境和社会环境。

（1）自然环境

主要是指洪水、暴雨、风沙、泥石流和地震等自然灾害，以及这些自然灾害带来的次生灾害。此外，气候因素(风、雨、雷、电、雾、雪、冰等)、季节因素(春、夏、秋、冬)以及时间因素（白天、黑夜）等也是不容忽视的事故致因。

城市轨道交通包括地铁、轻轨、城际列车等，在运营期间可能遭遇台风、洪水、雷电、地震等自然灾害的侵袭。台风对城市轨道的建筑物有较大的影响，并且其破坏性极强；洪水也会对轨道交通运营造成极大的影响，可能导致积水回灌，建筑物受到岩土介质中地下水渗透浸泡，致使其附属设备材质发生霉变，元器件受损失灵等，从而造成事故；同时应该对雷电防护设备进行检修，这方面造成运营设备损坏的事件时有发生；另外，地震所带来的损失也不言而喻。

（2）社会环境

是指社会的政治环境、经济环境、技术环境、管理环境、法律环境以及社会风气、家庭环境等，它们对城市轨道交通系统运营安全均有不同程度的影响。

（四）管理因素

管理因素是指在管理的体制和制度，或者在安全管理过程中存在一定的缺陷，未遵循安全生产的客观规律，从而影响城市轨道交通运营安全。涉及运营安全的管理因素较多，主要有安全组织、安全法制、安全技术、安全教育、安全信息和安全投入等，它的本质就是要充分发挥人的积极性和创造性，调动一切资源（人、财、物、信息）和积极因素，促使各种矛盾向有利于城市轨道交通运营安全方面转化。

在城市轨道交通运营中，如果安全管理存在缺陷，也会导致突发事件的发生。现阶段，我国安全生产管理中一个众所周知的难题就是管理薄弱，目前从保障城市轨道交通安全运营的实际情况来看，城市轨道交通运营安全管理是确保城市轨道交通运营安全的重要管理手段。

城市轨道交通运营安全管理，就是使人、设备和环境组成一个能够有效实现预期目标的系统。虽然人、设备、环境往往是造成事故的直接原因，而管理因素看似是间接原因，但追根溯源却是本质上的原因，因为前者都是受后者支配的。

城市轨道交通运营安全管理，是为了有效减免运营事件及由运营事故所引起的人和物的损失而进行的控制危险的一切活动。管理者根据安全生产的客观规律，对城市轨道交通系统中的人、财、物、信息等资源进行计划、组织、指挥、协调和控制，以达到减少和避免城市轨道交通运营事件发生的目的。

第二节　城市轨道交通安全技术保障体系

建立城市轨道交通安全技术保障体系是正确执行国家有关技术政策、标准、规程和城市轨道交通的主要技术政策。城市轨道交通安全技术保障体系为城市轨道交通运营安全提供可靠的技术依据和技术措施，充分发挥科技是第一生产力的作用，不断吸收现代科技先进成果，促进城市轨道交通运营安全管理科技含量日益提高。

设备的可靠性作为城市轨道交通运营安全的重要保障，对保证城市轨道交通运营安全起着十分重要的作用。因此，应该通过制定统一、完善的技术规范和标准，使来自不同国家和地区的各类交通运营设备符合接口的技术要求，切实满足交通运营的实际需要，为运营安全创造必要条件。同时，交通运营企业在引进国外先进设备和技术的同时，要充分发挥自身的技术优势和人才优势，在消化吸收国外先进技术的基础上加大国产化的推进力度，强化交通运营设施设备保障，不断提高交通运营安全质量。

交通安全技术保障体系主要通过改善生产流程工艺，改进生产设备以及增设安全防护设施来实现。城市轨道交通安全技术保障主要从两方面着手，即城市轨道交通硬件设备技术保障和城市轨道交通安全软技术保障的开发和应用。

一、城市轨道交通安全硬技术设备保障体系

城市轨道交通安全硬技术设备保障体系是指对运营基础设施和安全技术设备的研制、试验、引进、装配、维护和安全质量管理等。城市轨道交通安全硬技术设备保障体系主要包括设备安全技术、安全监控系统、基于维修维护的安全检测系统、安全信息系统、安全预警系统。

（一）设备安全技术

随着社会的发展和科学技术的进步，现代技术已经渗透到各个领域，为城市轨道交通行业开发越来越安全的基础设备和越来越多的安全设备产品创造了有力的技术条件。城市轨道交通设备安全技术正朝着信息化、自动化、智能化方向发展，为提高城市轨道交通运输安全水平提供了强有力的支持，极大地改善了城市轨道交通的安全状况。

（二）安全监控系统

计算机信息技术和现代通信技术的发展，为城市轨道交通安全监控系统带来了飞跃式进步。目前在城市轨道交通运营中，对移动设备、固定设备、环境等状态以及运输对象完

全实现实时监控。它包括针对移动设备的监控系统，例如 2005 年在广州地铁 1 号线采用的车辆在线安全检测系统，运用微波技术、传感器技术、红外测温技术、声音信号分析技术及数据分析等技术，可以对城轨车辆的轮对踏面、轴承温度、车钩温度、走行部异响、受电弓异响、车号进行监控和识别；包括针对固定设备的监控系统，如城市轨道交通机电设备平台建筑自动化系统，可以对环控、电力、照明、电梯、屏蔽门等机电设备进行统一的管理和监控；另外还有针对环境进行检测和监控的环控系统和对火警进行监控的火警防灾报警系统（FAS），以及对站厅和站台及人员进行实时监控的闭路电视监控系统（CCTV）等。

（三）安全检测系统

基于维护、维修移动设备和固定设备的各种安全检测系统为保证城市轨道交通安全、准点、平稳的运行提供了高效、科学的手段。

目前，城市轨道交通采用的安全检测系统已经应用了近年来新近发展的技术，如用于检测线路异常的图像处理技术，用于金属设备内部探伤的超声波探伤技术，用于测量隧道、转向架和钢轨等形变的激光光电技术，用于对测量结果进行统计分析的计算机技术，用于实时反馈设备状态的传感器检测技术，还有用于隧道衬砌、线路病害以及地质情况检测的雷达无损检测技术等。这些技术的应用已经出现系统化、集成化、高效化的趋势，如大型轨道检测者可以在高速形式状态下保证钢轨探伤，隧道衬砌检测、接触网检测、限界检查等任务一次完成。

（四）安全信息系统

城市轨道交通对行车安全性要求非常高，基于城市轨道交通的信号、车辆、供电和环境等各种控制网络的信息系统不能出现任何的差错和中断，必须保证全天候提供服务，并具备足够的持续性和适应性，所以安全的信息系统是保障城市轨道交通运营的基本设备基础。

（五）安全预警系统

随着科学技术的发展，人们越来越重视对危险信号的预警。预警技术在城市轨道交通中得到了广泛的应用，并保障了整个城市轨道交通运营系统的安全运行。

对电力、信号、环境等各种危险信号的预测与预警是被城市轨道交通安全应急预案确定的重要内容。各种隐患和事故苗头需要进行检测和监督，争取将可能发生的灾害消灭在萌芽状态。地铁火灾的早期预警，是及时疏散人员和抓住消防关键时机的必要条件。

建立安全预警系统可以实现对各种重点关键设备的动态巡检，对重要消防节点的温度和烟雾进行监测，跟踪各采集点和受控系统状态指标，及时分析反馈数据，发现可能出现的事故并加以处理。

二、城市轨道交通安全软技术保障体系

城市轨道交通安全软技术保障体系包括与运营安全有关的各种操作方法、管理办法、运营安全基础理论及安全科学技术方法的研究和应用。

（一）安全基础理论

20 世纪 70 年代以来，发达国家就已经充分认识到安全软技术基础理论研究的重要性。随着理论和实践的不断发展，世界各国的交通工程专家对城市轨道交通运营安全进行了广泛和深入的基础理论研究，并围绕分析、评价、控制危险和应急 4 个方面探究了城市轨道交通运营安全的基本规律和基本特性。

I. 安全生产管理原理

安全生产管理是从生产管理的共性出发，对生产工作的实质内容进行科学的分析、综合、抽象与概括，最终得出的管理规律。安全生产原则就是在安全生产管理原理的基础上指导生产管理活动的通用规则。安全生产管理的原理有系统原理、人本原理、预防原理、强制原理和责任原理。

（1）系统原理

是指人们要运用系统的观点从事管理工作，也就是要从系统论的角度来理解和解决管理中出现的问题。运用系统原理的原则主要有动态相关性原则、反馈原则、整分合原则、封闭原则。

（2）人本原理

就是必须把人的因素放在企业管理活动的首位，彰显以人为本的指导思想。运用人本原理的原则主要有动力原则、激励原则、能级原则、行为原则。

（3）预防原理

是指通过有效的管理和技术手段，防止人的不安全行为和物的不安全状态出现，从而将发生事故的概率降到最低。我国的安全生产方针是"安全第一，预防为主，综合治理"，这个安全生产方针实际上就是预防原理的具体体现。运用预防原理的原则主要有因果关系原则、偶然损失原则、3E 原则、本质安全化原则。

（4）强制原理

是指采取强制管理手段控制人的意愿和行动，使个人的活动和行为等受到安全管理要求的约束，从而实现有效的安全管理。强制原理强调的是绝对服从，无须经过被管理者同意便可采取的控制行为。运用强制原理的原则主要有安全第一原则和监督原则。

2. 事故预防与控制的基本原则

（1）事故预防

是指通过采用技术和管理手段，使事故不发生。

（2）事故控制

是指通过采用技术和管理手段，使事故发生后不造成严重后果或使后果严重性尽可能降低。

（3）安全技术对策

是指解决物的不安全状态。

（4）安全教育对策和安全管理对策

是指解决人的不安全行为。

（5）安全教育对策

是指使人知道哪里存在危险源，如何导致事故，事故的可能性和严重程度如何，面对可能的危险应该怎么做。

（6）安全管理措施

是指要求人们必须怎么做。

（二）安全评价方法

安全评价方法是采用系统工程原理和技术方法，定性和定量分析系统中固有的危险因素，得出系统发生危险的可能性及其后果严重性的评价，与评价标准进行比较，根据其结果判断是否需要改进系统运行方式和提出防范措施，抑制和消除危险性，技术上是否可行、经济上是否合理以及系统是否达到国家或行业制定的安全标准。

交通运输企业中常用安全评价方法有安全检查表评价法、作业条件危险性评价法、概率安全评价法和多指标安全综合评价法等。

（三）安全统计与分析

城市轨道交通安全调查统计主要是对城市轨道交通安全状况的统计研究活动，了解城市轨道交通的安全状况、查找隐患及预测发展态势、分析各种影响因素对运输安全的作用和相互关系、认识各种交通事故的本质和内在规律性。

城市轨道交通安全分析是从安全角度对城市轨道交通系统的危险因素进行分析，分析导致系统故障或者事故的各种因素及其相关关系。

第三节　安全教育培训体系

完善的安全教育培训体系能够使安全教育更贴近和适应受教育者的接受能力，使其提高安全知识和安全意识。安全教育培训体系必须达到"五有"标准，即有完整的教育程序、有规范的安全教育培训教材、有适应于各层次人员的安全教育方法、有严密的安全教育考试标准、有显著的安全教育成果。通过安全教育将因人为而导致的事故比例大幅度下降，能够向实现本质安全、事故为零的目标更进一步。

一、对企业主要负责人的教育培训

（一）基本要求

按照国家相关规定，企业主要负责人必须进行安全生产培训，经培训单位考核合格并取得安全培训合格证后方可任职。所有企业主要负责人应进行安全生产再培训。

（二）安全生产教育培训的主要内容

国家安全生产方针、政策和有关安全生产的法律法规及标准；安全生产管理基本知识、安全生产技术、安全生产专业知识；重大生产安全事故防范、重大危险源管理、应急管理和救援组织及事故调查处理的有关规定；职业危害及其预防措施；国内外的先进安全生产管理经验；典型生产安全事故和应急救援案例分析；其他需要培训的内容。

（三）安全生产再培训的主要内容

有关安全生产的法律法规、规章、规程、标准和政策；安全生产的新技术和新知识；安全生产管理的经验。

（四）培训时间

在培训时间上，危险物品生产、经营、储存单位及矿山、烟花爆竹生产单位、建筑施工单位的主要负责人安全资格培训时间不得少于48学时，每年再培训时间不得少于16学时。其他单位主要负责人安全生产管理培训时间不得少于32学时，每年再培训时间不得少于12学时。

二、对安全生产管理人员的教育培训

（一）基本要求

建筑施工单位的安全生产管理人员任职前，必须经安全生产监督管理部门或法律法规规定的有关主管部门考核合格并取得安全资格证书。其他单位安全生产管理人员必须按照国家有关规定进行安全生产培训，经培训单位考核合格后并取得安全培训合格证后方可任职。所有单位安全生产管理人员每年应进行安全生产再培训。

（二）安全生产教育培训的主要内容

国家安全生产方针、政策和有关安全生产的法律法规及标准；安全生产管理、安全生产技术、职业卫生等知识；伤亡事故统计报告及职业危害的调查处理方法；应急管理、应急预案编制及应急处置的内容和要求；国内外的先进安全生产管理经验；典型生产安全事故和应急救援案例分析；其他需要培训的内容。

（三）安全生产再培训的主要内容

有关安全生产的法律法规、规章、规程和政策；安全生产的新知识和新技术；安全生产管理的经验；典型生产安全事故案例。

三、对特种作业人员的教育培训

（一）对特种作业人员的培训、考核和取证的要求

特种作业人员在独立上岗作业前必须进行与本工种相适应的、专门的安全技术理论学习和实际操作训练并通过考核达到合格，取得特种作业人员操作证后方可上岗。

（二）特种作业人员重新考核和证件的复核要求

离开特种作业岗位达 6 个月以上的特种作业人员，应当重新进行实际操作技能考核，经确认合格后方可上岗作业。每 3 年对已经取得特种作业人员操作证的特种作业人员进行一次复审。连续从事本工种 10 年以上的，经原考核发证机关或者从业所在地考核发证机关同意，特种作业操作证可延长至每 6 年复审 1 次。复审的内容包括违章记录检查、健康检查、安全新知识管理教育、本工种安全知识考试。未按期复审或复审不合格的特种作业人员，其特种作业人员操作证自行失效。

四、对企业其他从业人员的教育培训

生产经营企业其他从业人员是指除了主要负责人和安全生产管理人员之外，该单位从事生产经营活动的所有人员，包括其他负责人、管理人员、技术人员和各岗位的工人，以及临时聘用的人员。

（一）对新从业人员

对新从业人员应进行企业级、车站（厂）级、班组级三级安全教育。

1. 企业级的培训的内容

本企业安全生产情况以及安全生产基本知识；企业安全生产规章制度和劳动纪律；从业人员的安全生产权利和义务以及有关的事故案例。

2. 车站（厂）级的安全生产教育培训的主要内容

本车站安全生产状况和规章制度；工作环境及危险因素；所从事工种可能遭受的职业伤害和伤害事故，所从事工种的安全设备设施、工人防护用品的使用和维护；预防事故和职业危害的措施以及应注意的安全事项；有关事故案例以及其他需要培训的内容。

3. 班组级的安全生产教育培训主要内容

岗位安全操作规程；岗位之间的工作衔接配合的安全与职业卫生事项；有关事故案例，以及其他需要培训的内容。

对新从业人员安全生产教育培训的时间不得少于 24 学时，每年接受再培训的时间不得少于 20 学时。

（二）对调整工作岗位或离岗以后重新上岗的从业人员

对调整工作岗位或者离岗以后重新上岗的从业人员也需要进行培训。

从业人员调整岗位或离岗一年以上重新上岗时，应该进行相应的车站（厂）级和班组级安全生产教育培训。脱离原岗位半年以上重新上岗时，须重新接受班组级安全教育培训。

企业实施新工艺、新技术或使用新设备、新材料时，应对从业人员进行有针对性的安全生产教育培训。

（三）经常性的安全生产教育培训

企业要确立终身教育的观念和全员培训的目标，对在岗的从业人员应进行经常性的安全生产教育培训。其主要包括：安全生产新知识、新技术，安全生产法律法规，作业场所和工作岗位存在的危险因素、防范措施以及有关的事故案例，等等。

五、安全生产教育的形式和方法

安全生产教育的形式主要有三级安全教育、特种作业人员安全教育训练、经常性安全教育等。经常性安全教育形式又分为班前班后会、各类安全生产业务培训班、安全活动日、安全生产月、安全生产会议、事故现场分析会、张贴安全生产招贴画、宣传标语及标志、开展安全竞赛、安全考试、安全演讲等。

安全生产教育的方法有实操演练法、案例研讨法、课堂讲授法、读书指导法、宣传娱乐法等。

第四节　安全生产责任制

安全生产责任制，就是根据我国安全生产法规，按照"安全第一，预防为主，综合治理"的安全生产方针建立的各级领导、职能部门、工程技术人员、岗位操作人员在劳动生产过程中对安全生产层层负责的制度。

一、安全生产责任制的要求

必须做到"逐级分工、分工负责、系统负责、岗位负责"。各级干部、各个部门、各个岗位在安全管理中务必要明确责任，形成责权分明、运作有序、互相支持、互相保证的安全责任体系，从而把生产过程的每一个岗位和环节的安全责任都落实到位，形成一级抓一级，一级保证一级的安全生产责任制。

（1）严格按照国家关于安全生产的法律法规和方针、政策，制订详尽周密的安全生产计划，层层落实全员安全生产责任制。

（2）认真研究安全生产重大问题，加强事故预防工作，定期向职工代表报告安全生产工作情况，接受群众监督。

（3）设置安全生产管理机构，配备安全生产管理人员，保持安全生产管理队伍的相对稳定。

（4）新建、改建、扩建、技术改造和引进的工程项目，要实行"同时设计，同时施工，同时投入"，即"三同时"，必须符合劳动安全卫生规程、规范和标准的要求。

（5）对特种设备和危险性大的工作场所进行定期检查，委托有资格的检验检测机构进行检验，接受安全生产监察部门的检查。

（6）及时报告重大事故隐患，加强对重大事故隐患和危险源的整改和监控工作，制订重大事故隐患治理方案、应急计划和监控措施，尽快消除重大事故隐患。

（7）生产设施、设备必须符合国家劳动安全卫生的有关要求，引进国外设备、工艺及原材料，要有配套与保障技术，确保安全生产，防止职业危害。

（8）定期对职工进行安全生产教育，使他们树立安全生产意识，掌握安全生产技能。特种作业人员接受培训和考核，做到持证上岗。

（9）按规定使用劳动保护用品，加强生产过程的个体安全防护，加强安全生产检查，减少伤亡事故和职业病的发生。

二、城市轨道交通运营企业安全生产组织

城市轨道交通运营企业的安全管理体系由三个层次组成，分别是决策层、管理层、执行层。决策层由企业内部负责人横向联合成立安全生产委员会（公司领导班子成员担任委员会主任和副主任，各部门、中心主要负责人为成员）；管理层由公司安全部门和各职能部门分管安全的领导及专兼职安全员组成；执行层由各中心、班组（车站）分管安全的领导及兼职安全员组成。

城市轨道交通运营企业设立安全生产管理委员会，依照国家法律法规和企业规章制度，对安全生产工作实施监督管理。各部（室）、中心负责职责范围内的安全管理工作，建立、健全安全生产责任制度，完善安全生产条件，确保生产安全。

安全生产管理委员会设立办公室作为日常办事机构，具体工作地点设置在公司安全部门，负责企业安全生产的日常管理工作，对各部门及基层单位的安全生产负有检查、监督、指导、协调、服务等管理职责。

各部门、中心、车站、班组必须配备一名专（兼）职安全管理人员，协助领导负责本部门的日常安全生产管理工作。

企业工会必须设置专人，分管安全生产和劳动保护工作。

三、城市轨道交通运营企业安全生产职责

（一）企业安全生产委员会的安全生产职责

（1）贯彻执行安全生产和劳动保护的法律法规、方针、政策。

（2）贯彻执行上级有关安全生产和劳动保护工作的决定和部署。

（3）定期开会研究企业安全生产和劳动保护工作，制订计划并组织实施。

（4）组织、领导、协调各部门落实安全防范的各项措施，落实安全生产责任制。

（5）组织安全生产大检查，落实事故隐患的整改措施。

（6）研究解决企业安全生产的重大问题，并做出贯彻落实的决定。

（7）组织生产安全事故的调查分析，按"四不放过"的原则，制定整改措施，严肃认真处理。

（8）调查研究，总结经验，树立典型，表彰先进。

（二）企业负责人的安全生产职责

（1）负责组织建立健全本单位的安全生产责任制。

（2）负责组织制定本单位的安全生产规章制度和操作规程。

（3）负责组织本单位安全生产所需资金的有效投入。

（4）负责监督、检查本单位的安全生产工作，及时消除生产安全事故隐患。发生重大生产安全事故时，应立即组织抢救。

（5）负责组织制订并实施本单位的生产安全事故应急救援预案。

（6）及时、如实报告生产安全事故。

（三）安全职能部门的安全生产职责

（1）认真贯彻执行国家和各级政府有关安全生产的方针政策、法律法规、标准规程，在企业总经理的领导下，组织和推进企业的安全生产和劳动保护工作。

（2）建立健全企业的安全生产管理网络，做好安全基础管理工作。定期召开会议，分析研究安全生产和劳动保护工作，指导、帮助基层单位开展工作。

（3）制定和完善安全生产责任制，搞好监督检查，负责安全评比表彰工作。组织开展安全竞赛活动，推广安全管理的先进经验和安全技术。

（4）组织制定或修订安全管理制度，安全技术规程，制定预防伤亡事故和职业病的措施。

（5）督促有关部门做好安全装备及设施的使用、维修和保养工作。

（6）做好职工（含外聘职工）的安全教育和安全培训工作，组织开展各种安全宣传活动，与人力资源部配合，督促和协助有关部门做好特种作业人员的安全技术培训和考核，做到持证上岗。

（7）参加新建、改建、扩建和技术改造工程项目的"三同时"立项、可行性研究、初步设计审查，试车投产检查及竣工验收工作。

（8）根据国家规定，按照事故处理权限，组织或参与职工伤亡事故的调查处理，负责各类事故的汇总、统计及上报，建立健全事故档案，监督检查防止事故发生的措施的落实工作。

（9）督促检查有关部门及时做好特种设备（包括厂内机动车辆、起重机械、压力容器、锅炉、电梯、避雷设施等）的安全管理及检测检验工作。

（10）组织现场安全检查，督促解决安全生产中的问题和隐患，及时纠正违章指挥、违章作业和违反劳动纪律的行为。遇到有危及安全生产的紧急情况有权责令其停止作业，立即报告有关领导并做出处理。

（11）督促有关部门合理组织生产，执行国家规定的工时制，做好劳逸结合工作。

（四）部门负责人安全生产职责

（1）贯彻执行《中华人民共和国安全生产法》和有关安全生产法规、标准、规程及本制度。

（2）组织制定本部门安全生产管理制度及操作规程。在编制生产（工作）计划时，要同时编制安全技术措施计划，从人员、技术、物资、资金等方面，确保其按期实施。

（3）实施安全生产责任制。

（4）针对本部门安全生产特点，对职工进行安全生产宣传教育，提高职工的安全生产意识。

（5）定期开会研究本部门安全生产工作，及时解决安全生产中发现的问题和隐患。

（6）组织本部门安全生产检查，落实隐患整改措施。

（7）及时、如实报告本部门发生的生产安全事故。

（8）建立健全安全生产台账档案，按规定要求填报安全生产报表。

（五）工会安全生产职责

（1）对企业违反安全生产法律法规、不提供安全生产条件的，工会应当代表职工与企业交涉，要求企业采取措施予以改正。

（2）工会依照国家规定对新建、改建、扩建和技术改造工程中的安全设施与主体工程同时设计、同时施工、同时投入使用进行监督和验收。

（3）对企业发生违章指挥、强令职工冒险作业，或者生产过程中发现重大事故隐患时，工会有权提出解决问题的建议。

（4）发现危及职工生命安全的情况时，工会有权向企业建议组织职工撤离危险现场，企业必须及时做出处理决定。

（5）参加涉及职工因工伤亡事故和其他严重危害职工健康问题的调查处理。

（6）工会对企业侵犯职工安全生产合法权益的问题进行调查，协调劳动关系，维护职工安全生产和劳动保护的合法权益。通过职代会和其他形式，组织职工参加安全生产的民主管理和民主监督，听取和反映职工的意见和建议，帮助解决存在的具体问题。

（六）站长（值班站长）安全生产职责

（1）认真贯彻执行国家有关安全生产的法规和企业安全规章制度。

（2）定期召开车站安全生产会议，研究、布置和检查车站的安全生产工作。

（3）落实各岗位安全生产责任制，经常对车站职工进行安全教育。

（4）运用广播电视、宣传栏、黑板报、警示、标语等形式，向乘客宣传文明、安全乘车的知识和规定。

（5）针对节假日、重大活动车站出现大客流时，要采取有效措施控制客流、疏导乘客、保持畅通、确保安全。

（6）生产事故隐患及时整改，如一时不能解决，应及时上报。

（7）发生事故，要及时上报，并组织人员维持现场秩序，疏散乘客，抢救受伤人员。

（8）建立健全安全生产台账档案，按规定要求填写安全生产报表。

（9）定期向站务中心领导和有关职能部门汇报安全生产情况。

（七）班组长安全生产职责

（1）负责班组安全生产管理工作，组织开展安全生产竞赛，总结、交流安全生产经验。

（2）认真贯彻执行各项安全管理制度和操作规程，编制实施安全技术措施计划，不断改善劳动条件。

（3）班前班后做好每日的安全预想和总结，班组每周开展一次安全生产检查，落实生产事故隐患整改措施，使设备和各种安全装置始终处于良好的运行状态。

（4）定期开展安全教育活动，增强员工的安全意识。

（5）发生事故，要立即抢救受伤人员，并及时报告上级。

（6）做好班组的安全生产台账记录。

（八）专（兼）职安全人员安全生产职责

（1）宣传贯彻执行有关安全生产的法规和企业各项规章制度，协助部门领导开展安全管理工作。

（2）参与制定本部门安全生产制度和安全操作规程，检查落实安全生产责任制。

（3）对职工进行安全教育，增强职工的安全意识。

（4）开展安全生产检查，制止违章，落实生产事故隐患整改措施。

（5）组织特殊工种进行培训、复审、考核工作。

（6）负责特种设备的安全管理工作。

（7）做好安全生产台账的登记工作。

（8）参与生产安全事故的调查工作。

（9）组织安全生产工作的考评。

（九）职工安全生产职责

（1）严格执行企业安全生产规章制度，遵守劳动纪律，服从管理，正确佩戴和使用劳动防护用品，在不违章作业的同时，劝阻和制止他人违章作业。

（2）根据安全技术规程和工艺要求精心操作，各种生产记录要准确、清楚、及时、完整可靠，正确分析、判断和处理事故。按时巡回检查，发现异常及时处理。

（3）接受安全生产教育和培训，掌握本职工作所需要的安全生产知识，提高安全生产技能，增强事故预防和应急处理能力。

（4）发现事故隐患或者其他不安全因素时，应立即向现场安全人员或者本单位负责人报告。

（5）发现直接危及人身安全的紧急情况，可以停止作业或者在采取可能的应急措施后撤离作业场所。

（6）加强设备维护，经常保持作业场所整洁，搞好文明生产，妥善保管和正确使用各种保护和操作工具。

（7）了解本岗位及作业场所的危险因素，防范措施及事故应急措施，对本单位的安全生产工作提出建议。

（8）对本单位安全生产工作中存在的问题，可以提出批评、检举、控告，有权拒绝违章程序和强令冒险作业。

第八章　城市轨道交通运营行车事故的预防与处理

第一节　列车运行事故的原因分析

事故是指人们在进行有目的的活动过程中发生的违背人们意愿的，可能会造成人们有目的活动暂停或永远终止，同时可能造成人员伤亡或财产损失的意外事件。而列车运行作为城市轨道交通运营的重要组成部分，其安全直接关系到乘客安全和城市轨道交通系统安全。

一、事故特性

事故本身有其特有的一些属性，即特性。掌握这些特性对认识事故、了解事故及预防事故具有指导性作用。概括起来，事故主要有以下 5 种特性。

（一）因果性

因果性是指一切事故的发生都是由各种危险因素相互作用的结果。生产中的意外事故是由人的不安全行为、物的不安全状态、管理缺陷以及对突发的意外事故处理不当等原因引起的。掌握事故的因果关系，采取适当的措施中断事故因素的因果联锁，就消除了事故发生的必然性，从而可能防止事故的发生。

（二）偶然性

偶然性是指事故的发生是随机的，但是偶然性寓于必然性之中，事故的随机性表明它服从于统计规律，因此可用物理统计法进行分析和预测，找出事故发生和发展的规律，从而为预防事故提供依据。

（三）潜伏性

潜伏性是指事故在尚未发生或还未造成后果之前，是不会显现出来的，但生产中的危险因素是客观存在的，只要这些危险因素未被消除，它们随时都有可能演变为事故。

（四）可预防性

无论是工业生产系统还是运输系统，都是人造系统，因此，从理论上和客观上讲其中任何事故都是可以预防的。认识这一特性，对坚定信念、防止事故的发生有促进作用。各种合理的对策和手段，可以从根本上消除事故隐患，把事故发生的概率降到最低。

（五）复杂性

现代的生产系统和运输系统等都是很复杂的系统，涉及的要素非常多，要素之间的相互关系非常复杂。事故的发生可能是由方方面面的原因造成的，这就决定了事故具有复杂性。

二、事故的预防

当生产系统在运行中出现问题时，首先要从几个方面分析其原因，即人为操作不当导致的、操作技术达不到要求、周边生产环境比较恶劣、管理过程中存在问题，等等。其中最后一个方面既与领导层的不重视有关，也与一线员工的安全意识淡薄有关：没有对安全责任进行具体分配，导致事故发生后，各个负责人之间相互推诿；员工没有将企业规定的安全守则放在心里，操作时随意性比较大；对整个系统中的风险排查没有一个固定的标准，使得排查过程不能逻辑性地涵盖各个方面；有些企业过于追求利益，对员工的安全不够注重，不愿意花费更多的金钱购买保护设备；不能及时和定期对员工进行安全知识培训，对出现过的问题不能及时总结经验教训，导致二次事故的发生。安全问题是企业必须重视的一个方面，对各类风险要及时发现，探讨其发生原因并给出解决措施，避免类似情况再次出现，这就是事故的预防。

具体来讲，事故的预防就是对可能发生的问题采取一些方法使其消失或减轻，这与事故的管理是不同的。事故的管理可以说是事故预防的依据，以及在事故发生之后对其发生的原因和产生的影响进行总结、记录、上交、归档，等等，最终实现整个生产系统安全且高效的运行。

事故的预防是管理的第一步，是企业进行正式生产活动首先要考虑和培训的事情。此外，事故预防还是事故管理的最终目标，无论是已经发生过的事故还是可能发生但未发生的事故，都是为企业生产积累经验，最后也都要归类于事故的预防。总之，事故的预防和管理并不是彼此独立的，它们之间是有很大联系的，只有把这两者都完成好，才能保证生产活动安全有效地进行。

（一）事故预防的原则

事故预防应遵循以下原则：

1. 连贯原则

事故发展的各个阶段具有连续性和稳定性，采用这种连贯原则进行分析和研究可以从过去和现在推测未来，进行准确的预防。

2. 系统原则

把预防对象及其所涉及的各种事故或因素视为一个系统，进行综合考察和研究，可以全面地分析问题，从而克服片面性，提高事故预防的科学性。

3. 实事求是原则

在事故预防过程中，应从客观事实出发，尊重历史资料，认真分析研究现状，如实反映可能出现的问题和结果。只有从客观事实出发，参照以往事故的发展变化规律，分析未来发展趋势，才能获得比较准确的预防结果。

4. 大量调查原则

预防要从大量调查和研究中求得一般的规律，避免以偏概全。

（二）事故预防的过程

事故预防的对策是提前预防、早发现、果断处理、防止蔓延。

1. 提前预防，尽早发现征兆

企业的预防人员应该经常注意那些可能对企业生产和经营造成较大影响的事故，争取尽可能早地发现其发生的征兆。当出现征兆时，需要预防可能发生的事故是否会出现以及会在什么时候出现。

2. 及早发现，采用合适的方法

对事故进行分析和预防，主要是利用得到的资料和信息，根据日常经验，采用因果关系分析和逻辑推理的方法。

3. 果断处理，向专家请教

企业员工由于所处环境和地位的限制，往往对许多事情的了解和认识有局限性。为了能够对事故的发生及其造成的影响做出正确判断和预防，可采取专家调查法，向有关专家请教，请他们根据自己的知识、经验、智慧和判断能力，帮助企业进行事故的分析和预防。

4.防止蔓延制定对策

企业不但应预防意外事故对本身生产经营造成的影响，而且要制定相应的对策。

（1）不同的意外事故对企业生产经营在时间上的影响有差别

有些意外事故对企业生产经营的影响是暂时的，过一段时间就不存在了，如自然灾害、一般性工伤事件、一些临时性的政策和法令，等等。对它们进行分析和预防时，应考虑发生影响的长短，并且预防当它们的影响消失时给企业带来的新影响。有些意外对企业生产经营的影响是长久的，如特别重大的伤亡事故、科技新成果的应用等。

（2）注意事故的间接影响

有些事故起初看起来对企业不会造成影响，但由于这些事故对与事故发生企业生产经营有关的其他企业或某些方面有影响，那些企业或某些方面发生的变化又会把影响传递给事故发生企业。这种间接影响的传递往往不只是一级传递，还可能是多级传递。这种间接影响的传递一般需要一个传递的时间过程，因此，对处在间接过程中的企业来讲，这种意外事故是有前兆的。在考虑意外事故时，要把视野放开阔些。

（三）事故预防的方法及应用

在事件预防中常用方法主要有以下几种。

1.直观预防法

直观预防法将专家作为信息索取对象，是一种依靠专家的知识和经验进行预防的定性预防方法。它多用于社会发展预防、宏观经济预防和科技发展预防等方面。

直观预防法的准确性很大程度上是由专家知识的广度、深度和经验来决定的。专家主要指在某个领域中或某个预防问题上有专门知识和特长的人员。直观预防法典型的代表方法有头脑风暴法和德尔菲法等。在事故预防中，中长期安全发展规划和系统安全评价指标等可依靠专家知识，参考头脑风暴法和德尔菲法等直观预防法来确定。

2.事故隐患辨识预防法

企业生产过程中的事故隐患辨识预防法主要有经验分析法、故障树分析法、事件树分析法、因果分析法、人的可靠性分析法、人机环系统分析法等。在优选方法时，可在初步分析的基础上，采用人 - 机 - 环与事故树分析相结合的方法进行分析预防。

这种方法的预防对象是以人为主体的人 - 机 - 环分析预防，能直接分析人的不安全行为、物的不安全状态、环境的不安全条件等直接隐患；同时还能揭示深层次的本质原因，即管理方面的间接隐患。借助故障树分析技术对存在危险的事故隐患进行定性定量分析，预防其导致事故发生的定性定量结论，并得出直接隐患之间的逻辑层次关系。

3.趋势外推法

趋势外推法是以统计学为基础，应用大数据理论与正态分布规律的方法，以前期已知的统计数据为基础，对未来的事故数据进行相对精确定量预防的一种实用方法。这种方法对具有一定生产规模和事故样本的系统具有较高的预防准确性。

三、造成列车运行事故的原因

列车运行事故，一般是指城市轨道交通列车在运送乘客的过程中对行车人员、行车设备以及乘客产生作用和影响的事故。

城市轨道交通运输的产品是乘客的位移，而列车运行则是实现位移的必要手段。列车运行是城市轨道交通运营系统的主要工作，也是最容易产生不安全因素的工作环节，城市轨道交通运营过程中所出现的大部分不安全现象都在列车运行过程中，因此，从某种程度上讲，保证列车运营安全的同时也就保证了城市轨道交通运营安全。

第二节　列车运行事故预防

列车运行安全工作，一般是指城市轨道交通列车在运送乘客过程中对行车人员、行车设备以及乘客产生作用和影响的安全工作。列车运行安全工作包括行车调度安全、列车驾驶安全和车站作业安全等。

一、行车调度安全

整个城市的轨道交通系统是一个非常复杂的系统，保证其顺利运行仅靠某一个部门是无法完成的，必须由多个部门共同合作才能完成，这就要求指挥调度系统具有高效、精准和联系紧密的特点。其中，各个部门的合作是非常关键的一个环节，只有精准执行才能使地铁等交通工具顺利运转。

行车调度简称行调，是一种用于统一指挥大型复杂轨道交通系统中车辆运行情况的指挥方式，是维持地铁等交通工具正常运行的关键因素。这一工作主要是由调度控制中心完成的，其对各个站点的系统和工作人员进行任务分配，使他们之间能够密切配合，进而控制列车的正常运行。调度的质量是可以从车辆运行情况反映出来的。

（一）行车调度工作的基本任务及作用

l. 行车调度工作的基本任务

（1）组织指挥各部门、各工种严格按照行车运行图工作。

（2）监控列车到达、出发及途中运行情况，确保列车运行秩序的正常。

（3）当列车运行秩序不正常时，及时采取措施，尽快恢复正常运行秩序。

（4）及时、准确地处理行车异常情况，防止行车事故发生。

（5）及时掌握客流情况，及时调整列车运行方案。

（6）检查监督各行车部门执行行车运行图的情况，发布调度命令。

（7）当发生行车事故时，按规定程序及时向上级主管部门汇报，并采取措施防止事故扩大，积极参与组织救援工作。

2. 行车调度工作的基本作用

行车调度贯彻集中领导、统一指挥的原则，组织协调行车有关部门、各单位和各工种的工作，指挥和监督行车工作的全过程，保证行车工作均衡协调和安全准确的进行。

行车调度在安全工作中的作用主要有以下几个方面。

（1）指挥行车人员完成各项行车作业，保证列车安全正点运行。

（2）组织、协调、监督、检查行车各有关部门的安全生产，纠正各种违章现象，及时处理行车中发生的问题，消除事故隐患，防止发生行车事故。

（3）发生行车事故后，积极组织救援，减少事故损失。

（二）行车调度安全指挥工作的基本要求

调度指挥必须坚持安全生产，正确及时地指挥列车运行，防止因指挥不当造成事故隐患。遇突发紧急情况时，要冷静、正确、及时处理；要加强学习，勇于实践；努力提高业务水平，提高应变能力。

为保证行车调度工作安全，调度指挥应做好以下各项工作。

1. 必须严格执行单一指挥原则

行车各有关部门必须服从所在区段行车调度的集中统一指挥，各级领导对列车运行的指示必须通过行车调度下达，坚决禁止令出多口或多头指挥，维护调度命令的严肃性和权威性。

2. 熟悉主要行车人员和设备，组织列车按图行车

行车调度必须熟悉主要行车人员情况，掌握车辆、线路、通信信号、牵引供电等方面的知识；熟悉各种规章制度和各种行车作业的秩序，掌握与其他调度的工作衔接；组织行车有关人员协调动作，保证列车按照列车运行图安全正点运行；掌握处理各种意外情况和行车事故的方法，做到调度指挥胸有成竹、沉着冷静。

3. 发布调度命令要正确、完整、清晰

调度命令是城市轨道交通运输工作实行集中领导和统一指挥的具体体现和保证之一，其具体要求如下：①凡是指挥列车运行的命令和口头指示，只能由行车调度发布，有关行车人员必须坚决执行，不得违反；②发布调度命令前应详细了解现场情况，听取有关人员

意见。发布调度命令时应严格按行车相关规章办理，必须先拟后发，不得边拟边发；③采用电话发布调度命令必须严格按照"一拟、二审核、三签、四发布、五复诵核对、六下达命令号码和时间"的程序办理。发布和接受调度命令应在命令本上进行登记；④使用计算机发布调度命令时，必须严格遵守"一拟、二审核、三签、四发布、五确认签收"的程序；⑤制定常用行车调度命令格式和统一用语，使调度命令格式规范化，用语标准化，保证调度内容更加准确、精练、清晰、完整；⑥调度命令书写不正确时，应重新书写；已发出的命令有错漏时，应取消前发命令，重新发布命令的全部内容。

二、列车驾驶安全

列车驾驶安全是整个城市轨道交通行车安全工作的关键环节之一，是把握好行车安全的最后一道关口。

（一）影响列车驾驶安全的主要因素

1. 行车纪律松弛

制度执行不严，纪律松弛，出乘标准化作业不落实，责任制贯彻不力，是影响行车安全的一大顽症。

2. 疲劳行车，带情绪行车

列车驾驶员睡眠不足和将受外界环境影响而产生的情绪带入运行作业中，会产生生理、心理的疲劳，从而精力不济，精神不集中，给安全行车带来隐患。

3. 作业素质不高

由于技术问题及缺乏经验，列车驾驶员业务水平不精，不能及时处理运行中的突发事故。

4. 安全意识不强

列车驾驶员思想波动大，情绪不稳定，责任心不强，行车纪律观念淡薄，臆测行车等。

5. 行车技术、设备不完善

行车设备老化，技术结构不合理，使之不能适应行车的要求。

6. 风、雪、雷、雨等恶劣气候及环境的影响

风、雪、雷、雨等恶劣天气对安全运营的影响是不可低估的。列车驾驶员对气候环境变化引发的突发事件能否正确处置直接影响城市轨道交通运输的安全。

7.安全管理及制度、规章的实用性存在缺陷

安全管理归根结底是对人的管理，而各项制度的健全和完善是行车安全的基础和依据，没有完善有效的制度与规定是制约安全行车的重要因素。

（二）预防列车行驶事故发生的措施

列车在行驶时会出现各种问题，并且这些问题发生的原因不仅限于某一种，鉴于其十分重要的作用，所以需要从以下几个方面进行事故发生前的预防。

第一，目前的技术手段还不能制造出一种机器或者一个系统能够完全代替人的驾驶功能，因此列车的行驶仍然是以人为中心。实际上，人为操作不当是造成事故的首要原因，所以应该定时、定期对列车驾驶员开展培训，提高他们的知识水平，并对其进行考核，促使驾驶员们在每一次行车过程中都能集中精力。

第二，列车的科技含量越来越高，采用的控制系统也越来越先进，因此列车驾驶员的技能也要与时俱进，专门开设课程对其技术进行培训，遇到突发事故也会有专业的紧急解决措施，而不会影响列车安全。

第三，在列车发生事故之后一定要对车辆相关系统进行仔细排查，对已经损坏或可能损坏的部件进行维修或更换；对已经老化的车体要及时更新。所有部件的质量要以满足安全规定为标准。

第四，要对列车驾驶员的心理和身体进行适当的培训，其身体健康是避免事故的首要条件，一旦列车驾驶员因身体不适而不能集中精力驾驶车辆，则车辆出现问题的概率将会大大增加。至于列车驾驶员的心理方面，需要培养其临危不乱和沉着冷静的心态，因为车辆运行过程中难免有事故发生，只有列车驾驶员能够及时有效地应对事故，才能保证车辆行驶的安全性。

（三）列车驾驶员值乘的基本前提

1.列车驾驶员必须牢记"安全第一"的宗旨

严格按照安全制度、行车规则执行驾驶任务，驾驶列车时做到"三严格"：①严格遵守各种规章制度，正确执行各种作业程序，确保列车运行安全；②严格按照运营时刻表及信号显示行车，工作时严守岗位，不得擅自离岗；③严格遵守动车前认真确认"行车三要素"，即进路、信号、道岔。

2.列车驾驶员必须掌握列车（车辆）的基市构造、性能

具有一般的故障处理能力，熟悉城市轨道交通路线和站场等基本设施情况，包括必须牢记驾驶区段、站场线路纵断面等情况。

3.列车驾驶员必须掌握其他相关的业务知识并具有一定的应变能力

城市轨道交通列车在运行过程中，一般情况下只有列车驾驶员一人值乘，而运行中的事故有不可预见性，在事故的初期往往只有驾驶员能够最早发现，所以一名职业素质良好的驾驶员应该而且必须掌握有关事故初期的处理方法，减少损失，稳定现场局面。

4.列车驾驶员上岗值乘的必要条件

鉴于列车驾驶员在整个运行过程中的重要作用，城市轨道交通管理部门规定了列车驾驶员上岗值乘的必要条件。首先，列车驾驶员必须考试合格，并取得列车驾驶证后方准独立驾驶列车；其次，列车驾驶员脱离驾驶岗位6个月以上，再次驾驶列车时必须对其进行业务知识和安全运行知识等培训，考核合格后，其纪律和身体状况由相关部门有关领导做出鉴定。

三、车站作业安全

车站的行车组织工作是在调度统一指挥下，合理运用车站的各项技术设备，负责车站行车控制指挥、施工及其他任务。

（一）车站作业工作的基本任务

（1）建立健全各类行车作业、管理的规章制度。这些制度包括：车站行车控制室的管理、交接班制度和行车值班员岗位责任制等。对车站的行车组织工作进行规范管理，确保行车安全。

（2）进行车站各项安全检查，检车车站安全隐患并落实整改。

（3）建立各类事故预案，开展演练，以提高车站员工的应急处理能力，有效处理车站突发事故。

总之，明确职责、落实责任、加强安全管理，可以确保车站行车、施工、治安、消防等工作顺利进行，以及车站员工、乘客的人身安全和车站所辖设备的运行安全。

（二）车站行车安全工作的基本要求

车站工作包括列车运行控制、车站的施工组织和接发列车作业等，各项作业均涉及行车安全。其具体要求如下。

1.列车运行控制

车站的列车运行控制根据整个系统列车运行控制方式的变化而变化。

在调度集中控制方式下，车站行车组织的主要工作是监控行车运营状态。在自动控制方式下，车站除了对列车的运营状态进行监控外，还要对中央控制因故放权而进行控制，而有集中控制设备的车站应负责对列车的折返和进路排列等人工作业。在半自动控制方式下，车站负责列车运行控制工作。在正常情况下，由人工操作信号设备进行接发车、调车等行车作业，并根据行调指令对列车进行调整；在非正常情况下，车站根据调度的指令，按规定的作业办法要求负责列车在车站的接车、发车和调车等作业。

2.设备施工组织

在车站管辖范围内，任何施工作业均应在车站行车控制室登记，在得到行车值班员的签字确认后方可进行；影响运营的施工检修作业（如信号设备检修、道岔检修等），必须得到行车调度的同意方可进行。

3.接发列车作业

车站员工应确保在各种控制方式下，车站的接、发列车组织工作安全、有序。

第三节　调车作业事故预防

调车作业是指除列车在车站(车厂)到达、出发、通过及在区间内运行以外，凡机车、车辆进行的一切有目的的移动。它包括列车的解编、转线，车辆的取送、调移等。在调车作业中发生的事故，称为调车作业事故。

一般来说，调车作业事故分为"撞、脱、挤、溜"四种类型，即冲撞、脱轨、挤道岔、机车车辆溜逸。

一、调车作业事故的常见原因

（一）调车作业计划不清或传达不彻底

调车作业计划是信号员、调车组等调车作业相关人员的统一行动计划。如果调车作业计划本身不清，造成调车进路排错、机车车辆进入线路，或调车作业计划传达不彻底，造成信号员及调车驾驶员行动不一致，都极易发生事故。

（二）作业前检查不彻底，准备不充分

调车作业前，必须按规定提前排风、摘解风管、核对计划，确认进路，检查线路、道岔和停留车辆情况，手闸制动时要选闸，铁鞋制动时要准备足够、良好的铁鞋。

（三）误排进路或未扳、错扳、临时扳动道岔或错误转动道岔

信号员误排进路或未扳、错扳、临时扳动道岔或错误转动道岔，调车员和驾驶员不认

真确认信号及道岔位置，极易造成冲撞、脱轨和挤岔事故。

（四）调车手信号显示不标准

调车手信号显示不标准有三种情况：一是未按规定的要求显示信号；二是错过了显示信号的时机；三是错误地显示信号。上述情况都可能导致调车作业事故的发生。

（五）前端无人引导推进运行或推进车辆不试拉

推进作业时，若前端无人引导，由于调车驾驶员无法确认线路和停留车情况，极易造成撞车和挤岔事故。若推进车辆不试拉，一旦车辆中有假连接，制动或停车时因车辆脱钩而发生溜逸，也容易发生撞车、脱轨、挤岔和溜逸事故。

（六）没按规定采取防溜措施

调车作业在线路上停放车辆时，如不按规定采取防溜措施，极易发生车辆溜逸事故。一旦车辆溜逸入车间，后果不堪设想。

二、调车作业事故的预防措施

城市轨道交通的调车作业包括停车站场内调车作业和正线调车作业两种。

（一）站场内调车作业事故的预防

1. 做好调车作业前的准备工作

（1）调车作业必须按照调车作业计划及调车信号机或调车手信号的显示要求进行。没有信号不准动车，信号不清立即停车。

（2）特殊情况使用无线对讲机联络进行调车作业时，驾驶员与调车人员必须保持联络通畅，联络中断立即停车，采取措施。

（3）调车组人员不足时，不能动车。

2. 正确及时地编制及传递调车作业计划

（1）运输值班室值班员要根据生产作业有关部门提出的要求，正确、合理地编制调车作业计划，并将计划向信号室值班室、调车组等参加调车作业的人员传达清楚。

（2）参加调车作业的有关人员在接受调车计划时必须复诵，核对正确无误后执行。

（3）调车作业时调车指挥人员应将接受的作业计划向调车驾驶员及有关人员传达，并讲清作业方法与安全注意事项。

（4）调车作业中需要变更作业计划时要停止作业，由运转值班员将变更后的计划向调车指挥人员及信号楼值班室重新布置、传达清楚，调车指挥人员要重新向调车驾驶员及有关人员传达清楚。

3. 正确及时地显示信号

（1）调车作业时，调车人员必须正确及时地显示信号，驾驶员要认真确认信号，并鸣笛回示。

（2）连挂作业时，调车人员必须向驾驶员显示三、二、一车的距离信号。没有显示三、二、一车的距离信号不准挂车；没有驾驶员的回示，应立即显示停车信号。

（3）当调车指挥人员确认车辆停留车位置有困难时，应派可胜任此工作的人员显示车辆停留位置信号。

（4）连挂车辆前驾驶员必须"一度停车"，检查被连挂车辆状态；连挂车辆后必须先确认连挂是否妥当，确认后方可启动。

（5）摘挂后的车辆，必须按规定安放止轮器，采取制动措施防止溜车。

4. 认真确认调车进路

（1）单机运行或牵引运行时，前方道路的确认由驾驶员负责。

（2）推进车辆运行时，前方道路的确认由驾驶员负责，如调车指挥人员所在位置确认前方进路有困难，可指派参加调车作业的其他胜任人员确认。

（3）取消调车作业进路时，操作进路人员应确认列车、车组或单车尚未启动，并通知调车指挥人员和调车驾驶员后，再关闭信号机，然后取消调车进路。

5. 严格、准确掌握运行速度

（1）在空线上运行应严格按照线路、道岔的允许速度运行，瞭望条件不良或气候条件不好时应适当降低速度。

（2）调车作业中，车辆进入车库和厂房时以 5km/h 的速度运行。

（3）接近被连挂车辆时以 3km/h 运行。

（4）电动列车在停车场内限速 20km/h 运行。

6. 尽头线调车必须保持必要的安全距离

在尽头线上调车作业时，距离线路终端应有 10m 的安全距离。遇特殊情况，距离必须小于 10m 时，要严格控制车辆运行速度，以随时能停车的 3km/h 以下速度进行。

7. 做好车场内调车作业与接发列车之间的协调

车场在列车运行图规定的接发列车以外时间，运转值班员可以确定场内的调车作业；但与行车调度布置的临时接发列车计划有抵触时，以接发列车作业为主；必须先进行调车作业时，应得到行车调度员的批准。

（二）正线调车作业事故的预防

（1）正线调车由调车指挥人员提出调车申请，行车调度在接到申请后确认不影响正常运营时方可同意调车申请，并做好相应记录。调车进路的排列由车站操作，但行车时行车调度必须加强对进路及调车全过程的监控。

（2）遇到正线调车时，行车调度应事先取消相关进路的自动进路功能。

（3）正线调车遇到轨道电路压不死等不正常现象时，必须采取单锁道岔的方式，必要时需现场加钩锁器以确保安全。

（4）如涉及越出站界调车，行车调度应该发布调度命令，令相关车站办理闭塞后方可进行。

第四节　接发列车作业惯性事故预防

接发列车是城市轨道交通行车工作中最重要的环节之一。接发列车的作业安全直接关系到城市轨道交通的行车安全，因此，所有参与接发列车的工作人员，均应以高度的工作责任感，严格执行规章制度，保证接发列车作业安全。

一、接发列车作业安全基本知识

接发列车作业主要是指对列车的车次、行驶时长和频率以及行驶方向进行安排，这也是列车运行过程中很关键的一个环节。

（一）列车车次与行车安全

在整个轨道交通系统中行驶的列车是非常多的，因此，需要指挥人员进行周密安排，列车的车次一旦被误判，则很可能发生变轨错误的情况，导致撞车事件的发生。填报人员要细心耐心，如果出现记忆不明的情况应该马上核实，绝对不能有"差不多"的心理。

（二）列车行驶方向与行车安全

列车的行驶方向也是很重要的信息，同样不能有丝毫差错，特别是遇到同一条线路上有两个及以上的列车行驶的情况，对其行驶方向应该以醒目的标志进行提醒，并报告下一站的站名，避免列车驶向错误的方向。

（三）列车行运指挥与行车安全

指挥的级别应该从总部向分部发展，由总部进行统一指挥，再逐级下发至各分部，这一过程需要遵守的原则是正确性和服从性。

正确性的含义很明显，即指挥过程中应该自始至终保证指挥内容的正确，一旦出现指挥命令有误、指挥内容不全、指挥方法不科学或者分站人员对指挥命令理解错误、对指挥内容记忆不全以及使用错误的方法进行安排等情况，很容易导致危险的发生，所以在进行指挥之前，要对将要指挥的内容进行理解和记忆，对实际应用场所进行考察，积极收集相关人员的意见和建议，这样才能在指挥过程中做到准确无误。

分站工作人员应该严格服从指挥命令，不做规章制度规定以外的事情。

二、非正常情况下接发列车作业事故的种类及主要原因

城市轨道交通一般均为双线，信号系统普遍采用中央级控制（ATS），列车实行自动驾驶运行。正常情况下，车站原则上并不办理闭塞及接发列车。车站对列车运行情况进行监控，并负责向行车调度报告，各站间相互报点；当发生意外事件时，向行车调度请示，经同意后暂不报点；站台服务员按有关规定迎送列车，只在停电、调度集中、信号联锁设备等出现故障，需要人工排列进路组织列车运行及列车开到区间因故障要退回车站等非正常情况下，车站才能办理闭塞，接发列车。

车站在办理接发列车和列车通过作业程序中发生的一切行车事故称为接发列车作业事故。

（一）非正常情况下接发列车作业事故的种类

（1）向占用区间发出列车。

（2）向接入线路发出列车。

（3）未准备好进路接发列车。

（4）未办或错办电话闭塞发出列车。

（5）列车冒进信号或越过警冲标。

（6）错误办理行车凭证发车耽误列车。

（二）发生接发列车作业事故的主要原因

（1）车站值班员离岗，或做与接发列车作业无关的事情。

（2）办理电话闭塞时没有确认区间处于空闲状态。

（3）不按规定检查确认接发列车进路。

（4）不认真核对行车凭证。

（5）错办或未及时办理信号。

（6）取消、变更接发列车进路时联络不彻底。

三、非正常情况下接发列车作业事故的预防

接发列车作业从办理电话闭塞、准备进路到开放信号、交递凭证直至列车由车站发出或通过，其间任何一个环节的漏洞都有可能埋下事故隐患，任何一个差错都可能危及列车运行安全。因此，日常办理每一趟列车接发，均须高度重视，认真作业。

（一）办理电话闭塞不能简化作业过程

办理电话闭塞是接发列车的首要作业环节，是列车取得区间占用权的重要环节，也是易发生列车事故的关键环节。

l.办理电话闭塞前，必须认真确认区间空闲

车站值班员在办理电话闭塞时，为防止向占用区间发出列车，在确认区间空闲时必须认真做好以下工作：①检查确认前一列车是否完整到达前方站；②通过闭塞设备确认区间空闲，检查确认区间是否有列车占用；③检查确认区间是否封锁；④检查有关记录，检查确认其他占用区间的情况。

2.办理电话闭塞时，车次必须准确清晰，用语必须简洁完整

现场作业时，有的车站值班员承认闭塞时，仅简化回答"同意"两字而未复诵，未起到与相邻互控、联控的作用，极易错办车次，为此，办理电话闭塞及承认闭塞时，均需完整按照行车标准用语执行。

（二）认真检查确认接发列车进路

准备接发列车进路，是指将列车经由车站所运行的线路安全开通。它是接发列车工作中一项极为重要的作业环节，在准备接发列车进路时，应重点检查以下事项。

l.确认接车线路空闲

没有到发线的车站准备接车进路或通过进路时，首先必须确认接车（通过）的线路空闲，以防止线路上存有机车、车辆及其他危及列车运行安全的障碍物等，为此，车站值班员和现场作业人员必须对接车（通过）进路线路是否空闲进行检查和确认。检查的方法有设备检查，即没有轨道电路及控制台上设有股道占用标志的，通过控制台对股道是否占用进行确认；目视检查，即车站值班员（助理值班员）现场目视检查线路空闲；分段检查，即在天气不好或瞭望条件不良、小曲线半径或联锁设备失效的情况下，车站（车厂）值班员（助理值班员）和现场人员按划分地段分别检查确认。

2.确认接发列车进路正确无误

接发列车进路的正确与否，直接关系列车运行是否安全。因此，在接发列车作业中，

对列车进路的确认极为重要，切不可疏忽。联锁设备正常时车站可通过信号设备的显示来确认接发列车进路；遇联锁设备停用时，对列车进路的现场检查则更需严密细致，对进路上的道岔逐个确认，确认其位置正确及按照要求加锁后，方可报告接发列车进路准备妥当。

（三）确认行车凭证的办理及交付正确无误

行车凭证是列车占用区间的依据，包括信号机显示、路票、调度命令后等。有关作业人员办理行车凭证时，必须认真严谨，防止因差错而造成行车事故。

I.防误操作信号设备

信号是指列车运行的命令。信号正常时，信号机上显示的准许列车运行的各种信号均为列车行车凭证。信号的开放和关闭至关重要，因此，车站值班员、信号员在操作信号设备时，必须全神贯注，精力集中，遵章守纪，严格坚持"眼看、手指、口呼"一致的确认操纵制度，确保信号指示准确无误。

2.防误填写行车凭证

使用路票、调度命令等书面凭证办理行车时，对其使用日期、区间、车次、地点、电话记录号码或调度命令号码等应特别注意。书面凭证填写后，必须逐字逐项复诵，认真进行核对，确保信号指示准确无误。

（四）严格执行接发列车作业程序、规范用语

为确保接发列车作业的安全稳定，尤其是在迎接处理中，车站接发列车作业应按规定程序办理，并使用规定用语。随意简化，甚至颠倒或遗漏作业程序及用语，将危及行车安全。

（五）必要时立岗监督接送列车并指示发车

接送列车及指示发车直接关系到接发列车作业的安全。在信号正常的情况下，车站原则上不办理接发列车作业；遇特殊情况（指信号联锁故障需要人工排列进路口组织列车运行时，或列车开到区间因故障要退回车站等情况）需要接发列车时，车站接发列车人员应严格执行接发列车作业程序。

（1）确认列车整列到达。

（2）严密监视列车运行安全状态。站台岗人员随时注意站台乘客动态，当列车进站时应于站台扶梯口靠近紧急停车按钮附近站岗，防止乘客在列车关门时冲上车而被车门或屏蔽门夹伤，维护站台秩序，监督驾驶员按规范动作关门。发车时，站台岗（或驾驶员）若发现站台或屏蔽门异常，应立即用对讲机通知驾驶员（或站台岗人员）并及时处理。

（3）确认列车发车条件无误后，方可指示发车。

第五节　检修施工作业事故预防

作为城市轨道交通运营工作的重要组成部分，为保证日常运营生产工作能安全而有序地进行，城市轨道交通运营企业必须对各种运营设备进行全面的检修施工作业和更新维修保养。轨道交通系统作为一个技术含量高、专业分工多的全封闭运作系统，有相当一部分检修施工作业直接或间接地影响着日常运营秩序，甚至会影响运营安全，而这些检修施工作业又可能受到时间与空间的制约无法及时完成。只有做好检修施工安全工作，确保行车设备和设施维修保养符合技术要求，才能使城市轨道交通顺利开展运营。一旦施工安全出现问题，使城市轨道交通运输的秩序混乱，严重影响乘客出行安全，将会给人民生命造成伤害，给国家和企业财产造成严重损失，因此，要高度重视检修施工作业安全，为城市轨道交通的安全运营打下良好基础。

一、施工计划的制订

（一）施工计划

施工计划可按计划的时间不同进行划分，也可按计划施工作业的地点和性质不同进行划分，例如是否影响正线、是否影响车厂等。

属于正常修改规程内的作业应结合设备检修计划进行，加强计划性。如在轨道交通运营时间内对设备进行临时抢修，须在运营停止后继续安排临时性的设备补修。

（二）施工计划申报程序

l. 向总调度所提出施工计划申请

必须向总调度所提出计划申请的检修施工作业范围。

（1）检修施工作业在列车运营线路（含出入库线）及其封闭区域以内。

（2）检修施工作业在列车运营线路（含出入库线）及其封闭区域以外但对地铁运营组织工作有直接关系与影响的。

（3）检修施工作业在停车场内影响列车正常出入库的。

（4）电力调度所管辖范围内的所有供电设备的清洁、保养、检修和改扩建等工作。

（5）在各种检修施工作业中，由于与电力设备的安全距离不够，威胁到人身安全而需要相关的电力设备停役的检修施工作业。

（6）与正线行车安全直接相关的通信、信号系统设备的清洗、保养、检修和改扩等工作。

（7）其他经公司认定需要申报的检修施工作业。

2. 向总调度所提出电力施工计划申请

施工涉及城市交通供电系统的，必须向总调度所提出电力检修施工计划申请的检修施工作业范围。

（1）电力调度所管辖范围内的所有供电设备的检修和清洁、保养工作。

（2）在各种检修施工作业中，由于与电力设备的安全距离不够，威胁到人身安全而需要相关的电力设备停运的检修施工作业。

（3）在电力调度管辖范围内，凡可能影响正常运营和安全的供电设备的检修施工作业。

（4）凡涉及电力调度管辖和许可范围内的新建、扩建、改造工程，依旧要接入地铁供电系统的供电设备。

3. 向总调度所提出环控施工计划申请

施工涉及城市轨道交通消防环控系统的，必须向总调度所提出环控检修施工计划申请的检修施工作业范围。

（1）影响环控调度系统的中央主机系统网络检修施工作业。

（2）影响消防报警系统以及各自动气体灭火系统的检修施工作业。

（3）影响车站设备自控系统的检修施工作业。

（4）影响给排水系统的检修施工作业。

（5）影响事故冷却风机系统的检修施工作业。

（6）在环控调度管辖范围内，凡可能影响日常运营秩序和安全的站内检修施工作业。

4. 特殊情况下的计划申请

在城市轨道交通运营时间内原则上不安排与运营设备有关的检修施工作业。因检修施工作业组织工作中的特定要求等特殊情况，须在运营时间内进行施工检查作业，各检修施工单位必须提供书面或详尽的安全保障方案，并由主管安全服务的职能部门确认后，向总调度所提出计划申请。施工计划申报单位应包括作业日期、作业部门、作业时间、作业区域、作业内容、供电安排、申报人、防护措施、备注（列车编组、配合部门及详细配合要求、联系电话）等。

5. 检修施工计划的批复

（1）检修施工单位提供计划申请后，总调度所在三个工作日内批复计划并具体执行安排。

（2）每月15日和30日前，总调度所分别下达当月以及次月上半月的检修施工通告。

（3）根据检修施工计划调整变化情况，总调度所在每周五发布下周的调整检修施工报告。

（4）检修施工作业计划的实施以调整后的检修施工通告为准。

（三）施工计划的编制

1. 计划编制原则

（1）在确保安全的前提下，考虑均衡安排，避免集中作业。

（2）处理好列车开行时间和密度、施工封锁等几方面的关系，避免抢时和争点现象出现。

（3）经济、合理地使用机车和车辆，避免浪费资源。

2. 施工现场作业

（1）凡进行计划施工，都必须领取施工进场作业证，以此作为请点施工的凭证。

（2）施工计划编制部门负责施工进场作业证的管理工作。

二、施工安全管理

（一）施工责任人制度

每项施工作业须设立一名施工负责人，辅站另设立施工负责人。两者须经过培训并取得安全资格证书后，方可按制度持证上岗。

1. 施工负责人（施工责任人）职责

（1）负责作业人员（设备）的管理。

（2）办理请（销）点手续。

（3）作业过程的组织指挥。

（4）及时与车站、车厂联系作业有关事项。

（5）组织设置（撤销）作业安全防护设施。

（6）出清作业区域（设备状态恢复正常）。

2. 施工负责人（施工责任人）任职条件

（1）熟知行车规章制度及有关规定。

（2）熟悉该项作业的性质、内容、方法、步骤、要求等。

（3）具备与该项作业相关的安全知识和技能。

（4）经过培训并考试合格，取得相关资格证书。

（二）施工防护要求

（1）接触网停电检修或需接触网停电配合挂地线时，在该作业地段两端挂接地线。

（2）站内或站间线路施工时，须在施工区域两端轨道上设置红闪灯防护。

（3）在折返线、存车线和联络线施工时，须在作业区域的可能来车方向处设置红闪灯防护。

（4）车站值班人员到站台检查红闪灯是否按规定摆放，并监督红闪灯状态是否良好。

（5）施工作业时除严格执行以上规定外，还要按施工部门的有关施工操作程序的防护规定执行。

（6）凡在运营时间内进行作业的，必须做好防护措施，确保城市轨道交通乘客的安全，最大限度地减少对乘客的影响。

（三）现场施工要求

人和工程车在同一区域作业时，由施工负责人与车长根据现场情况协调。

（1）按施工前进方向，列车在前，人员在后。原则上不得颠倒顺序或列车运行前后皆有人员作业。

（2）非随车施工人员与列车应有一定的安全间隔，原则上列车不得随便后退，如需要动车时，须向施工负责人和车长协商后才能动车，确保人身安全。

（3）作业人员应在现场作业区的来车方向设置红闪灯防护。

（4）组织工程车运行时，在工程车运行的到达站前方必须保证至少有一个站台区间空闲。

（5）在开行工程车进行作业的封锁作业区的前后方必须保证至少有一个站台区或站间区间空闲。

（6）在开行高速调试列车的封锁作业区的前后方必须保证至少有一个站间区间空闲。

（7）凡进入线路施工的施工作业人员必须按照要求穿荧光衣，并根据作业性质及作业要求使用其他安全防护用品。

（8）施工作业过程中如要进行动火作业，必须事先办理有关动火手续，严禁在未办理动火手续的情况下进行动火作业。

（9）外单位施工由主办部门或配合部门负责安全管理、安全监督。

（10）各施工单位和部门在申报施工计划时应严格按照相关规定，结合施工作业过程中的实际情况，提出安全防护要求和配合要求。在施工作业过程中，施工单位和部门应严格遵守安全规定和施工进场作业令中的要求。

三、施工组织

（一）施工时间的安排

（1）如有施工车运行时须等工程车过后才能开始施工。

（2）严格按照施工计划按时完成施工作业。

（3）每日末班车离开起点站后，可由车站根据施工登记表向行车调度请点。

（4）车厂内施工（作业）时间安排应严格按照施工计划的要求执行，车厂调度、维修调度和派班员应根据当日施工计划提前做好线路空间，车辆和驾驶员配合准备。

（二）施工的组织

1. 各施工单位及部门的施工、检查作业，严格控制作业区范围及作业时间

（1）外单位施工负责人（责任人）须持相关安全资格证件，方可在城市轨道交通范围内进行施工。

（2）施工负责人持相关安全资格证件，方有资格申请城市轨道交通施工。

（3）持有相关安全资格证件的施工负责人，向施工计划编制部门申请报施工计划。

（4）以主办部门或主配合部门名义申请的外单位作业，由外单位人员担任施工负责人，主办部门或主配合部门协助办理请（销）点。

2. 施工人员进出站规定

（1）施工负责人持作业令在作业规定的施工开始时间前到达主站。施工责任人及维修人员在作业令规定的施工开始时间前到达辅站和相关车站，按规定程序办理施工作业手续。

（2）向内部相关部门配发车站紧急出入口的钥匙。施工人员遇特殊情况需在收车后到达车站的，施工负责人到内部相关部门申请领取车站出入口钥匙，经各站指定的紧急出入口进出车站，及时将出入口锁上。

（3）外单位施工人员进出车站须提前与车站值班人员联系，并于关站前进站。如遇特殊情况确须关站后进入的，应提前与车站预约，车站根据其预约的地点和时间，检验手续后开门放行。

3. 施工组织规定

（1）每日运营结束后，维修部门计划对设备系统进行检修作业，并应于规定时间内完成运行线路巡道和施工线路出清程序。

（2）在正线及辅助线施工开始前，施工负责人应进行施工登记，经行车调度批准，发布封锁命令。车站签认以后，通知施工负责人设置防护信号，并送维修施工人员到站台端墙，确保施工人员进行正确的施工区域。

（3）对维修、调试、施工等作业按性质、地点分别组织。涉及正线的施工作业须经行车调度批准方可进行；涉及车厂内的施工作业须经车厂调度员同意方可进行，如影响正线行车须报行车调度批准；涉及车站的施工作业须经车站批准方可施工。

（4）在两站之间作业需要开行工程车时，由行车调度指定的车站值班员掌握施工情

况，监督施工安全。

（5）施工结束后，负责线路出清，人员撤离现场，经检查确认撤除防护后，办理注销施工登记手续。车站报告行车调度取消封锁线路的命令。

（6）需由多个车站进入施工的作业项目，施工负责人除到主站办理外，还须核实辅站情况。辅站施工负责人在作业令规定的施工开始时间前到达辅站办理登记手续，辅站值班员向主站值班员核实施工事项并销点，主站接到行车调度允许施工的命令后，传达给施工负责人及辅站，辅站值班员允许施工责任人开始该作业点的施工。

（7）当多点销点时，辅站施工责任人负责本段线路出清并报施工负责人后，在辅站销点；辅站值班员向主站值班员销点；施工负责人负责该项作业区域全部出清后，方可报主站值班员销点，然后主站值班员向行车调度销点。

（8）有外单位作业时，由指定的施工主办部门或配合部门人员协助办理清点后，方可开始作业。

四、工程列车开行

施工过程中，工程列车开行对城市轨道交通的行车安全有较大影响。因此，工程列车开行必须保证其运行安全。

（一）行车调度员统一指挥

行车调度员负责指挥工程车开行，在进行作业安排时，有关人员应注意以下几点。

（1）工程车按正常列车办理，尾部必须挂有标志灯。工程列车中所有车辆的制动机电全部加入列车的制动系统，编入工程列车的车辆不准有关门车。工程列车挂有高度超过轨面一定高度的货物时，接触网必须停电。

（2）工程列车进路排列由行车调度负责，行车调度员在指挥工程车运行时要严格确认工程车运行前后有无施工作业。

（3）安排工程列车作业时，必须严格按照划分的区域安排作业。

（4）工程列车离开作业区返回时，车长、驾驶员负责观察工程列车返厂途中的前方线路出现情况，保证车上物品及部件不掉落，工程列车在回库前应向行车调度汇报。

（5）封锁区域工程列车运行由施工负责人指挥。

（6）涉及接触网停电挂地线且须工程列车配合的作业时，工程列车到达作业后，经行车调度同意后才可挂地线。作业完毕，拆除地线，得到行车调度员命令后驾驶员方可动车回厂。

（二）工程列车开行

（1）工程列车在进入运营前必须保证无线通信畅通，并按照规定对列车技术状态进行全面检查，以确保行车和设备安全。

（2）工程列车的开行根据调度命令办理，严格按申报批准的运行经路、运行方式开行，推进运行在列车前部设专人引导，遇异常情况立即通知驾驶员停车。工程列车在地面线路运行限速 60km/h，隧道内限速 45km/h，进站限速 15km/h，侧向过岔道限速 30km/h。

（3）工程列车在进站、出站，运行至曲线前、站内或区间动车前，应按规定鸣笛示警。

（4）工程列车在车站装卸物料时，车站要负责监控，查看是否有物品侵限。

（三）工程列车、救援列车进出封锁区间

（1）维修调度员负责向行车调度员提出使用工程列车的计划（上人、设备地点和数量），由行车调度员向车厂调度员发布调车指令。

（2）车厂调度员按行车调度的要求组织工程列车开行到车厂内指定地点。

（3）抢修工作执行部门原则上在工程列车到达后 10 分钟内完成装载设备、物品等工作，并安排跟车人员上车。

（4）行车调度员负责组织工程列车或救援列车从车厂至封锁区间前一站的运行，在封锁区间前一站把工程列车或救援列车交给维修调度员，并命令该站向列车或救援列车交付进入封锁区间的调度命令。

（5）维修调度员负责通知现场指派一名联络员登乘工程列车或救援列车驾驶室，将进入区间的计划交给车长，由车长引导进入封锁区间，按照计划指挥动车。

（6）如封锁区间内有道岔、辅助线时，由车长与车站联系调车进路计划，车站安排好进路后通知车长，由车长指挥动车。

五、车站在施工期间的管理

（一）施工登记

（1）夜班行车值班员接班后，应仔细阅读《检修施工报告》，了解车站当天有关的施工内容及夜间施工车开行情况。

（2）施工负责人必须在施工前 15 分钟与行车值班员取得联系，行车值班员核对等级内容与《检测施工报告》上的内容无误后给予登记。

（3）行车值班员将施工登记内容向行调报告，并得到行调同意及调度员命令号码。

（4）行车值班员再次核对施工等级内容无误后，将调度员命令号码记录在"施工单位"一栏内并签名确定同意施工。施工结束为异地注销的，行车值班员应将施工登记内容通报注销站行车值班员。

（二）施工注销

（1）施工结束后，施工负责人到车控室注销，行车值班员需让负责人在"施工结果"

一栏内写清"人员、工具清，设备正常"。

（2）行车值班员向行车调度员报告检修施工完毕，由行车调度员下达注销调度命令号码。行车值班员将调度命令号码记录在"施工结果"一栏内，并签名确认施工已注销。

（3）异地注销：由注销站行车值班员向登记站行车值班员通报注销时间及注销调度命令号码（以下简称"调令号"）；登记站行车值班人员应在"施工注销"一栏内写清注销时间并用××站行车值班员×××电话通知施工注销。

（三）延长施工

（1）行车值班员应注意施工时间，施工时间已过且施工负责人未注销的，应及时汇报行车调度员，根据行车调度员命令执行。

（2）施工需延长时间的，施工负责人应在原定截止时间前20分钟与行车值班员联系，由行车值班员向行车调度员汇报、经同意后方可进行。

（3）施工时间延长，不对原施工登记进行注销，由施工负责人另行登记，其调令号不变。

（4）待施工结束后，由施工负责人对两次施工分别进行注销（前次施工注销时间为后次施工的开始时间）。行车值班员汇报行车调度员后，用同一调令号注销，按施工作业规定要求对两次施工进行签字、确认和注销。

（四）注意事项

（1）涉及行车设备的施工，在注销时，行车值班员须试验设备完好后，方可同意施工单位注销。

（2）如夜间有施工车开行的，行车值班室须特别注意施工登记内容，严防施工区段与施工车开行区间发生冲突。

（3）运行期间的站区一切施工，都要到行车值班室登记，对影响行车的施工（如下站线施工、在站台侵入限界的施工、施工动用行车设备）要经过行调同意方可进行。

（4）行车簿册登记时要笔迹清晰、内容完整，严禁涂改。

参考文献

[1] 刘志义. 城市轨道交通工程设计 [M]. 北京：中国铁道出版社，2019.

[2] 丁树奎，王刚，孙长军. 北京城市轨道交通工程建设安全风险管理总论 [M]. 北京：中国铁道出版社，2019.

[3] 韩德志，张弘弢，华福才. 城市轨道交通工程 BIM 应用研究与实践 [M]. 北京：中国铁道出版社，2019.

[4] 乐贵平，任雪峰. 城市轨道交通工程施工安全风险技术控制要点 [M]. 北京：中国铁道出版社，2019.

[5] 陈东东，陈锦生，常秀娟. 高等职业教育城市轨道交通专业规划教材 城市轨道交通概论 [M]. 重庆：重庆大学出版社，2019.

[6] 任远，田建兆. 城市轨道交通车载信号系统 [M]. 北京：北京交通大学出版社，2019.

[7] 邓丽敏，李文超. 城市轨道交通车辆段信号系统 [M]. 北京：北京交通大学出版社，2019.

[8] 陈虎. 城市轨道交通工程招标采购工程量清单与控制价编制 [M]. 上海：上海交通大学出版社，2019.

[9] 吴晔晖，陈伟强. 轨道交通车辆段工程业主施工管理工作指南 [M]. 广州：暨南大学出版社，2019.

[10] 王锋峰，杨敏. 城市轨道交通法规 [M]. 天津：天津科学技术出版社，2019.

[11] 王星华. 城市轨道交通工程学 [M]. 北京：中国铁道出版社，2020.

[12] 焦莹，王存贵，徐利. 城市轨道交通工程关键技术研究 线上部分 [M]. 武汉：华中科技大学出版社，2018.

[13] 左传文. 城市轨道交通变电所设备安装 [M]. 北京：中国铁道出版社，2019.

[14] 高峰. 轨道车辆仿真分析技术与应用 [M]. 北京：机械工业出版社，2020.

[15] 程祖国. 轨道交通列车环境友好学初探 [M]. 上海：同济大学出版社，2020.

[16] 苏世怀. 轨道交通用车轮技术进展 [M]. 北京：冶金工业出版社，2019.

[17] 陈嵘，韦凯. 城市交通轨道工程 [M]. 北京：中国铁道出版社，2018.

[18] 林瑜筠. 城市轨道交通信号工程设计 [M]. 北京：中国铁道出版社，2018.

[19] 张文宏，俞南均. 城市轨道交通机电安装工程质量通病与防治 [M]. 北京：中国建材工业出版社，2018.

[20] 方鸣，陈建国，刘潍清．轨道交通装备系统集成工程接口管理 [M].北京：中国铁道出版社，2018.

[21] 张俊宾，陆广华，田爱军．城市轨道交通工程识图 [M].北京：国防工业出版社，2017.

[22]董锡明，王华胜.轨道交通寿命周期费用理论与应用[M].北京：中国铁道出版社，2019.

[23] 朱刚，陈霞，沈超．轨道交通宽带移动通信系统无线资源管理 [M].北京：北京交通大学出版社，2018.

[24] 许玉德．城市轨道交通轨道结构检测与修理 [M].上海：同济大学出版社，2018.

[25] 吴锋波，金淮，尚彦军．城市轨道交通工程环境风险评估与控制 [M].北京：地质出版社，2017.

[26] 李红昌，郭雪萌，门璐．轨道交通及相关产业投融资理论与典型案例研究 [M].北京：北京交通大学出版社，2018.

[27] 邹迎．先进轨道交通装备 [M].济南：山东科学技术出版社，2018.

[28] 吴艳群，吴芳．城市轨道交通规划与管理 [M].成都：西南交通大学出版社，2018.

[29] 冀雯宇，赵景波，杨启超．城市轨道交通系统运用工程 [M].北京：国防工业出版社，2017.

[30] 李再帏，路宏遥，张斌．城市轨道交通工务概论 [M].北京：中国铁道出版社，2018.